U1018054

百年中国记忆·实业巨子

刘未鸣　詹红旗　主编

刘国钧：经纶裕国

中国文史出版社

百年中国记忆·实业巨子

主　编：　刘未鸣　詹红旗
编　辑：（按姓氏笔画排序）
牛梦岳　刘　夏（统筹）　赵姣娇
胡福星　梁玉梅　程　凤

20世纪30年代的刘国钧

90岁高龄的刘国钧在书房

抗战时期，刘国钧（中）和长子刘汉堃（前左一）、女婿查济民（后中）及大成纺织染公司同仁摄于香港

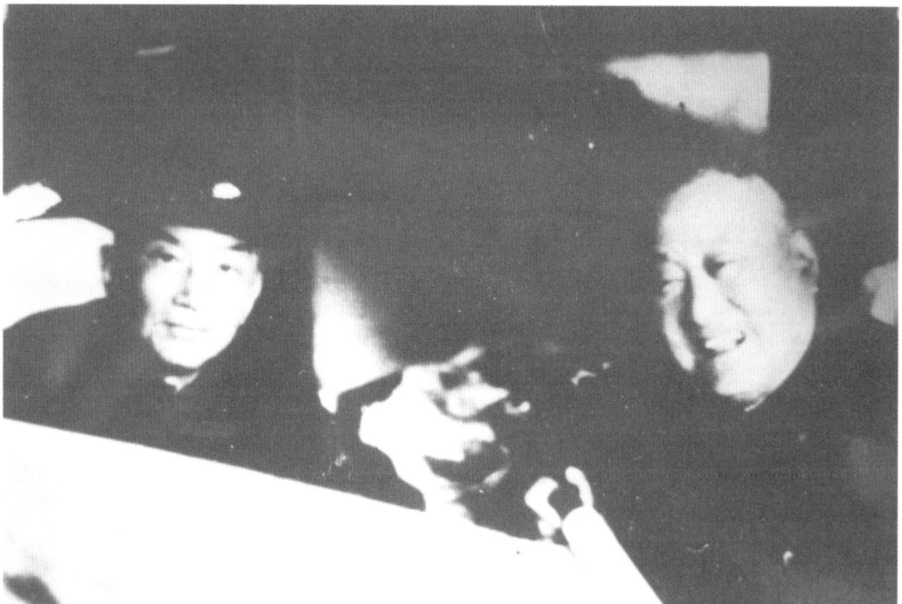

刘国钧与黄炎培先生在常州刘宅欣赏古画

1950年9月30日，刘国钧（前左）从香港返回祖国内地，大成纺织染公司员工代表到车站迎接时留影（右前为朱希武）

刘国钧在江苏省人民政府副省长办公室研读文件

刘国钧夫妇1963年摄于香港

目·录

第一章　创业传奇：从乡童到富豪的发家之路

巨富之谜　高进勇 / 3
刘国钧与上海商业储蓄银行陈光甫　高进勇 / 52
大成纺织染公司的缔造者　朱希武 / 69

第二章　革故鼎新：务实独到的市场竞争与经营之道

精明强干的经营作风　张一飞 / 87
不落俗套的经营管理之道　姚星汉 / 93
国钧先生重视熟悉市场商情　余家禔 / 98
成本求轻产品求精的管理理念　孙启仁 / 102
回忆灯芯绒在常州起始　朱觉生 / 107
花大力气提高员工素质　高进勇 / 114

第三章 眼睛向外：布局海外及港台市场

四上日本 高进勇 / 123
八卦香港 高进勇 / 127
三下台湾 高进勇 / 167

第四章 初心不改：开厂是为多数人谋生计

扶危济困心系故园 陶振熙 / 179
重视交友自奉省俭 蒋鸿文 / 186
初心不变 缪甲三 / 193
唯一的嗜好是办工厂 沈容宽 / 197
遭绑架临危不惧 谢承钴 / 201
刘老伯给我的教育 朱　永 / 204
疾风知劲草 陶振椿 / 206
刘国钧与生祠堂的建设 徐　泰 / 211

第五章 顺应时势：拥抱新生的共和国

公而忘私国而忘家 高进勇 / 221

中国共产党的挚友 叶胥朝 / 232
抱定实业救国信念 胡厥文 / 234
患难出真情 施宪章 / 237
爱国工商界的杰出典范 江子砺 / 239
聆听老红军讲长征 高进勇 / 241

附　录

在大成一厂开国一周年庆祝大会上的讲话 / 251
刘国钧致黄炎培的信 / 255
刘国钧致陈维稷的信 / 258
刘国钧致张允溪的信 / 260
刘国钧年谱 / 265

第一章

创业传奇：从乡童到富豪的发家之路

巨富之谜

——刘国钧发家传略

高进勇

中国现代杰出的实业家、民族纺织工业的巨子、原全国工商联副主任委员、江苏省人民政府副省长刘国钧，从乡童到富豪，其发家之路，充满着传奇色彩。从中，可以领略他的抱负、意志、精神、手段、处世之道；可以看到时代的缩影；可以领悟人生；可以得到有益的启迪和借鉴。正如刘国钧的爱女、香港著名企业家刘璧如女士所说："我父亲的办企业经验，是用之不竭的宝库，我们海外的自己企业，至今还沿用他的宝贵经验，屡用屡灵，经久不衰。"

悲苦童年　砥砺人才

刘国钧，清光绪十三年三月初九（1887年4月2日）出生于江苏省常州府靖江县生祠堂。其曾祖父刘功良，在镇上开设国药铺兼行医；祖父刘品荣，曾在生祠堂经营土布庄；父亲刘黼堂，热衷科举，年年应试，岁岁落榜。光绪十九年（1893），由于科场失意，患了疯癫病，不能坐塾，便由母亲丁氏自纺土纱、织土布和给人家帮佣度日，维持一家三口的生计。

在“日食三餐元麦糊，夜睡一张竹编床”的悲苦童年，刘国钧是“穷人的孩子早当家”。他在8岁后就折冥镪、纸钱出卖，辅助家用。10岁时，以母亲帮佣赚来的微薄工薪作本钱，贩卖酒酿、瓜果，获取微利。经商买卖的意识，已深深地烙在刘国钧童年的脑海里。

刘国钧是塾师之子，父亲有时疯癫，有时清醒，虽则顾不了孩子的学业，但是，母亲以为孩子非读圣贤书不可。于是，在光绪二十三年（1897）求得紧邻的塾师华云良的同情，免交束脩，读了八个月的私塾，打下了读书识字的基础。

次年，因生活所迫，刘国钧志愿到缪家埭高志培道观打杂半年，学到一点道家修身养生之道，为其延年益寿，活到90多岁高龄，打下了根基。

光绪二十六年（1900），刘国钧由邻居柳秀方介绍到靖江城姚公盛槽坊学徒。刘国钧进槽坊正是新年乍过，俗话说：“春寒冻死老牛。”他的四肢浸在盐水里，搅和黄豆与小麦粉。因为他没穿棉鞋，双脚冻得紫萝卜似的，脚后掌裂成一个一个血口子，脚面和脚跟布满了冻疮。伤口红肿的脚，被盐水泡浸，使他钻心地痛楚。为了糊口活命，他咬着牙关，忍着忍着，没吭一声，挺过去了。

到了酷暑的夏天，又是另一番情景。闷在带咸气的作坊里，使刘国钧透不过气来，成天晕晕沉沉。一到晚上，四肢奇痒，用手搔搔，搔破了皮。次日浸在盐水中，彻骨疼痛。为了糊口活命，他仍然咬着牙关，忍着忍着，没吭一声，又挺过去了。

学了一年徒，刘国钧因瘦弱矮小，劳动繁重，力不从心。加之，足部溃烂，不堪忍受，悄然离去。

翌年春天，刘国钧借了10块银洋，背井离乡，闯荡江南，这年，他15岁。

他是喜出望外被跑单帮的乡邻柳秀方荐到武进埠头镇（湟里镇）柳永丰京货店当学徒的。由于刘国钧又矮又瘦，圆圆的脑袋上拖着一条又黄又细的小辫，整个身子刚比柜台冒出一点儿，结果，被柳老板婉言拒之门外，仿佛给他当头泼了一瓢冰水。然而，刘国钧没有气馁，没有沉沦，相反，凭着自己的机灵、勤快，单身独体，在埠头镇上独自卖过麻糕，走村串巷贩过"五毒布"，风吹雨打撑过典当钱船，为吴胜老油坊喂过水牛，做过兴义染坊的晒布杂工，还贩卖杨梅、嘉庆子等水果。他不仅挣到6元多银洋，更重要的是，结识了裕丰绸布洋货店小开陆友仁、赵恒昌杂货店管事蒋盘发。这些志同道合的朋友，为刘国钧日后经营纺织业，大展宏图，成了关键人物。

柳秀方跑完单帮，方才到埠头镇带领刘国钧返回靖江去，途经武进奔牛镇，他们歇脚在刘吉升京广洋货店。刘国钧看到奔牛镇比埠头镇闹猛，正如生意人所云："不到奔牛镇，枉在江南走。"

在柳秀方与刘老板洽谈商务时，刘国钧主动帮着老板娘劈柴烧火，到河边担水，整个下午忙得大汗涔涔；傍晚，他又主动帮着打烊，收遮阳篷，打扫店铺前的街道，并在街面上泼上河水，为乘凉场地做好准备。这一切，他做得很自如、欢快。

然而，就是这一切，深深打动了刘老板夫妇的心，出乎意料，他们执意要留下刘国钧当学徒。于是，使刘国钧的整个命运有了一个新的转折。

好事多磨。刘国钧在刘吉升京广洋货店过了一年多的舒心日子。突然，刘老板和其表兄搭伙跑黄金生意，被苏州枫桥关卡查获被扣，本利全部充公。因乾丰泰钱庄的长期放款到期，刘老板无计可施，泪眼婆娑地把店铺全部抵债清账。承刘老板夫妇为人厚道，自己虽然身处逆境，还把刘国钧安排到本镇元泰京货店做过堂学徒，使他绝处逢生，得以继续立足江南。

光绪三十一年（1905），刘国钧学徒满师，留在元泰京货店当进销货物的跑街伙计。他并不满足于温饱生活，通宵达旦思谋着广积钱财，重振祖业，做个有出息的人。他利用穿梭般来往于奔牛、常州、上海，取货办货之际，经常联络蒋盘发叙谈请教。

蒋盘发此时已辞去埠头镇赵恒昌杂货店管事之职，在武进农村独资经营以洋纱换土布的商业活动。他是到无锡业勤纱厂进的洋纱。业勤纱厂创办于光绪二十一年（1895），是我国第一家商办纱厂，产品以12支、14支、16支纱为主，年产7000多件棉纱，行销于江阴、常熟、武进一带农村，提供农民织造土布。蒋盘发贩了洋纱，在农村换回土布，再把土布运到江阴出卖，从中牟取厚利。刘国钧十分敬仰他的经济头脑，钦佩他弃旧图新的心机，对他心悦诚服。

在蒋盘发的提携下，刘国钧开始结交常州西瀛里几十家专营土布业、洋货色布业商号的老板们。使他在常州纺织品的集散地，开阔了视野，在这个布的海洋，穿的世界，占有一席之地。此处有家专做内庄批发的天丰泰，号称有数十万银洋资本，洋货色布，各色土布、葛裘、绸缎、呢绒，色色俱全。钱老板与蒋盘发很有交情，他主动提出，只要蒋盘发从中担保，就可对刘国钧做赊批的放账生意，放账可以论月论季，俗称“端阳看，中秋算，过年一半”；牵前搭后，有添有还，经常不息。这对刘国钧触动很大，这样，货品资金可以用来周转，小本钱可以做大生意，于是便萌发了自己开店的打算。

接着，刘国钧开始了筹措资金的活动。有一次，蒋盘发请他汰浴，在剪发工役为他修剪头发，梳理辫子，系上“打辫须”时，他思量：“奔牛镇上还没有‘打辫须’卖，人人有辫，人人要买，本轻利重。”于是，他买了丝线送到靖江老家，让母亲和妻子编织，再送回出卖，一年赚了200多元银洋。

清光绪三十四年（1908）正月，刘国钧辞去元泰京广洋货店的跑街，被本镇源昌布店聘为经理。由于经营得法，为安徽休宁的袁老板挣了大钱。年终，袁老板给刘国钧一笔优厚的分红和腊月双薪，达200元银洋之巨。

加之，常州几家字号给他的厘头佣金也有100多元银洋。他又搭了个200元银洋的“五总会”，摇了一个“状元小甲”，得到200元银洋。这样，刘国钧手中已有700多元现洋。“天行健，君子以自强不息”，寄人篱下，总不是长久之计，在病体渐愈的父亲鼓动下，他决心自力更生。

宣统元年（1909）正月，刘国钧与同乡华渭川各出资600元，号称2000元，在奔牛镇姚家弄口租赁铺面，开办了和丰京广洋货店，并附设土染坊印染布匹。刘国钧负责门市的进销，他对进货渠道熟门熟路，又熟谙商业行情，店内的货品繁多，花色齐全，适销对路，生意越做越大。华渭川是染色老手，又做过染坊会计，负责染坊工场，左右逢源，染色的颜料直接从上海进货，价格比常州进货低得多，利润很大；加之，其技术高超，把坯布染成色布出售，利润更厚。故此，奔牛镇上的天章、汪炳元等七八家同行都做不过和丰京广洋货店，它成了同行中的佼佼者，营业额居全镇同行之首。年终，刘国钧和华渭川各人的股金增至1000元银洋，和丰是名副其实的2000元银洋资本的京广洋货店了。

两年后，华渭川因赌博和抽鸦片，负债累累，只得把股份过户给刘国钧，以清债务。刘国钧为把合资变为独资，找到蒋盘发，同去常州西瀛里，会见天丰泰批发商号的钱老板，谈成做1000元银洋的赊批放账生意，过年付一半，牵前搭后，明年结清；蒋盘发做中人，帮他选了紧俏商品，立刻打包运到火车站，发往奔牛镇。

刘国钧又将原先用来批货的500元银洋全部拨出，加上自己300元银洋的积蓄，再向源昌布店袁老板暂借200元银洋，凑集1000元银洋，把华渭川的股金过户给自己。从此，刘国钧开始独资经营和丰京广洋货店，淋漓尽致地显露他独特的经营理财的才能。

知难而进　腰缠万贯

刘国钧独资开设和丰京广洋货店后，专程回到靖江生祠堂，雇了一只船，将父、母、妻、子，全家接到奔牛镇，共同生活。他为开源节流，重新安排人事，留下一个染坊司务和三个学徒，其余全部告退。他请父亲坐账，经管银钱进出；妻子在店堂负责门市生意；母亲做饭；自己总揽全部商务和染坊，里里外外，忙得不亦乐乎。

宣统三年（1911）十月十日，武昌举义。十一月，上海、苏州、无锡、常州、镇江，相继光复。此时，江苏省的南京清政府总督府与苏州民国军政府都督署，两军对峙，分庭抗礼，常州夹于其间，风声鹤唳，不知所措。

奔牛镇是常州西门外的大集镇，地处京沪铁路中心，又是历史上兵家必争之地，谣传纷纭，惶恐万状，镇上几家殷实商铺，害怕风云幻变，纷纷收歇，将银货转移偏僻乡间。

刘国钧刚从上海办货回来，刘黼堂慌乱地告诉他："镇上的同业关了五爿，只剩下鼎盛、和丰两家了。"母亲丁氏也凑上前，催他搬到老家去，以免担惊受怕。

他却坦然地劝父母亲不要慌张，事关重大，需从长计议。他说了眼前的时势：民军攻南京雨花台失利，现结集镇江，从镇江到上海一线，都是民军的天下；表面上，清军张勋盘踞南京，是孤掌难鸣。反过来想想，清朝已有260多年的根基，要推翻它并非易事，万一清政府反攻过来，怎么是好？平头百姓都是这般七上八下的拿不住主张，大家在观望。

晚上，父子两人喝着"苦陈酒"。这种陈酒，味醇略苦，在江浙颇享盛誉。流传这样一句谚语："不吃苦陈酒，枉在常州走。"他们边喝边谈着，面对时局，一着不慎，满盘皆输，行成于思，未雨绸缪。他们苦苦地思索着对策。

酒量不大的刘国钧，又有满腹心事，多饮了一点，感到头重脚轻。蓦然，一股酒力向头部冲上去，脸色绯红，满头汗珠，嘶哑着嗓音，斩钉截铁地表示："我们不能搬离奔牛。想当年，自己借了10元银洋到江南闯荡，功败垂成，都是天意。一旦毁于炮火，即使前功尽弃，自己还只有25岁，将来还可重整旗鼓！"

夫人鞠秀英以为他说酒话了。他却振振有词地告诉她："我很清醒。你想：七爿店关了五爿，生意一定兴隆，倒是赚钱的大好时机。"刘国钧执意要把店开下去，全家人知道他是说一不二的倔脾气，于是，决定让父子两人留下，并把家产做了妥帖安排：全家动手，将500元银洋装入坛内，再埋藏在天井中的杂物堆下。又收拾细软和300元银洋，由母亲、妻子带回生祠堂，以防不测。

父子两人送走家眷，一心扑在商务上，镇上的京广洋货和染色土布生意全涌到和丰京广洋货店，买卖越做越旺盛。

这时，革命军常州军政分府司令何键从苏州到常州就职，就寝在府中学堂。城内商店关门，学校停课，金融停顿，传闻府中学堂革命军运来许多枪炮弹药。清政府江防营统领恽祖祁，虎视眈眈地静观动态，战争真有一触即发之势。那些豪绅富户，纷纷携箱提箧，准备逃往上海租界避难；一般寻常人家，扶老携幼往乡间转移。一时形势紧张，常州火车站为之途塞。

常州城里的天丰泰批发商号，窥测战事风声越来越紧，怕遭受损失，立即把部分存货打成件头发往奔牛，寄存在刘国钧的店内。

果然，恽祖祁率领的江防营，在当晚围攻府中学堂，炸弹轰响，枪声四起，府中学堂硝烟弥漫，常州城处于临危时刻。

老百姓最怕兵荒马乱，尤其是有闺女的人家，恐怕被散兵游勇糟蹋，赶快找个门当户对的夫婿，草率了事。订了亲的男方，怕未过门的媳妇有个三长两短，双方都有意将子女的婚期提前举办。

故此，奔牛镇上的算命瞎子门庭若市，有的请其推算年庚八字，有无冲克；有的请其择定迎娶黄道吉日。四乡抬着红灯花轿的，声乐仪仗鼓吹迎亲的，一路爆竹声喧、乐声悠扬的，大宴亲朋、深夜始散的。凡此种种，时有所闻，时有所见。

和丰京广洋货店的嫁妆用品、色布、绸缎、呢绒，常常脱销，刘国钧见发财的时机已到，尽力扩大营业，多方争取货源，生意旺盛不衰。

常州天丰泰批发商号的钱老板，见刘国钧殷实可靠，营业发达，感到与其将货物存放在和丰京广洋货店，不如折价售给，比存货更加保险无患。

批发商有批发商的如意算盘，刘国钧有刘国钧的精明之处。他向钱老板提出，存放的货物全部吃进，因无巨额现金，货款折成白银，分期付清。钱老板家大业大，放账生意最多时达几十万银洋，不在乎区区几千元银洋，一口应允。

刘国钧看到现今农民由于辛亥革命的影响，拒向清政府缴纳田赋，手头有粮而无现金，他们购买货品大都以稻抵银。按时价是稻贱银贵，稻银比价是百斤稻谷值银一两半。他估摸，一旦时局平定，必将稻贵银贱。所以，他大量收进稻谷，几乎把染坊工场堆满了。

再说，革命军攻占天堡城后，准备攻入南京，张勋不肯投降，仍图负隅顽抗，革命军用大炮向南京城内太平门的清军瞭望台和北极阁的张勋指挥部两处轰击。清政府的苏督张人骏，江宁将军铁良知南京不可守，遂托美籍教士、鼓楼医院院长马林出面，向革命军总部接洽，表示愿意投降，只要求以不杀旗人为条件，并停止炮击，让他们安全退却。革命军江浙联军总司令徐绍桢，为了顾全南京城内百姓安宁计，就接受了这一要求。于是，张人骏、铁良立即避匿下关日本兵舰逃往上海。张勋则率其残部卫队数百人，出南京汉西门，由大胜关渡江北退。

江南一带的时局很快平定下来，正如刘国钧所料，市场行情反转过来，稻贵银贱，稻银的比价上升为百斤稻谷值银二两半。他手里存的是稻，欠批发商的货款是折成银子的，售稻还银，从中得到巨额的差价利润；他又如期归还批发商的货款，在工商界树立了信誉，一举两得。民国元年（1912）年终结算，和丰京广洋货店净利竟达5000余元银洋。

此时，奔牛镇上有家京广洋货店无力复业，刘国钧趁机将其财物、店面盘买下来，又开设一家“同丰京广洋货店”。

刘黼堂见儿子经营发达，重整祖业，十分欣慰，特为和丰、同丰两店手书“和以为贵”“同而不流”的对联，以为勖勉。

他遵循父训，兢兢业业经商，两年后，已积累20000余元资金，刘国钧一跃成为奔牛镇的殷实首富。

弃商从工　崭露头角

刘国钧发迹致富后，树大招风，开始受到同业的妒嫉和暗算；接着，又遭到地方势力敲诈；并屡次被奔牛厘卡以走私名义罚税勒索。他虽则为求安宁，一再委曲求全，但一波未平，一波又起，纠缠不休，遂萌他迁之念。全家人一合计，决定搬离奔牛镇，到常州城去闯天下。

但是，搬迁到常州做啥营生呢？继续经商还是改行？成了议论的焦点。刘黼堂认为：“经商是驾轻就熟的事业，古人云：‘少而习焉，其心安焉，不见异物而迁焉。’”刘国钧却有不同的看法：“城市不比乡镇，有几万块银洋在奔牛镇算得上大富大贵了，而在常州开爿像样的商铺起码要十万八万，何况，从常州的西瀛里到南大街，京广洋货、绸布土布店，接二连三，商号林立，势必有一番激烈的竞争，商界历来是大鱼吃小鱼的。试想，原先鼎力相助我们的天丰泰批发商号，见我们搬迁到常州，就成了他们的对手，天丰泰有几十万资本，要倾轧一爿小店，易如反掌。”父子俩争执不下，决定请教蒋盘发。

此时的蒋盘发早在四年前的宣统三年（1911）与人合伙创立了常州第二家织布厂——晋裕布厂。

刘国钧赶到常州东郊梅陇坝的晋裕布厂，蒋盘发盛情非常，陪他参观织布工场，并悄声告诉他：“晋裕布厂投资1500元，现已积累资本达45000元，经营四年，已获利30倍之多。”

高额的利润，把刘国钧吸引住了，他寻思：“有如此丰厚的利润，我何不办布厂。”然而，他冷静思量：“办布厂谈何容易，自己一无经验，二无资金。”

当蒋盘发了解到刘国钧在奔牛的遭遇和弃商从工的打算，两人一拍即合，约了谢桂生、唐伍全、蒋荣荣、陆友仁共六人，订为金兰之交，相互帮助，携手创业。

在蒋盘发东渡日本，考察机器织布期间，刘国钧就到上海、无锡等地参观布厂，特别注意与管理人员、技术人员交往，向他们请教。经过参观、交往，他对办布厂的把握越来越大。

一日，刘国钧读到状元公张謇的文章：“制且未成，抵于何有。”感到办布厂，就可抵御日货！

加之，那时正值全国人民反对丧权辱国的“二十一条”，抵制日货运动蓬勃开展，英国棉织品乘机涨价，中国商人也把存货抬价，刘国钧感到正是发展纺织工业的大好时机。他算了笔账，棉花每担22元至24元，一匹平布重12磅，用10斤原棉已够，只要2.4元，而一匹平布售价却要6.2元。外国人到中国收去棉花，织成布仍倾销至中国，要挣得2倍以上的利润。中国人自办工业，既有利可得，又可抵制外货，是桩名利双收的大好事。再三考虑后，刘国钧决心转营纺织工业。于是，将奔牛两爿店铺收歇，其中和丰京广洋货店，仍盘还已改邪归正的华渭川经营，几年后，华渭川父子也成了奔牛的首富。

刘国钧虽然决心已下，但考虑到自己资本和经验不足，就向蒋盘发正式提出合资办厂的倡议。蒋盘发从日本考察归来，即与刘国钧、刘柏森等人集资90000元，于民国四年（1915）创立大纶纺织公司（以下简称大纶公司），在常州东下塘三将军弄开设大纶机器织布厂（以下简称大纶布厂）。由蒋盘发任经理，刘国钧任协理。向日本购买110台动力织机，另有铁木混机10台，用水汀引擎作总传动，开创了常州地区用动力织布的先河。民国五年（1916）三月，大纶布厂正式开工。有织机300台，其中，动力织机开日夜班，手拉织机开长日班，员工共600余人。

身为协理的刘国钧，掌握着生产大权。但是，他毕竟是管理生产的外行，为了取得指挥生产的实权，他一心扑在工务上，从此，他的心脏随着机器的转动而跳动。他说："要吃龙肉自下海。"于是，他请机目为他讲解用电力带动的大英铁机织布工序；他就教于各道工序的司务，为他讲述操作的要领；他请教上海锦昌铁工厂的陈清鉴，为他解释手拉织机改成脚踏织机的原理。他逐渐成了机器织布生产的内行，蒋盘发称赞他的契弟："见一行学一行，学一行懂一行。"

大纶布厂由于机器设备和工艺的改进，产品已超过一般土布织造厂的范围，开始织出二尺六寸的细布。这是新品种，市场非常抢手。但是，生产数量有限，供不应求。蒋盘发要刘国钧想办法把产量突上去。于是，他就一道一道工序观察，摸索产量不高的症结所在。很快发觉日本进口的浆纱机，开车后烘干纱的时间过长，致使织机的供纱不足，有时竟使织机停工待纱。他就细心查找原因，终于，在厂里的天井堆物场上，发现有丢弃的四根白铁皮管未装上浆纱机，致使浆纱时，不能及时拔风，影响纱浆时蒸汽、温度的散发，使纱不能及时干燥。他让机目装上了拔风管，浆纱速度加快，重量提高，生产又朝前发展了一步。

当时，国产的产品在市场上与外商的货品竞争十分激烈，特别是白色斜纹。大纶布厂与英商怡和纱厂两家的产品相比较，外商的质量好，价格低；而大纶布厂的产品疵点多，布面粗糙，稀密路、歇梭较多，这就严重影响了销路。

刘国钧不甘落后，决心要赶上在华外商纱厂。于是，他进行广泛的市场调查，发觉英商怡和纱厂的浆纱最佳。他明白：一则，工厂之间对浆纱配方是绝对保密的；二则，英商绝对不容许华商得到浆料配方秘密。要摸到英商怡和纱厂的浆料配方，无疑是虎口拔牙。为着大纶布厂的生存，明知是刀山火海，他也决心去上海滩闯一闯。

他通过在怡和纱厂浆纱车间工作的一位工友的关系，穿了这位工友的“号衣”（工作服），进入英商怡和纱厂浆纱车间，实地了解浆纱的操作过程，觅求浆纱配方。去了两天，被英国人发觉是冒名顶替，他在工友帮助下翻墙逃出。结果，借出“号衣”的工友被打成重伤。刘国钧主动承担了这位工友的全部医药费用和工薪，安排了这位工友乡下全家的生活费用。他的为人厚道，赢得了怡和纱厂华籍工友们的信任。一个月后，这位工友伤愈，进了日商内外棉株式会社做工。在一个礼拜天，他约了另外一位技术高的工友，专程来到常州，找到刘国钧，主动提出利用休假日帮助大纶布厂解决浆纱关节。大纶布厂在这两位工友的尽心帮助下，白色斜纹生产日趋正常，成了市场上的抢手货。民国六年（1917）大纶布厂弥补了上年亏蚀，盈余一万多元。

大纶布厂是常州从手工织布厂脱颖而出的第一家动力织布厂，蒋盘发又是本邑专事赴日本考察纺织业的第一人，生产的白色斜纹与英商竞争又取得很好效果。因此，在常州地区引起轰动，报纸上连篇累牍刊登消息，参观者络绎不绝。原先，在常州名气不大的大纶布厂协理刘国钧，渐渐地在工商业者中崭露头角。

刘国钧是位永不满足的人。当他了解到振余布厂的蒋吉昌在把手拉织机改装成脚踏织机后，效果极佳。他对手拉织机改成脚踏织机颇感兴趣，因为大纶布厂也有160台手拉织机，效率低，布质差，早就有心改装。通过缜密测算，他对手拉织机与脚踏织机的机械性能作了比较。证实手拉织机成布门幅二尺二寸，车速每分钟60转，每台织机10小时产量三丈一尺八寸。而脚踏织机的效率有很大增长，成布门幅可织二尺四寸，车速达到每分钟80转，每台织机10小时产量达到六丈。改机所耗费用，完全合算。

为此，刘国钧向董事会提出改机的建议。但是，身为在职大股东的刘柏森，早对刘国钧就任协理，掌握全厂生产实权，心有不甘。同时，大部分股东害怕手拉织机改成脚踏织机会劳民伤财，到手的分红会落空，也不同意改机。加之，日长时久蕴藏的种种矛盾，由此而引发。此时，竟没有一位股东为他仗义执言，致使刘国钧十分愤慨："自己一心一意为大纶布厂，竟落得如此结局，不如早早离去。"当场他提出了拆伙的动议。这使董事们始料不及。可是，股东们见大纶布厂已趋正常，年年盈利，正是大发利市的时机，谁也舍不得退股散伙。

他见大家留恋大纶布厂，为成全他们，退让一步，将动议拆伙改为单独拆出，收回原投资额一万元银洋，盈利部分仍留大纶公司作为股金。事后，刘国钧欣喜地对他的盟兄陆友仁说："我在大纶布厂学到一套办厂的本领，本金如数收回，学费一文未花，是我生平最便宜的一笔交易。"

经天纬地　能屈能伸

刘国钧从大纶布厂拆出股份后，决定双管齐下：一方面在常州市南门外的吊桥巷北边筹办广丰布厂；一方面到靖江生祠堂设立公裕土纱布厂。

同时开办两家工厂，他感到资金不足，于是，设法招股合资开办。鉴于大纶布厂的人事纠纷，他拿定主张，一定要与志同道合的人合办；回想和丰京广洋货店的成功之道，最好找合适的同乡人合办。

这样，他邀集靖江同乡、常州谦泰昶绸布店、德丰恒色布店经理徐品章和盟兄陆友仁各出一万元银洋，合资三万元，在故乡创办公裕土纱布厂，管事由徐品章物色，刘国钧把办厂的全权委托给代理人，自己回到常州集中精力筹建广丰布厂。

公裕土纱布厂是以外地采购回来的花衣，发给乡邻用摇车纺土纱，然后运销上海各地。在生祠堂这个贫苦之乡，这样一项大事业，牵动了千家万户，纷纷购置手摇车，要求发花衣加工，盛事空前。

不料，徐品章找的代理人是个目光短浅、贪图小利的人。在发花衣给摇纱户时，每次十两多发二两，企图少给二两加工费。开始，大多摇纱户在复秤时发觉此事，一二次仍照数摇纱缴厂。其中有心怀不满者，认为，历来最重的每斤只有17两3钱的秤，哪有19两2钱的秤，厂里要摇纱户多摇二两，摇纱户就克扣厂里的花衣。于是，每架克扣半两纱到厂缴纱。厂中管收发的，秤纱时发觉少缴半两不允，摇纱户将计就计提出要当面复秤，管收发的早由代理人交代，不予理睬，仍然扣除半两。摇纱户为了生计，怕厂方取消摇纱，只得忍气吞声地每架为厂多摇二两纱。

久而久之，摇纱户多有不服，聚众研究对策。结果，摇纱户在每架扣纱半两，再将缴厂的纱喷上水，用棉被热焐均匀，然后用布覆盖送至厂中。这样，缴纱足秤，瞒过了厂家。此端一开，几千架摇车都照此办理。厂方发觉缴来的纱较湿，只得用竹竿晾干，湿纱日积月累，一时晾不干，上海的用户又急着催货，糊涂的代理人将湿纱打包成件，运往上海，结果纱都霉烂了。这样一折腾，一年之际，公裕土纱布厂亏蚀三万元银洋，致使工厂倒闭。

刘国钧对此并不懊丧，俗话说："失败乃成功之母。"他从中明白了许多道理：作为实业家，对投资环境的选择应十分慎重，不可为着乡谊之情而断送企业；同时，"种田人"和"做工的"是不尽相同的，要区别对待；尤其在聘用代理人的环节上，一定要知人善任，任人唯贤。学到这些道理，花费了三万元银洋，成了他终身记取的教训。

同时，刘国钧邀了几个好友投资广丰布厂，资金筹足，置了80台手拉织机。请蒋盘发为他在椿桂坊内租了厂房，他又物色富有经验的凌于卿为管事。广丰布厂于民国七年（1918）初冬正式开工，刘国钧自任经理，开始了他在纺织业的创业生涯。

第一次世界大战爆发，外货渐稀，国内企业有振兴之机，北京政府又给土布及其他棉织物免税三年。广丰布厂适逢其时，生产营业蒸蒸日上，一年之间，盈利万元之多。股东们分红时，个个中饱私囊。刘国钧忖量："自己呕心沥血，日日夜夜泡在厂中，如此盈利亦不过多拿一份在职股东的薪金，这样为他人作嫁衣裳，何时可休？若是自己独资开厂，盈利个人独得，岂非更好。"于是，他运筹起独资开厂的事来。

民国八年（1919）深秋，刘国钧把广丰布厂全权交给凌于卿，自己在常州新坊桥独资创办广益脚踏手拉木机布厂，投资6000元，置备手拉织机50台，由母亲丁氏管理摇纱，妻子鞠秀英管理织机兼烧饭，自己总其成，一家人胼手胝足，勤俭经营。

刘国钧从广益布厂自己投资、自己管理、自产自销、自负盈亏的经营中，看到了自我的价值，真有如鱼得水之感。广益布厂生产条漂、条斜，市场十分畅销，从开工到年底，仅是一个季度，就盈利3000余元。

他十分信奉“工欲善其事，必先利其器”的古训。大纶布厂的改机风波，他还记忆犹新，耿耿于怀。眼下，手头有了足够的资金，他请来上海锦昌铁工厂的陈清鉴，把手拉织机逐步改成脚踏织机，立竿见影，生产效率增长二成，又获厚利。

同时，他又将女工改收男工，男工体力强，产量高。因为妇女留厂做夜班，常常招致社会舆论非议，家庭多有阻断，时有停机待人之虞。另外，熟练女工早已被先开办的布厂所招收，顺应环境，刘国钧改招男工挡车织布，既省去许多麻烦，又增加了产量，一举多得。

再说，蒋盘发自刘国钧退出大纶布厂后，四年内，营业发达，获利20万元。于是，在民国八年（1919）十月八日，购置常州德安桥堍的大校场旧址60余亩土地，集资62万元，创办大纶纺织股份有限公司（以下简称大纶公司）。民国十年（1921）十月，大纶公司开设的纱厂（以下简称大纶纱厂），开机纺纱织布，有员工1000余人。

蒋盘发为何要办纱厂？他对刘国钧说：“我们常州是用纱码头，几十爿布厂的纱线全部仰求外来，财源外流不论，原料受人制掣。为达本邑自纺自织目的，拓展地方实业，我把全部心血投于大纶纱厂。”

刘国钧经常到大纶纱厂参观，与技术方面的负责人顾志凌、朱遐生等人交谈，深得开办纱厂之道。大纶纱厂出品的“六鹤牌”棉纱，质量上乘，大部用于本厂自织，碍于刘国钧的情面，供应广丰、广益两厂织布生产。

有了大纶纱厂供应的六鹤牌棉纱，刘国钧两家织布厂的成本明显降低，生意日好。他打算扩大生产，细细一算，新办布厂要造新厂房，购买机器，招收工人，既要大笔投资，又要耽误时间。他想找一条快织布，快赚钱，多织布，多赚钱的捷径。他日思夜想，想起蒋盘发过去在乡间走街串巷以纱换布的生涯，于是，决定到乡间去做一笔少投资多赚钱的生意。

他与湖塘桥邵舍村的姚廷桢联手，把棉花、棉纱发给湖塘桥、小留一带农民代纺代织，生产条漂、条斜，付给姚廷桢一定的佣金。其经营方法是，在把棉花、棉纱交给农村机户加工时，言明布匹长度、阔度、质量、重量等规格；缴布时，视合格程度分等给予加工费，最高每匹0.4元，最低为0.1元，不合格而质量特劣者，即停止机户加工，不再发加工原料。农民靠此微薄的加工费补贴生活，因此，绝大多数机户都小心翼翼，讲求加工质量，争取成为常年的老机户。

这种发外加工业务越做越大，供纱又有大纶纱厂保证，外地客商在广益布厂等货待运，产供销三者畅顺，既不需投资，又不需招工，只要把牢质量关节，刘国钧从中获得了丰厚的盈利。

民国十一年（1922），刘国钧有了实力，又在东门外直街创办了广益机器染织厂。开初，添置手拉织机180台，以后陆续增加铁木混合动力织机36台，浆纱机1台，锅炉、柴油发电机等设备，成了常州最大的一家染织厂。常州纺织业的同行，见刘国钧一人主持三爿织布染织厂，而且，厂厂办得很出色，均对他刮目相看。

刘国钧在纺织业站稳了脚跟，于是，着手安排人事，将广丰布厂全权交给凌于卿；将广益染织厂委托给朱希武；自己管理广益布厂。脱出烦琐的厂务，走向社会，交际各界人士。直觉告诉他："你不顺应潮流，潮流就会抛弃你。"

当时，欧战结束，各国仍来远东恢复贸易，争夺中国市场。常州土布受日货倾销排挤，大宗出品的印花布，尽被日本名古屋的印花标布、花贡呢所攘夺。日本人刁得很，看到华商的色布生产极少，为了挤垮华商，一味提高色布价格，而又故意压低棉纱和白布价格。市场上一度出现卖出一件棉纱，套进同等数量的棉花，要赔掉6元银洋的怪现象。

为此，刘国钧决心与外商竞争，特别要与日商竞争。知己知彼，百战不殆。要与日商竞争，就要了解日本，学习日本的长处，针对日本的短处，才能取胜。于是，他在民国十三年（1924）七月，偕同上海东赉五金公司陈清培和华洋布厂的严光第，一行三人，从上海乘“北番丸”轮船，直航日本长崎港转神户港，到日本进行实地考察。这时，日本正逢经济大萧条时期，各行各业十分不景气。但在参观10多家纺织厂时，发现日本布厂已在排装新式自动织机，将拆下等于废铁之旧机，出售给中国厂商。刘国钧暗忖：“日本讲究改善出品，精益求精，日本用新式机织布，我等用旧式机织布，在市场竞销，安能与其并驾齐驱？！”于是，他下定决心，逐渐淘汰旧机，购买日本丰田式电机，增加整染设备，扩大花色品种，生产蓝布、元布、漂布、绒布、绉皮布、贡呢和哔叽等，以此与日货抗衡。

在考察日本纺织业时，刘国钧特别注重吸收其管理经验，解开日商成本低廉的原因。他摸索到科学管理、注重实效、精简工序、节约物料等四项主要经验。

回到常州，刘国钧就到大纶纱厂找到蒋盘发，畅谈赴日观感。两位金兰兄弟，对十年前后变化的日本国的发展，加以比较，深感惊诧不已。“日本崇尚军国主义，恣意向外扩张，无耻以‘大日本帝国’自号，妄图凌驾于东亚各国之上，我们焉能不警惕对付之。”

谈完形势，他们又讲实业。两人一合计，决定大纶纱厂和广益布厂联手协作，使用盘头纱、筒子纱，以代替倒头纱，可以节约用工费用和物料。原先，纱厂的棉纱纺成后，需将筒子脱出，框成绞纱，若干绞打成一小包，40包再打成一件。布厂买回件纱，仍要拆开，做成筒子，再放上织机织布。这样往复很是费工时，耗费用。布厂织布直接用盘头纱、筒子纱，纱厂和布厂双方都节约人工和费用，真是一举多得的大好事。

自此，蒋盘发和刘国钧于民国十三年（1924）率先在中国开创使用筒子纱的先例。嗣后，在常州以至京沪线迅速推而广之。

革故鼎新　兴旺发达

民国十三年（1924）秋，大纶纱厂因军阀混战而停产，无力偿还债务，不得已而宣告停闭。接着，由上海保大银团接收，改组为大纶久记纺织股份有限公司（以下简称大纶久记纱厂），顾吉生任常务董事，主持公司大计。

不幸消息接踵而来，原先常州在清末民初开办的八家布厂先后倒闭和改组。其中，振余布厂的蒋吉昌在经营失败后，竟然纵火焚烧厂房，企图诈取保险公司赔款，结果触犯刑律，弄得家破人亡。

纺织业连续几年不景气，也强烈地冲击着广益染织厂。然而，刘国钧见日货倾销，同行竞争，布市不佳，竭力善谋对策。毅然将头等品作二、三等品低价出售，从而畅销积存的布匹，购进原料，使工厂加快资金流转，多生产成品，少支付利息，统扯成本，一样赚钱。同行向他求教摆脱困境的绝招。他说："死店活人开，棺材劈开卖。那些有优厚资金，有好条件的事业，不能赚钱，睁着眼睛说运气不好，坐着拿工薪，等饭吃的，是活店死人开，大家进棺材。"

面对严酷的现实，许多纺织业的老板到上海纱布交易所做投机生意，有人来邀刘国钧去发横财。他想起奔牛镇刘吉升京广洋货店刘老板贩卖黄金倒闭的情景，不敢贸然行动，仍守住三爿厂谨慎经营。

民国十六年（1927），刘国钧着手将广丰布厂收歇，又将广益布厂让给张耀珊，改名广裕布厂，自己集中精力，集中资金，办好独资经营的广益染织厂。这时，广益染织厂已经全部使用自动织机，把淘汰下来的木机、铁木机，一部分卖与同行，一部分送到靖江生祠堂，支持陶振熙办生活合作社。

刘国钧将三爿厂并成一爿厂以后，他专心致志瞄准竞争目标，针对日商，大翻花色品种，生产的品种有蓝布、元布、漂布、绒布、绉皮布、贡呢、哔叽等。色织布的利润高于白坯布数倍，再加上勤翻品种，提高质量，适合市场需要，获利极丰。

他是个精细的人，为使商标赋予深刻的寓意，绞尽脑汁，日夜苦想。

他曾在民国五年（1916）于大纶布厂时，将白色斜纹布取名“蝶球牌”商标，图案是大小蝴蝶飞舞在地球上，寓意是“无敌于全球”。后来，“蝶球牌”商标一直被大纶纱厂沿用。广益染织厂也要取个寓意深刻的商标，他经过几个昼夜的思索，又设计一枚“征东牌”商标，图案是薛仁贵全副武装，横刀立马，寓意是“征服东洋（日本）”。满腔爱国自强之心，跃然纸上。

民国十九年（1930）春节刚过，有一天，刘国钧偶然与顾吉生同车赴上海。顾吉生谈及：大纶久记纱厂因日货大量倾销，纱布销路阻滞，尽皆积压厂中，加之经营不善，年有亏损，资金周转困难，只得欠发工人工资，因此，发生多次罢工，厂方难以维持，有意出盘。

刘国钧对大纶久记纱厂有特殊感情：此厂源于自己曾做协理的大纶布厂；又是盟兄蒋盘发呕心沥血一手创办的。恐怕被人捷足先登，当即向顾吉生表达自己有接盘之意。

顾吉生也是个爽快人，当场拍板以50万元的原始投资额出盘给刘国钧。

他感到很合算，车到上海，就与大纶久记纱厂的大股东、英商连纳洋行买办蒋雨辰等人，再次商谈，约定在常州签订草议。

接着，刘国钧会同蒋盘发，与大纶久记纱厂的大股东顾吉生、吴镜渊、刘叔裴，商谈接盘事宜，一致商定以50万元的代价，由刘国钧接盘，订了草议，并付了5万元定金。草议还规定：刘国钧须在民国十九年（1930）二月十五日前，续交盘厂价45万元，逾期不交，定金没收，不予接盘。

嗣后，拜兄弟两人一合计，刘国钧的全部家产，包括广益染织厂固定资产将近50万元，拿不出45万现洋作接盘之用。于是，他们决定向社会各界集资，公开招股，每股50元，招股1万份。

但是，在招股中，碰到很多困难。那时，中外纱厂竞争激烈，荣德生、盛宣怀办的纱厂都亏蚀甚巨，有钱人不敢贸然投资纱厂，甚至，常州贫儿院院长冯晓青说："如果再修县志，应劝人'勿经营纱厂'一语载入。"可是，刘国钧却不以为然。他以为："华商所以竞争不过外商，是不懂如何竞争所致。"他与蒋盘发一道，到处游说。"如不振兴工业，就不能抵制外货。常州有土布业基础，不能不发展纱厂，否则，即使现有土布业亦难以生存。"

至于投资者是否信任刘国钧的经营能力，他毫不夸张地回答："我刘国钧在三十年前，借了10元银洋，闯荡江南，现已有财产50万元之巨，还有广益染织厂作抵押，请诸位放心，投资我的新纱厂，决不会吃亏。"无锡庆丰纱厂厂长唐星海，听到常州大纶久记纱厂出盘，也有意接盘，借以控制常州、无锡两地纱厂。但是，得到消息已迟，刘国钧捷足先登，已与顾吉生等人签了草议，付了定金。于是，唐星海乘刘国钧招股困难之机，愿以10万元银洋的代价要求刘国钧将草议转让给他。刘国钧一心要办纱厂，不愿平白赚5万元银洋，未予同意。

刘国钧并不畏难，千方百计多方招股。在社会上只招到5万元银洋的股金时，他就反复与大纶久记纱厂原大股东们商量，争得顾吉生、吴镜渊、刘叔裴等人投资20万元。刘国钧自己认股15万元，合计也有40万元。加之，常州银钱业的刘尧性、屠咏堂、蒋瑞衡等人对刘国钧予以支持，以广益染织厂名义，取得20万元的长期贷款，并争取徐吟甫、刘叔裴、吴镜渊等人的垫款，接盘总算成功。

事后，大纶久记纱厂部分上海股东，对出盘有悔意，但已立契成交，纵有后悔之意，企图计算刘国钧，亦未得逞。

民国十九年（1930）二月十六日，刘国钧接盘大纶久记纱厂，更名为大成纺织染公司（以下简称大成公司）。刘国钧以此为基业，毕生经营纺织业，立业成名，奠定了坚实的基础。

在创建大成公司开初，刘国钧结识了上海商业储蓄银行总经理陈光甫，获得了40万元的厂基押款，使大成公司得以整修设备，购买原料，开机生产。他们从萍水相逢，通过发展实业的交往，建立了莫逆之交。陈光甫是江浙财团的代表人物，曾为蒋介石奠都南京提供金融支持。刘国钧倚靠了陈光甫这位非同一般的金融界头面人物，关键时节，能得到他的鼎力相助，为刘国钧飞黄腾达的事业，起到了十分重要的作用。陈光甫声称：他一生最钦佩的有四位实业家，他们是张謇、卢作孚、范旭东和刘国钧。

刘国钧创立大成公司后，自任经理，聘任刘靖基为协理。新官上任三把火，他鼎新革故，抓了三件大事：一是废除工头制，改革人事制度，凡员工进厂必须由人事部门登记、测验，择优录用。二是精心检修机械，添置附属设备。他花费一万元，由日商承包，在厂内开一口深井，在细纱间安装一套空调设备，控制车间的温湿度，这在国内的纱厂是少见的。三个月共用去机修费用20余万元，使产品质量有了保证。三是剔除积弊，降低成本。因为产品成本是工厂立足之本，不仅有关工厂盈利所在，而且是与同业乃至外商竞争的关键。他提出："成本方面有三个老虎，即是白老虎（指用棉用纱）、花老虎（指机物料）、黑老虎（指用煤），大家要在这三方面有节约一点点的观点。这就是'三个一点点'。"同时，刘国钧力主挖掘潜力，减少每件纱的用工量；各道工序值车改计件工资制，做到多劳多得。

为了使企业盈利，刘国钧竭力生产适销对路的产品，不断满足广大顾客的需要，十分重视新产品开发。眼下，大成公司仅有万枚纱锭，最多时纺八个品种，工艺应变能力很强，只要刘国钧一声令下，很快就能翻改品种，在最短时间内拿出样品。

在新产品开发方面，刘国钧正确掌握了消费者生活水平，确保产销对路。时下，老百姓的消费水平比较低下，高水平的消费比重很少。在服饰上，穿得起高档面料的只有少数大城市的富有阶层和乡镇的地主老财。上海几家老牌的纺织染厂大多生产高档产品，它们牌子老，质量好，在市场上有很高的声誉，新牌子、新产品要挤进去是十分困难的。因此，上海许多纺织染厂大都生产中档产品，但是又不能满足全国市场的需要。

于是，刘国钧审时度势，决定大成公司以生产中低档产品为主，面向华中、西南广大地区。他在长江中下游、陇海铁路沿线以及山东、安徽、苏北等地，着手试销。并在汉口、重庆设批发处，在镇江、南京、蚌埠、临潼关、西安等地设特约经销点。

大成公司的产品每匹三十码的，放长一码以上；四十码的放长二码；幅阔比市场一般色布放阔一寸左右。产品虽属中档，质量上乘。这种“加阔加长，洗晒不褪”的新产品，经销商很受实惠，消费者也很满意。刘国钧为确保更新设备的资金，他采用了比较高的设备折旧率。当时的纺织企业大都是先确定红利和公积金，再提折旧率。因此，在亏损的年头，就无折旧资金可言。但是，刘国钧首先考虑保证折旧资金的提取，再考虑红利的分配，有时甚至为更新设备，可以不分红利。大成公司的折旧率高达百分之七点九，而当时一般纺织企业的折旧率不足百分之五，这就保证了投入再生产的资金需要。

经过实践的总结经验，刘国钧在经营上提出了“三个一点点”的口号：“货色要比别人好一点点，成本要比别人低一点点，价钱要比别人高一点点。”大成公司开创起就以此为三大目标，始终坚持质量好、成本低、卖价高的宗旨，从不放松，致使大成公司日益兴旺发达。

群策群力　创造奇迹

刘国钧为了提高大成公司员工的整体素质，激励员工的积极性，增强员工的凝聚力，他十分重视企业的文化建设。

他拟订厂训：“忠信笃敬”。他让刘丕基编写厂歌：“武进纺织染兼营/提倡国货/对外竞争/出品力求精/成本力求轻/挽回利权/福国裕民/凡我职工/勤慎耐劳/振作精神/言忠信/行笃敬/群策群力/一心一德/努力各负责任/前进/集其大成。”他提倡八句口号：“遵守厂规，服从领导”；“爱护团体，敬业乐群”；“精诚团结，谦和合作”；“锻炼身体，修养品性”；“自励励人，立己立人”；“从善绝恶，革故更新”；“厉行节约，爱护物力”；“刻苦耐劳，向前迈进”。

厂训逢会必讲，厂歌人人必唱，口号烧成蓝底白字的搪瓷标牌，悬挂在车间、走廊、餐厅、写字间和公共场所。同时，出版《励进月刊》，发行全国。在新年之际，刘国钧亲自撰写《停工期内经理告同仁书》，编辑《格言联璧》，人手一册，以古人警言训育员工。编写《养生保命》一书，提高员工健身意识。

为使企业管理规范化，他组织纺织专家、工务长陆绍云、总稽查华笃安、人事刘丕基、教育家顾峤若等人，整理《部分工种工作约则》《部门工作规则》《管理教育》《等级工资方案》等规章制度。

因此，刘国钧提出：“我们大成公司就是个社会，工人进了厂，要让他们安心工作，要食于斯，居于斯，生活于斯，老于斯，葬于斯。我们办食堂，建宿舍；开办子弟小学、保健站、小商店、休养所；还要建造功德堂，有贡献的员工死了可立碑入堂；老年员工死了，开追悼会，购地置办大成公墓；还要办集体婚礼，改革婚嫁陋习；对于员工子弟中的优秀人员，可以由公司直接吸收当练习生。”

刘国钧为了提高职工文化素质，特地高薪聘请常州著名教育家顾峤若担任训育主任，开办员工夜校，轮训在职员工；招收养成工、艺徒、练习生，加以培训；为大成公司的发展准备后备力量。

民国二十年（1931）秋天，刘国钧了解到在世界纺织业萧条境况中，日本纺织业却产生了奇迹，形成鲜明的反差，其中定有奥秘。于是，带领陆绍云、朱希武，再次东渡日本考察。此刻，正是“九一八”事变后，日本对中国人极为歧视，更由于刘国钧经营纱厂的身份，许多工厂拒绝参观，他们大受冷遇，饱尝“闭门羹”之苦。

刘国钧很有骨气，忍受不住日本人的冷眼，提前结束考察，返回上海。虽然，在日本参观的时间很短，他们毕竟都是行家，外行看热闹，内行看门道，过眼就能抓住要领。他住在旅馆，与陆绍云、朱希武漫谈，从企业管理到生产经营，从纺织到印染，从花色到成本，谈到许多值得借鉴和效仿的经验。

他认为：“这次赴日考察，最大的启示是：在纺织方面与日商竞争，非其敌手，其中重要原因是大成公司未能发展为纺织染全能企业，故不能与其抗衡。织而不纺，染而不织，一遇交通阻碍，或市场波动，原物料即有中断，生产势必停顿。建成纺织染全能企业，必彼此衔接，一气呵成，而能减轻成本，造福社会。”因此，刘国钧毅然决然提议将自己独资经营的、收益十分可观的广益染织厂并入大成公司。

翌年1月，广益染织厂以50万元资产作为刘国钧股额正式并入大成公司，成立大成纺织染股份有限公司（以下仍简称大成公司），原大成纺织染公司改为大成纺织染股份有限公司第一厂，简称大成一厂；广益染织厂改名为大成纺织染股份有限公司第二厂，简称大成二厂。

广益染织厂并入大成公司后，陆续添置了染色整理设备，由于设备增加，生产量大，日需坯布5000匹。大成一厂生产的坯布远远不敷大成二厂染整的需要，要向南通等地购进坯布，成本加大，规格亦难统一，因之，刘国钧决定大成一厂增添“道勃生”纱锭10500枚，线锭4800枚，增加织机200台，加装提花龙头，由普通的四罗拉大牵伸改装为“日东式”皮卷大牵伸。同时，把双滚动的单锭传动改为单滚动的四锭传动，并废止了三道粗纱。在织机安装停经装备，使织机全部能断经自停，自动换梭。这样，增产了坯布，满足了大成二厂的需要，从而使整个公司的质量大有提高。当年，大成公司净盈利45万元，注册资本为100万元。大成公司经营有方，日益发达。刘国钧想，若要进一步与国内外厂商竞争，必须在花色品种上制胜。自己曾经营布号，熟谙消费者心理，特地与上海进口商取得联络，一旦有外货新花色样品寄来，选择顾客所喜爱的，研究仿制，因而，往往有些新花色，大成公司之出品，比外货先上市或同时上市，使外货在市场上的销售受到一定遏制。

同时，刘国钧细心揣度，研究外货名牌产品在质量上与规格上的特点，予以吸收经验，改进自己的产品质量。大成一厂出品的“双兔牌”绒布，在市场竞争不过日货“铁路牌”绒布，他取外货“铁路牌”绒布在规格上、质量上之优点，改进其绒布底板绒疏之缺点，在原料规格上进行改良，因而使“双兔牌”绒布质地厚软，绒毛丰满，保暖性好，在质量上超过“铁路牌”绒布。因此，“双兔牌”绒布成为市场的抢手货，畅销不衰。还有，英商怡和纱厂在我国各地畅销的条子漂布，有部分花色不受顾客欢迎。刘国钧即命大成二厂制造“英雄牌”和“征东牌”条子漂布，采用取其所长，舍其所短，创出质地柔软，细洁紧密，手感厚实的产品，质量好于怡和纱厂的条子漂布，产品极受消费者欢迎，销路大增。这样，既达到获利目的，又收到抵制外货倾销之效果。这一年，大成公司又增资80

万元，注册资本达220万元。

当年，刘国钧接到上海进口商寄来的日本平绒、灯芯绒样品，颇感兴趣。他立即让驻上海办事处调查市场情况，此种产品，畅销全球，黑色平绒在中国称乌绒，多数用于制作鞋帽，呈现丝织品的闪光，平绒实际为经过挑割的纬纱棉织品，而价格超过丝织品，工价尚不到成本的十分之一，故利润最高。他决定试制，可是，国内不论外商与华商纱厂，均无生产平绒、灯芯绒的先例，无鉴可借。于是，刘国钧决定第三次东渡日本，探索生产技术。

刘国钧在日本参观了生产平绒、灯芯绒的主要基地——静冈县滨淞工业试验场，这里已发展到农村加工的普及程度。滨淞市只有40万人口，置有织机4万台，出口货品是年有6000万元之多，真难以置信。刘国钧回到旅馆，坚持每天写日记，整理平绒、灯芯绒的生产过程和技术要求。他在日记中写道："细绒手工挑割工艺是：将坯布浸泡4度烧碱液，浸泡后捡起悬挂，自然干燥，使布面挺爽。然后，平幅绷紧在架上，布面用刀刮过，使组织松动，进行来回挑割，将挑割过的细绒进行检查，如有破洞，从背后缝补。接着，染理工艺：联合机横竖刷毛，圆筒烧毛，浸炼，绳状松式水洗，回转甩干，染缸染色，再回转甩干，悬挂晾干，在联合机上横刷竖刷上蜡，拉幅后，成品完成。"

他对工厂家庭化尤其感兴趣。方式是工厂将坯布发给农户挑割。挑割工艺是：把坯布平幅绷紧在两头的木架卷轴上，长约10余米，两幅之间为人行道，由一人来回挑割。挑割者最好是青少年男女童工，体格颀长或臃肿者都不适宜。一般为一人一刀，但熟练之后，如割经路较阔的灯芯绒，可用双刀，甚至改穿溜冰鞋，以加速工效，减轻体力消耗。挑割后的坯布，由工厂检验后，收回整理为成品，再出卖。

通过详情考察，刘国钧以为大成公司完全有条件生产平绒、灯芯绒，关键是缺乏技术和设备。于是，决心在日本购置机器设备，为了节省费用，买了一部生产平绒专用的旧烧毛车和上油机。同时，从日本请来教练挑割绒坯的技师高原。经过工程技术人员和工人的刻苦努力，试制成功。至抗战前夕，生产了几千匹，品种有杂色平绒、印花平绒和乌绒等，全部包装成盒，投放市场，开创了我国生产平绒、灯芯绒先例。为此，大成公司又获取了丰厚的利润。刘国钧对人说："这次在日本，鼻子吃得最多，收获也最大。"

大成公司年年有盈利，岁岁发红包。刘国钧给职员都有分红，常年可得相当全部薪金的一二倍之多；公司的高级职员另有巨额暗贴。分红一部分，发给大成公司股票，使职员们具有自己也是大成公司股东的心态，这种维系职员心理的方法，可使职员们更忠心耿耿地为企业服务。年终，刘国钧给机目、宕管发放奖金，金额是全年工薪一倍左右；工人是发年终双薪。

再说，刘国钧为使大成公司更上一层楼，决心将大成公司办成"自纺、自织、自染、自印"的全能企业，获取更大的利润。为创办"四自"企业，尚缺印花一项，必须添置设备。对此，他以为：设备的添置、改装、更新应同公司眼下资本不多、技术力量薄弱的实际情况结合起来考虑，立足现实，从长计议。陈旧设备的优点是价格便宜，仅是新设备价格的二十分之一，这就解决了资本不足的困难。对旧设备只要善于使用，充分提高设备的利用率，还是大有用武之地的。为此，他在日本购一部旧的八色印花车，只花3000元，若是购新的需6万元。旧的印花车运回后，却无人懂得操作。于是，他先后请来上海纶昌印染厂工程师刘绅第、德商德孚洋行的技师、上海日本纱厂的工人，都未奏效。前后长达七个月之久，刘国钧始终亲自参与，从不间断。为此，人们议论纷纷。他却认为："人家已将新车用旧，决不会是废物。"他抱定必成信心，决心亲自动手，与工人高廷焕等人一起吃住在车间，继续校验，虽然屡试屡败，仍不气馁，弄得浑身五颜六色，皮肤擦破烫伤，有人以为刘国钧疯了，如是者逾月，终于试车成功，在常州首创了机器印花技术，使大成公司成为名副其实的纺、织、染、印全能企业。试产成功的当年，印花工场就赚到5万元利润。翌年的盈利达20万元，成了大成公司的“摇钱树”。

民国二十四年（1935）5月，刘国钧率领陆绍云、谢钟豪、谢澄沧等人组成的武进县工业联合会赴日考察团，第四次东渡扶桑，参观了帝国大学，考察大小工厂50余家，7月返国，历经两个月。

刘国钧自四上日本返国后，大力扩展印花布、色布、平绒、灯芯绒的生产，坯布需要量日益增加，决定自己增加坯布生产，一方面给大成一厂增加纺织设备，一方面筹建新厂。

于是，刘国钧率领刘丕基、金纬镛，跋山涉水，奔赴四川成都、重庆、万县和武汉，实地考察，筹设新厂，扩大规模，增加生产。

民国二十六年（1937）1月18日，大成公司与已经亏本停产三年的武昌震寰纱厂正式签署了合营章程，由大成公司出资36万元，震寰公司以机器折价24万元，工厂交给大成公司经营，定名为大成纺织染第四厂股份有限公司，亦叫大成公司武昌第四厂（以下简称大成四厂），定期六年。刘国钧任总经理，刘靖基任经理，刘丕基任厂长，陆绍云任总工程师。

在大成四厂整个开工期间，刘国钧从常州带来全套人马参加生产和管理工作。他把大成一厂的整套管理方法与操作方法全面推行到武昌大成四厂。从此，大成四厂面貌大为改变，产量、质量均可以与大成一厂相媲美，盈利率也不亚于大成一厂。

并且，“七七”事变后，抗战开始，日货禁止进口，纱布亦然。因此，大成四厂生产经营销售情况甚好。每月平均获利达10万元之巨，至抗日战争前夕，仅开工生产九个月，大成四厂的利润已逾100万元。

接着，刘国钧在常州筹建新厂，把主要精力集中到创办大成三厂，在当年年底，选择大成二厂河对面的空地，建造厂房。他决心将大成三厂建成第一流的纺织厂。于是，他任命总工程师陆绍云为大成三厂厂长，向瑞士订购国际上最先进的“利妥”纱锭32000枚，装备企业，虽然价格较一般纱锭高出三分之一，他也在所不惜。同时，还订购了自动织机1008台。翌年夏天，瑞士“利妥”纱锭10000枚，已逐步运到常州大成三厂并安装试车，计划年内全部开机生产。

民国二十六年（1937），刘国钧已在全国纺织业声名鹊起，许多经济学家对其刮目相看，在大部分纺织厂倒闭、改组的颓败状况下，唯独他的企业欣欣向荣。从民国十九年（1930）至民国二十六年（1937）的八年中，一个厂发展到四个厂，10000枚纱锭发展到78863枚纱锭，织机200台发展到2707台，注册资金从50万元增至400万元，八年翻了八倍。其时，大成公司有固定资产395万多元，流动资金513万多元，合计资产910万元；减去各项负债273万多元，纯资产为635万多元。

事实上，大成公司注册登记的资本，仅是实际资本的一半而已，实实在在的资本，已逾1000万元。

经济学家纷纷著文研究探求刘国钧成功的经验，著名经济学家马寅初赞誉为“罕见的奇迹”。

履险如夷　劫后余生

“七七”事变爆发，日本侵略军大举入侵我国。“八一三”事变，揭开了淞沪会战，炮火连天，上海危在旦夕。

这时，上海至南翔一段铁路不通，安徽、山东、河南各路办货客人，群集常州采办，纺织品格外飞俏。许多工厂恋于厚利，日夜加班生产，隆隆的机器声，淹没了枪炮声。

10月13日中午，常州首次遭受日机轰炸，火车站一片断垣残壁。刘国钧看到常州沦陷难免，急着准备内迁。指示大成一厂华笃安，先将库存原棉生产完毕，成品尽快售出，换取现金，机器容后拆迁。大成二厂的朱希武也按刘国钧的应变计划，将库存的坯布染成色布出售，回收现款，以保资金实力。又命陆绍云立刻组织人员，日夜拆装大成三厂的瑞士“利妥”纺纱机，分两批装箱，先由驳船运往镇江，再由四川卢作孚的民生公司轮船运至武昌大成四厂，以保存纺织机器的精华。

战火日益逼近常州。11月18日，敌机对大成一厂投掷18枚炸弹，纺部楼上新车间、织部新车间、货栈、工人家属宿舍全部焚毁，损坏织机600余台，细纱机、梳棉机、粗纺机、电气动力设备，损坏惨重。大成二厂是日机重点目标，屡遭轰炸，大烟囱被炸了两个洞，烧毛间、漂染车间炸成了废墟瓦砾。加上原料成品损失，依民国二十六年（1937）时值约有510万元之巨！

刘国钧面对大成一厂被炸，大成二厂全毁，大成三厂已成空厂房的局面，痛感半生呕心沥血所创的事业，竟然毁于一旦。然而，突变的时势，容不得他沉浸在悲哀之中，他忍着悲痛，作出应变部署。大成公司的全部员工分三处疏散：一处留守常州，一处迁往上海，一处撤至武昌。留守常州由华笃安、何乃扬负责，处理常州事务。委派刘景周组织十三条机帆船拖货轮，千只木船，将物资运往苏北。原存放在上海的新机器和一部分在常州未拆箱的新机器返运上海，由刘靖基负责，全部暂堆在公共租界的仓库中。将不及运出常州的10万匹坯布，400余件棉纱，就近分散堆置。因为上海商业储蓄银行有押款关系，堆存该行仓库有4万余匹坯布；尚有堆存广泰栈的坯布2.5万余匹，棉纱50件；堆存在常州前北岸俞宅色布4000余匹；有一部分棉花寄存于大南门城内刘家祠堂；将一部分染料存于县学旁吴家。俟机会再图复工生产。

11月27日午后，日寇占领戚墅堰，常州城内已清晰地听到敌人的小钢炮发射的炮弹声，敌军在步步迫近常州。刘国钧与大成公司的同仁们，相对唏嘘，意识到一待日寇来到，不为亡国奴，不当汉奸，就得殉国。敌人的炮火愈来愈近，已面临千钧一发之际，一想到未来的命运，大家禁不住掉下了几颗热泪。刘国钧当即决定，留守人员全部疏散至郊区，再从牛塘桥撤至埠头镇陆友仁家中暂住，待局势稍稳，再分批轮流更替到厂看守。自己携带账册和眷属，雇一辆包车，驶离常州，奔赴镇江，再乘船转道汉口。

到了汉口，他把眷属妥帖安排在租界暂住，自己就忙于武昌大成四厂的扩建工作。先将在常州厚生机器厂订购的250台织机安装开车生产，又将运来的18万匹坯布，从速脱手，换取现金。又与刘丕基一起妥善安排了从常州撤离来武汉的员工，将他们全部安置在大成四厂工作，致使大成四厂60%的工人和90%的职员，都是从常州大成一、二、三厂撤来的员工。合营的大成四厂业已进入第三个年头，生产、管理、经营全部走上正轨，营业状况更为称佳，颇有盈利。

刘国钧的注意力开始转向上海，因为，上海有大成公司的巨额资财，大成三厂订购的瑞士32000枚“利妥”纱锭全套设备，尚有22000枚，因战事滞留上海。常州沦陷前夕，委派邹福保押运的一个船队，装运近万匹坯布拟运汉口，由于水路已阻，又命其改道运至苏北避难，经东台辗转运去上海。尚有上海办事处的众多库存纱布，进出款项等等，都需要刘国钧过问处置。

他谢绝了同仁和眷属的陪同，独自从汉口到衡阳，再过曲江至潮州，在汕头乘上英商太古公司的琼州轮，辗转万里，到达上海。他看到，“八一三”之后的上海竟呈现一种畸形发展的景象，这东方的大都市，在日寇的毒针注射下，在腐烂着。

迎候他的是董事长吴镜渊和协理刘靖基，寒暄以后，很快把话题转到大成公司的劫后余生，经过商榷，决定在公共租界开办纺织厂。机器设备是现成的；流动资金，用常州运来的布匹，变换现金；一部分从常州撤来的员工已待命多时；厂房租赁中华书局印刷厂印钞旧工场。为适应上海孤岛的生存环境，向公共租界当局注册登记，资本为150万元，挂英商的牌子，聘请英商买办、印度人安诺任经理，英商马歇尔任董事长。为掩人耳目，厂名定为“安达纱厂”。由刘国钧担任总经理，刘靖基担任经理，朱如堂、蒋尉仙、谢钟豪等担任董事，刘靖基掌握全厂业务，袁敬庄任厂长。民国二十七年（1938）8月1日，安达纱厂着手规划设计、添建、改建厂房，至同年9月20日，陆续安装纱锭10800枚，开工生产。安达纱厂每月生产棉纱约千件，商标为飞虎牌，远销南洋群岛和粤、闽、川、黔诸省和长江一带。

接着，由于日军大规模地疯狂侵略占领了我国大片土地，武汉的形势十分危急，大成四厂因种种原因，乃于民国二十七年（1938）8月30日，在香港解除合同，至此，合营了23个月的大成四厂遂即宣告解散。刘国钧的大成公司在合营的大成四厂获利达200多万元。

可是，刘国钧甚感伤心，他说：“从鄙人的内心来说，大成四厂正在兴旺发达之际，可要硬生生地闭歇分拆，十分痛苦！”说时，他眼眸中闪着泪光。

刘国钧亲自登上民生公司的江轮，押运从常州运来的织机和大成四厂以25万元折成的纱布，向重庆逆水上行。他们到了宜昌，另雇川江轮，到重庆的水路有1300里之遥。经秭归、巴东、巫山、奉节、云阳、万县、忠县、酆都、涪陵、长寿等10个县，75个险滩，正是险象环生，终于安全到达。

刘国钧到重庆后，客居他乡，无所事事，就将运来重庆的纱布出售，变成现金，开个批发字号，小规模经营商业，以维持众多人员的日常生活。

此时，当局经济部对迁来重庆的工厂，朝夕催促开工，并扬言：“逾期不能开工，将于征用。”他非常着急，恰巧，卢作孚派人员前来商谈民生公司、大成公司和武汉隆昌染厂三家合营开办“大明染织厂”一拍即合。当年年底，卢作孚、刘国钧、倪麒时三人负责筹建工作。厂址置在重庆北碚文星湾的原三峡染织厂旧址。由卢作孚任董事长，刘国钧任经理，查济民任厂长。刘国钧、查济民翁婿两人配合默契，全权负责大明染织厂的生产经营。

他们以大成公司的老员工为骨干，充实大明染织厂的车间、部门、班组，实施大成公司一整套的管理制度和操作方法，使大明染织厂的面貌大有改观，深受卢作孚的赞誉。

他们抓住提高出品质量的重要环节，“大明蓝”在四川市场十分畅销。其他产品，如海昌蓝布、阴丹布、元昌布、乌花斜纹，均受到消费者的好评。年销售量达67200匹。翌年，盈利达35万元。

嗣后，刘国钧为推销大成公司的出品，加强对外贸易，曾到越南海防、河内探路，缅甸腊戍、仰光经商，尤其是在香港、澳门、九龙遇难，经历九死一生，不堪回首。

1941年12月3日，刘国钧从上海乘轮船到香港，不料，英国当局在增兵、演习，加强防务，一下子使香港、九龙的备战气氛紧张起来，200多万居民惶惶不安了。凭直觉，刘国钧感到，香港发生事变的日子不远了，立即与长子刘汉堃商量后，毅然收拾简单行李，直航澳门，打算乘船返回上海。到了澳门，才知至上海的航路已断，只得羁留在中央酒店。翌日，他们急忙返回九龙寓所，决定次日乘坐赴广州湾（湛江）的轮船，辗转桂林去重庆。

不料，在深夜，突然一阵炮弹的轰鸣，揭开了日军进攻香港、九龙的序幕。战争爆发的第一天，日机频繁轰炸，到处是砖破瓦碎。刘国钧急忙偕长子汉堃奔赴启德机场，他们只见机场内外挤满了人，都是急待乘飞机去重庆的达官巨贾。机场上停着几架飞机，询问之下，都是由各中央机关包机飞渝的。据传，中国当局正在调度飞机来港抢运要员去重庆。既然有希望，大家在等待。此时，刘国钧恰巧遇见当局经济部政务次长何淬廉，交谈之下，一见如故。从早到晚，来了几架飞机他们都没能挤上。晚上，来了一架飞机，是当局指定名单接人的，不料，许多当局要人上不得飞机，唯独孔祥熙的二小姐孔令俊（后改名孔令伟），有恃无恐。就是蒋介石指名要接走的人，已在机舱安坐的，都被她统统赶下飞机。她却指挥保姆、侍卫，载上她的17条洋犬，几十只大小箱笼，连洗澡盆也搬上飞机。这种“人不如狗”的奇事，人们看在眼里，恨在心里，对此皇亲国戚的飞扬跋扈，真是无可奈何。

飞机乘不上，刘国钧他们无奈夹杂在难民中，冒着炮火，退到香港，暂居客栈。他们在小旅社一住就是18天，局势稍有平静，刘氏父子急着回九龙私寓，在与何淬廉离别时，他们约定：一同逃离香港，返回内地。

过了一月有余，何淬廉带了5个人从香港偷渡过来，他们立刻一起离港外逃。他们一行8人，夹在疏散的难民人流中，急匆匆要在戒严之前离开九龙半岛。傍晚到了元朗镇，在南园酒家饱餐一顿后，略作休息。刘国钧为防不测，特地在酒家门前摄影留念，然后汇入众多的难民队伍中，聚集在广场，等待日伪人员发放从九龙新界到宝安县的通行证，没有通行证，日寇会格杀毋论。过了半小时，日伪人员领着两个日本兵，一个翻译，来到广场。当那个缠着“大日本军报道部”红色臂章的日本兵，见到刘汉堃，大声吆喝“八格牙路”。原来，日本兵将刘汉堃错认为是鼓吹英军对日军作战的政客陈某，当场要予拘捕。幸有何淬廉等人从中斡旋，花费了金条，才得以脱险。在渡深圳河时，难民的随身行李全部被日寇掠夺而去。到了广州，日伪人员软硬兼施，要他们到南京出任伪职，他们百般推托，莫可名状。日伪组织就在经济上勒索，规定从香港九龙撤退到广州的人，每人必须以3万元作为地方捐赠，才能离境。他们只得分别致电上海或重庆等地，从速汇款。然后，分头从陆路至重庆和从水道辗转金华，回到上海。

刘国钧回到上海，将上海事务作了安排，从上海取道蚌埠、界首、洛阳、西安等地，到达重庆。嗣后，在黄炎培、潘仰尧等友人的提议下，他悉心著书立说，撰写《扩充纱锭计划刍议》，设想在抗战胜利以后的十五年内，全国纺织工业发展至1500万枚纱锭，并对筹集资本、织机制造、人才培训、原料供应、工厂布局和管理经验等等，都一一作了全面规划和设想。对于大成公司，他计划十五年内发展至50万枚纱锭，并向毛、麻纺织发展。此文刊登在《西南实业月刊》《中国纺织年刊》及《国讯》上。在工商界、经济界引起强烈反响，读者无不交口称之，认为此书目光远大，条理井然，尤为心折。

民国三十三年（1944），德国法西斯由于苏军的反攻，节节败退；日军受抗日力量的打击，在太平洋战场节节失利。刘国钧看到胜利在望，恢复常州之企业必须早作准备，如待胜利后再具体筹划复厂事宜，为时已晚。此时，大成公司已有百余万元外汇存在美国，决定到美国参观和采购机器，以便回国后恢复生产。于是，他于12月，偕同缪甲三等人取道印度赴美。途经印度，用10天时间参观几家纱厂。

在印度孟买，刘国钧参观了纺织厂后，深感："印度虽为英国殖民地，亦以纺织立国，纺锭虽有千万枚，而彼之技术管理及厂用工做法尚多问题，不足为中国之鉴也。尤其是印度工人工资过高，其增高之起因，一则由英国人同时有退出之虞，希望印度人提高工资水平；二则战时所得税、利得税增高，而印度工业为避免利得税，故意多用工人，多加工资，减少英国人的收入，结果也造成高物价，以致不能向外竞争。印度号称世界产棉第二位，而仍有输入多量棉织品之现象者，其故即在于此。世上强国为争取市场，惯用一种手段使弱小国家生活程度提高，缩短工作时间，提高工人待遇，使其出货成本加高，以便强国货物得以源源倾销。同时，印度的纺纱、织布工厂捐税苛重，此种高税收政策使许多从事纺织业的厂商纷纷歇业停办，严重地制约了印度纺织业的发展，这种杀鸡取蛋般的苛税政策，无疑是自毁之下策。"

刘国钧到了美国，那时欧洲战事已经结束，美国正在进行设备更新，新机器很俏，订不到货，旧机器很多，但需要现金买卖。在美国了解行情以后，又转道加拿大，着重参观毛纺、棉纺。然后又回到美国南方，考察了许多中小型纺织厂和较大规模的染整厂，对他们的生产特色进行分析。在南方还参观了美国最大的棉花交易中心，与经纪商进行了交谈，对美棉品级分类和价格交易方法有了一定的了解。

刘国钧赴美的主要任务是订购纺织机器，计划通过慎昌洋行订购纱锭7万枚，准备在大明染织厂安装2万枚，大成两家厂安装5万枚，再购置发电机等设备。而那时处在战争状态，美国纺织机械制造厂都转为军工生产，不承接纺机制造订单。刘国钧通过各方面的努力，随着时间的推移和战局的好转，终于与美国萨克洛威尔纺机制造厂签订一份3万枚细纱和5万枚前纺设备的订货合同。另有2万枚旧细纱机与之配套。具体机器装备和规格的确定，根据产品需要和先进生产水平而定。交货期在战争结束后一年。大成公司订单列于萨克洛威尔纺机制造厂之首。由于需要美金270万元，只有100多万元现汇，尚缺200万元美汇，资金不足。美方同意货款于交货后分三年付清，条件要取得中国银行担保。

作为一位创业者，刘国钧无疑是取得了辉煌的成就。即使是在充满艰难险阻的抗日战争期间，他主持经营的大成公司，除民国二十七年（1938）亏损1.22万多元外，民国二十八年（1939）盈余40多万元；民国二十九年（1940）盈余44万多元；民国三十年（1941）盈余200多万元；民国三十一年（1942）盈余280多万元；民国三十二年（1943）盈余340多万元；民国三十三年（1944）盈余290多万元。截至民国三十四年（1945）9月，大成公司有固定资产1460多万元；原物料及制品1200多万元；流动资金460多万元；资产总额达3100多万元。减去各项负债830多万元，纯资产为2200多万元。他的经营之道，他的成功之路，为众多实业家所仰慕。

审时度势　随机应变

日本无条件投降后，刘国钧于1946年初从美国回到重庆，立即办理在后方的结束工作，通过卢作孚的关系，由民生公司安排大成公司全部员工，分批乘坐轮船到南京，再乘上火车，回到阔别八年的家乡常州。刘国钧偕同眷属和大成公司几位上层人士，乘坐飞机到达上海，赢得时间，迅速返回常州，积极筹办大成公司在常州的恢复工作。

在大成公司员工抗战胜利慰问大会上，刘国钧发表了热情洋溢的演说："我万分感谢留守工厂的同仁们，尽职尽力，始得有今日复兴之机。……就全国的产业前景看，发展暗淡。国际市场每匹布价为5美元，以汇率计不过合法币1万余元。可是，国内市场每匹布价达5万元法币。故我要是只求不义之财，尽可关厂做进出口生意。但是，一个人总有嗜好，国钧别无嗜好，只爱豁出命去办工厂。……大成公司现今有纱锭6万枚，计划在十五年内达到50万枚。"他再次提出大成公司的宏伟计划。

接着，他疾呼："时代在前进，生产效率在不断提高，我们决不可墨守成规，以锭扯来说，大纶久记纱厂时代是0.8磅，我们大成公司战前最高水平是1.2磅。可是，目前美国、日本已达到1.5磅。外国人是骨肉之躯，不是钢筋铁骨；我们中国人亦然。为什么他们能做到的，我们做不到？我们一定能做到！""有人说，刘总经理这趟在美国采办了新式纺织机。是的，这是事实。不过，我要引用范旭东先生对我说的一句话：'把美国的机械设备照搬过来，绝不等于就会产生另一个高效率的美国生产体系。'他说：'其实，事实上真正基础是人才！'这些至理名言，值得我辈深思！"刘国钧把振兴企业的希望，寄托于全体员工素质的提高，无疑是真知灼见。高瞻远瞩，不愧为当代企业家中的强人。然而，强人难敌强权，刘国钧的战后复兴计划，起步艰难。

刘国钧急于落实美国订购的纺织机械，尽快得到中国银行的担保。为此，他频繁往返于上海、南京，多方奔走，四处游说，终于，中国银行愿意担保，宋子文提出的担保条件是中国银行要投资大成公司，使大成公司成为官商合办企业。刘国钧担心官商合办后被宋子文吃掉，就婉言拒绝，另作打算。

他立刻电告在美国的缪甲三，告知中国银行的担保已告吹，美国新机器的订单已成泡影，速将2万枚细纱机旧货装箱托运回国，并命其觅购旧前纺机器予以配套。

抗日战争后，大成公司迅速恢复。大成一厂已完成新建筑463平方米，修建房屋1449平方米，开出纱锭25102枚，织机356台。大成二厂被遣散回乡的员工陆续回厂，积极准备复工，清理场地，整修机器，并委托建筑师设计，由上海国泰营造厂承建印花、染色车间，准备在废墟上重建工厂。

为了重振大成公司的雄风，刘国钧决定调整注册资本为1500万元。大成一厂、三厂定为纺织厂，大成二厂为印染厂。对干部也作了调整，华笃安仍任大成一厂厂长，何乃扬、张一飞为副厂长；委任从英国学成回国的陈钧为大成二厂厂长；选拔从美国考察归来的缪甲三为大成三厂厂长；朱希武担任厂务部经理；何乃扬兼任常州办事处主任，为大成公司的进一步拓展准备干部。

在美国购回的3万担原棉，陆续运回，大成一厂的生产日趋正常，苦于在沦陷时用的是小型木柴引擎拖动，动力严重不足。戚墅堰发电厂、武进电气厂先后恢复发电，但发电量仅1万余千瓦，远远不能适应常州地区的动力需要。幸亏刘国钧卓有远见，在美国订购了发电机，先后运行，装置在三爿厂自行发电，自给有余，保证了生产的需要。

面对大成二厂需要重建，大成三厂尚需添置大量机器设备，资金缺额大，头寸十分紧，刘国钧急需解决几百万美元贷款。他瞄准蒋介石的国府委员、上海商业储蓄银行董事长陈光甫和经济部次长何淬廉，忍痛从自己名下的股额中，划出135万股，赠送给陈光甫、何淬廉各675000股。并聘请陈光甫为大成公司董事长，何淬廉为董事。同时，为应付地方上的复杂环境，聘请国民党江苏监察使程沧波为董事。刘国钧深明“蝮蛇螫手，壮士解其腕”的道理。在政治腐败、尔虞我诈、巧取豪夺的社会里，要求其生存，保其平安，关键时刻不割肉献佛，是难逃厄运的。

股额送出，上海商业储蓄银行给大成公司的几百万元美金贷款，很快落实。同时，陈光甫为大成公司购回美棉1500包，以解燃眉之急。民国三十五年（1946），是中国纺织业恢复繁荣的一年。战争刚停，国外纺织厂尚未恢复，无人竞争；战后人们迫切需要衣着；纺织业适逢其时，产品供不应求，利润丰厚，达到30%以上。大成一厂全年生产20支六鹤牌棉纱2万件，生产12磅蝶球牌棉布20万匹，全年产值达350亿元。大成二厂的丝绒车间、老阿尼林车间也局部开工，每日可产各种色布800匹。此时，大成公司的注册资本达法币7.5亿元。

翌年，大成二厂建造了新厂房，把原有织机全部调至大成三厂，专营棉布印染，产量从日产800匹，逐步增至3000匹。产品除畅销华南地区外，还销往印度、荷兰。这年，大成公司依当局重估资产增资办法，将资本总额调整为国币225亿元。

国民党为了维护独裁统治的目的，一面加紧进攻解放区，一面加紧对国统区掠夺社会财富。大成公司面临重重困难，原材料采购艰难，美棉供应时断时续，器材难以补充，货币贬值，成本增高，销售困难。三爿厂因燃料煤炭来源奇缺，锅炉不能开用，只能以柴油、木柴补充电力的不足。大成一厂每天只开织机100台，日班开纱锭16000枚，夜班开纱锭4000多枚，每日出纱仅十五六件。企业日陷困境，奄奄一息。刘国钧见此情形，向当局提出为政府代纺代织，以维持生产。

面对严峻的不景气的市场，刘国钧尤其重视上海纱布的行情，亲自前往调查，还以带徒弟的方法，每次拉着几个部属去逛商场，专看绸布橱窗，品种花色，议论价格，探询销路，估算成本，津津乐道，毫无倦意。在商店里，一种布样到他手里，根据经纬、纱支、密度以及用料情况，可以估算出成本多少，一匹布可以赚多少钱。以此，刘国钧在与商店老板洽谈时，择其利多适销而又可以做的，签订合同。即使批量小的也做，限时拿出小样，跟上市场的需求，价格卖得很高，利润丰厚，以少胜多，弥补停机待料的损失。

同时，刘国钧对大成公司出品的质量极其重视，力求创造名牌，以取胜同业。他日常下车间检查生产时，最注意棉纱条干、强力、棉结、杂质，梳棉机棉网几乎无台不查看。试验间也是他必到的场所，看条干，查强力，棉布布面也看得很仔细，发现问题就责成管理人员及时解决。往往他连配棉也亲自过问，以求质量稳定。

故此，大成公司出品的蝶球牌细布，每匹售价始终比别厂出品的同规格细布要高。例如六鹤纱、双兔绒、大成蓝、阴丹士林以及印花布等，都在同行业中获有好评，深受顾客欢迎。尤其大成蓝，具有一定的独创性，在色泽上既有海昌蓝的朴素，又有士林蓝的蓝翠鲜艳而色泽坚牢，大方漂亮，男女皆宜，而成本较士林蓝为低，很有竞争力，特别在四川和西北地区，行销甚畅。

由于刘国钧的兢兢业业办实业，大成公司在风雨飘摇的局势中，尚能获利。民国三十六年（1947）纯益法币85亿元。

接着，大成公司董事会决定，对大成公司与安达公司，作出分开单独核算的决定。刘国钧担任大成公司总经理、安达公司副总经理；刘靖基担任安达公司总经理、大成公司副总经理。刘国钧名下的股金，60%在大成公司，40%在安达公司；刘靖基名下的股金，60%在安达公司，40%在大成公司。华笃安担任安达公司副总经理，张一飞接任大成一厂厂长。嗣后，刘国钧不再过问安达公司的事务，专心致志于大成公司的发展。于是，他接盘江上达的通成棉毛纺织公司，改名为大明纺织染公司，交给女婿查济民经营，时有纱锭4800枚，织机150台。同时，又接盘意诚布厂，任命陶振熙为厂长，资本额为国币1.5亿元。有156台织机，生产12磅本布与斜纹布，年产10万匹，供应大成二厂加工花色布销售。至此，大成公司向纺、织、染、印、衣的全能企业，又前进了一步。

国内面临内战爆发，刘国钧向海外寻求发展之路。他派意诚布厂厂长陶振熙于民国三十七年（1948）4月，到台湾创办纺织厂，携去200台织机，租赁台北板桥镇海山神社，约有百亩多土地做厂房。另在台北南阳街四号，成立台安兴业公司纺织厂筹备处，拟定资本为台币6000万元，运去2万匹布，变卖后做筹办费用。

在台湾，刘国钧发现市场上的色布价格比较稳定，赚头也多，染一匹元色布可赚1元美金。50美元就能买到一两黄金。鉴此，刘国钧责成陶振熙积极筹办染厂。于是，陶振熙与胡忠甫、祝耀堂合伙开设庆泰染厂，不到两个月时间，筹建就绪，开工生产，每天能染200多匹布，由于市场色布好销，很是赚钱。

刘国钧又指派厂务部经理朱希武、香港大孚商行经理吴达机和次子刘汉栋三人专程飞赴南洋考察，先后在新加坡、马来西亚、暹罗（泰国）作市场调研，详细了解当地对纱布的需求，扩充了大成公司的海外市场。

民国三十七年（1948）9月，国民党发行金圆券，大成公司、安达公司储存的黄金、美钞被搜括一空，棉纱也因限价关系，损失很大。刘国钧决定投资海外，进为转移资金，退为留条后路。他于民国三十七年（1948）11月，在香港九龙荃湾开办东南纱厂，有纱锭5000枚，织机200台，计投资港币500万元。任命长子刘汉堃为公司总经理，次子刘汉栋为厂长。同时，投资香港永生布厂12万港元，购买住房和其他投资港币68万元，美金4万元。

此外，他还在美国购买10万美元的公债，储蓄20万美元，在巴西投资种植橡胶园，以作退步之计。

大成公司在十分动荡的局势下，刘国钧力挽狂澜，千方百计，在生产经营上力求稳健，致使民国三十七年（1948）尚能纯益金圆券1200万元。

民国三十七年（1948）底，淮海战役结束，国民党败局已定，大成公司部分董事要求刘国钧早作应变准备。当时，上海、常州谣言纷纭，人心惶惶，中共地下党组织给刘国钧写了信，要他保护好工厂，不能停工。同时，刘国钧又接到国民党的警告信。他处于矛盾之中，内心既恨国民党，又怕共产党。考虑再三，决定三十六计，走为上。于是，他将10万匹棉布运往广州，售款转汇香港。一面应付宋子文逼他搬迁工厂，送去1000匹布和50根金条作缓兵之计；一面应付共产党，原先打算把常州的大明纺织厂、意诚布厂、大成三厂搬到香港、九龙和新加坡，决定不再搬迁，坚持原地生产，并主动拿出金条20根，送给中共地下党组织做活动经费。地下党组织严守纪律，婉言谢绝。

然后，刘国钧偕同夫人、子女，飞赴香港。

徘徊香港　殊途而归

民国三十八年（1949）初，刘国钧已在香港定居下来。此时的香港，纺织工业发展很快，国际形势的动乱，大量游资涌集香港。国内民族实业家在香港静观情况变化，他们既不把工厂迁移台湾，又怕留在大陆被共产党接收。加之，香港当局对发展纺织工业需求甚殷，采取支持措施。于是，大陆的民族纺织工业纷纷将资金、设备聚集香港，同时，带去许多技术人员和熟练工人。

香港的纺织厂雨后春笋般地涌现，原棉需要量聚增，棉花的供应，大多来自美国。随着上海临近解放，香港当局规定：厂方主要人物返回内地，该厂就要列上黑名单，不配售给原棉，所产布匹也不准销往美国。同时，英国对香港属地的厂产布匹进口有特惠税，卖价也比其他地方进口的布匹要高，但有一定的限额，并可逐年放宽限额。香港当局把限额按比例分配到各个纺织厂。刘国钧的东南纱厂配额越来越多，逐年增加额度就越大，每匹布可多卖港币几角钱，一年之间总数就很可观了。

刘国钧在香港经营东南纱厂，除在管理和生产的方法沿袭大成公司的一整套之外，又从常州调去一部分得力的职员和技术精湛的工人，因此，经营得很发达。

随着香港纺织业的竞争加剧，刘国钧利用大孚商行在海外的经营销售网络，抓住三条有效的措施：保持与国际纺织品市场的密切联系，广泛协作，运用最快的交通工具和通信工具，迅速传递行情信息；采取灵活的经营方法，千方百计，按照客户要求的品种、规格、质量和数量、交货期，组织生产，保证满足要求；力求取得更高的经济效益，购进近地的原料及初级产品，加工后转销南洋各地以及欧美各国，一般不在本港销售。

香港的东南纱厂，生产经营已上轨道，刘国钧略作安排，于民国三十八年（1949）4月13日，乘坐盛京号轮船，再次赴台湾视事。通过对市场的全面调查，感到台湾的投资环境远不如香港有利，迅速作出决定：继续办好庆泰染厂，200台织机暂且延搁，听候调遣。

当他返回香港时，国内战争还在激烈进行，人民解放军在各个战线继续追奔逐鹿，扫除国民党残敌。大局虽定，刘国钧内心矛盾重重，如果让他跟着失去民心的国民党政府跑，把工厂全部搬迁到台湾去，不仅政治上没有出路，经济上难免要被官僚资本吞并，这是他绝对不会走的路；如果让他长期流落国外做“白华”，这也不是他的意愿。他想到的是：自己的事业毕竟在内地，终究要走回去的那条路，但是，何时回去？这就有一个时机问题。因为，在香港他不是单独的，这里聚集着许多同病相怜的人，其中，有自己相处几十年的挚友，有自己的同行和同乡，相互吸引，相互影响，相互制约，使他徘徊于十字路口，不得果断而行。

刘国钧出走香港后，留在常州的大成公司代理人朱希武、何乃扬、张一飞等人，忠诚地遵照他的原定方针进行，大成公司的工厂没有停工停产，生产经营尚属正常。民国三十八年（1949）5月，上海解放后，恢复了与香港的通电通邮，朱希武等人每隔三天就将常州情况电告刘国钧。因此，他身在香港，心系常州，对常州的情况了解得非常及时，尤其对大成公司的状况，询问得很详细。

当时，大陆纺织工业面临严重困难，纺织企业普遍资金短绌，开工不足，许多民族资本企业濒于关厂。资金短绌的原因是，资方抽走资金，仅无锡、苏州、常州五家纺织厂，抽走资金棉纱12618件，棉布131512匹，黄金199两，约合人民币320万元。同时，产品滞销，成本倒挂，交通运输中断，城乡物资交流受阻，物价不稳，粮价盘高，纺织品比价下降，6月至8月，无锡一件双鱼牌20支棉纱，约换大米15石左右，是抗战前的半数。花纱比价倒挂，一件纱用棉450磅，而一件纱只能换棉花400磅。生产费用占30%，合成本每件纱为棉花的1.5件左右，成本为售价的300%。因此，为维持民族资本纺织工业的发展，人民政府根据“公私兼顾，劳资两利”的政策，先是紧急调运棉花，接着，通过收购产品，银行给予贷款。常州纺织厂先后贷款10万元。

至此，刘国钧深有感触：“我过去认为共产党是共的产业，现在明白共产党是共同生产，共产党实际是生产党。与我们办工业者的胃口对极了。”他获知自己的工厂未受丝毫损失，生产秩序正常，已放心一半。在政治方面，他的好友黄炎培、章乃器、胡厥文等人，已从香港辗转去北京，参加6月15日开幕的新政协筹备会全体会议。冷御秋、杨卫玉等几位老友，也于9月赴北京参加中国人民政协第一届全体会议。他转念思忖：“名望比自己大，资产比自己多的申新公司荣德生，非但安然无事，还担任苏南行署副主任。刘靖基在上海生活得很好，政治上也得到安排。自己的部属何乃扬被推为常州市工商联筹委会主任委员，大成公司的大股东和代理人，也都有政治安排，参加各种社会活动。自己该想一想：何去何从了！”

他开始认真研读《中国人民政治协商会议共同纲领》，其中的“经济政策”条文，反复读了几遍。对“公私兼顾，劳资两利”八个字，尤为关切。他听到从常州传来的消息，事实说明了共产党的“公私兼顾”既要兼顾到“私”，就不会没收私人财产；“劳资两利”既要兼顾到“资”，资本家还是有利可图。共产党对人民的生活方针是，资本家的生活水平不降低，但工人的生活水平要逐步提高。这正符合自己的主张。

当他获悉好友黄炎培被任命为中央人民政府政务院副总理兼任轻工业部部长，章乃器任命为政务委员，杨卫玉任命为轻工业部副部长。决定在新中国成立的岁月起程，到北京去会见老友们，事不宜迟，决心返回祖国内地，“共同卖着力气来建造这所新的大厦”。

“天有不测风云，人有旦夕祸福。”不料，临行之际，刘国钧的胆结石症突然复发，痛得死去活来。他忍着极大的痛苦，让医生打开皮肉，原来是结石堵塞胆管，在胆囊里取出四颗结石，总算起死回生。

刘国钧自己卧床养病，去大陆未能成行，就派长子刘汉堃跟随刘丕基到上海、常州看看情形。刘汉堃回来讲述：“人民政府协助民族资本企业搞好生产，成绩斐然。大成一厂有纱锭29700枚，开工24000枚，每天出纱40余件；织机756台，开工540台，织部自用纱12件；花纱布公司的加工任务占10.28%。现在纺部的棉纱产量突破解放前的最高纪录，产额为97.3%，超过国内公私合营纺织厂93%的标准效率。在质量方面，粗纱工人恢复了打印制度后，双粗纱由每天100支下降到6.7支；次布率从20.95%下降到10%。大成二厂原先日产量仅1000匹，最近成立生产节约委员会，全厂开工一周，停工一周，工资减少25%，厂党支部和工会领导工人生产自救。……”听后，他感到共产党来了，大成公司的生产管理反而比自己要正规，他为自己的事业在内地可以继续发展而欣喜不已。看到长子刘汉堃来来回回并未有何难处，他相信共产党允许来去自由，是句真话。

时局急促变化，留居香港的国民党立法委员和中央委员黄绍竑等44人，联名发表政治声明，提出“立即与反动的国民党党权政权决绝”，“坚决向人民靠拢，与中国共产党彻底合作”。接着，11月9日，“两航”公司4000多位员工，毅然脱离国民党政权，在香港宣布起义。11月11日，招商局13条海轮，船员职工800多人，连同香港招商局全体员工，举行集体起义。脱离国民党政权运动，从政界、金融界、工商界到运输业，愈演愈烈。刘国钧见此迅猛发展的时局，心急火燎，恨不能身体立刻复原，回到离别整整一年的常州，去从事他未竟的事业。

同时，刘国钧看了一些解放区的报纸和进步书刊，心里更加触动。于是，特地拜访香港《大公报》社的费彝民，听听他介绍解放区的情况。后来，又参加两次《大公报》社召开的座谈会，听到的是一片歌颂共产党之声，觉得共产党并不像国民党所宣传的那样可怕。

但是，也有人对刘国钧说：“解放区这样好，为什么有钱人要跑到美国、香港、台湾去？你是有产业的人，共产党是不会对你有利的，不要染了红颜色，两面不讨好。”他听了，感到有些道理，思想就摇摆了，一度与费彝民中断联系。

他在卢作孚的住处偶尔遇到从大陆解放区到香港来的何北衡，何北衡是四川人，民主建国会会员。何北衡详尽介绍了新中国的情形和人民政府各项政策，给他们带来了毛泽东著的《新民主主义论》，并说：“周恩来礼贤下士，欢迎在香港的朋友回去。刘总经理不妨回去看看，中共保证来去自由。”

刘国钧回到家中，就捧读《新民主主义论》，读后，眼界大开，减少了对中国共产党的疑惧。他扪心自问："我既不是军阀官僚，又不是官僚资产阶级，如果毛主席的主张能够实现，那么不但能够建立一个独立自主的新中国，而且能保持民族资本家的利益，我建议扩充1000万纱锭的计划还能实现，作为一个民族资本家，我怎能不由衷地拥护呢？！"从此，他的思想有了根本的转变。

他去《大公报》社找费彝民，讲自己的感受，讲自己要回内地的决心，十分真诚。

费彝民见刘国钧真心实意要回内地，就秘密介绍他与中共华南局驻香港负责人张铁生晤面。张铁生接待刘国钧十分热情，对他愿意回内地表示热烈欢迎，说："刘先生想回内地看看，我们保证来去自由。"刘国钧坚定地说："我是认定一条路走到底的人，这次回归祖国是叶落归根，安度晚年了。"

"那我们更欢迎喽！刘先生何时起程，请告具体日期，以便旅途有个照应。"

见过张铁生，刘国钧心中很踏实，着手整理行装，安排香港事宜，特去晤见好友卢作孚，将自己回归祖国的决定告诉他。不料，卢作孚喜悦地对他说："我和周作民决定日内同赴北京，召开金城银行董事会。恕我先走一步。"

刘国钧见着老朋友比自己先返回祖国大陆，很是欣慰，紧紧地握着卢作孚的手，诚挚地说："好吧，我们在北京任之（黄炎培）先生处再会吧，你等着我啊！"

当他准备起程之际，又接到大成公司董事会召开会议的来信来电，请他务必到会。他想，董事会召开会议，关系到自己在大成公司的地位，这个权力不能放弃。于是，赶紧委派女婿查济民先行返沪。他告别了诸多友好，安排好香港事务，又把子女召集在一起，谆谆而道："我生在中国，我的骨肉也要还之中国。我回去是为了事业，你们在香港办好我的事业，就是最大的孝顺。”

1950年9月16日，刘国钧偕夫人鞠秀英和姨侄女叶月珍，乘上九龙开往广州的火车，踏上返回祖国的征程。从这一天开始，刘国钧在新的天地里，度过了他的晚年生涯。

刘国钧回到祖国内地，仍任大成公司总经理。曾任常州市政协副主席、民主建国会常州分会筹委会主任委员；1954年6月1日，大成公司在江苏省首先实行公私合营，刘国钧任副董事长兼总经理。以后，刘国钧历任江苏省人民政府副省长、江苏省政协副主席、江苏省民主建国会和工商联主任委员；全国工商联副主任委员和中国民主建国会常务委员等职。

1978年3月8日，此日正值选举全国政协第五届常务委员，政协主席邓小平向大会宣布：“接南京来电，常委候选人刘国钧不幸于今日上午逝世。”终年92岁。

（原载于1994年6月至1995年1月《城乡经济》，有删节）

刘国钧与上海商业储蓄银行陈光甫

高进勇

大成纺织染公司的飞黄腾达，主因是刘国钧卓越的、出类拔萃的经营之道。深究其细节，上海商业储蓄银行的陈光甫对刘国钧的鼎力相助，起了十分重要的作用。他们从萍水相逢，通过发展实业的交往，建立了莫逆之交，在那个时代有着令人深省的意义。同时，从中可以看到金融家与实业家之间不可分离的、相互依赖的关系。

初次合作未谋面

1916年，刘国钧在常州纺织业创始人之一的蒋盘发的提携下，合资开办常州地区第一家机器织布厂。嗣后，刘国钧自己先后开办经营三家布厂和一家常州最大的染织厂。

1930年2月，刘国钧接盘大纶久记纱厂，因为资金关系，开始与上海商业储蓄银行总经理陈光甫结识，持续了他们的20年莫逆之交。1929年底的一天，刘国钧从常州搭火车去上海办事，巧遇大纶久记纱厂常务董事顾吉生，攀谈之下，顾吉生说到，他已无意继续经营大纶久记纱厂，如有人接盘，愿意出让。

说者无意，闻者有心。刘国钧乘机试探自己接盘的可能性，顾吉生提出愿以原价50万元出盘。当时，刘国钧有些不相信。因为，大纶纱厂是由他的金兰长兄蒋盘发一手创办，前后投资已超过100万元。刘国钧抓住时机，毫不犹豫，到了上海，就请顾吉生约了大纶久记纱厂大股东刘伯青、蒋雨辰，就大纶久记纱厂出盘事，达成口头意向性的动议。紧接着，双方在常州签订了草议，刘国钧预付了5万元定金。草议规定：在1930年2月15日前，刘国钧续交盘价45万元，逾期不交，定金没收，不予接盘。在蒋盘发、查秉初、徐吟甫等人的全力支持下，刘国钧公开招股35万元（其中10万元垫款），自筹15万元，他的大成纺织染公司账面上已有50万元资金。

1930年2月15日，农历正月十七，星期六，天气晴朗，春日融融。刘国钧带了常州钱庄解往上海钱庄照兑的汇票45万元，找到英商连纳洋行的买办蒋雨辰，交上汇票，请他在出盘协议书上签字、具结。

蒋雨辰接过汇票后，久久不发一言。原来，夜长梦多，上海股东们对以原始股本50万元把大纶久记纱厂出盘给刘国钧，感到太便宜了，因为，先后已投入近百万元，股东们太吃亏了，故此，大股东们已有反悔之意。但碍于已经签了草议，又收了5万元定金，不能当面赖账，又不可抬高盘价。因此，蒋雨辰苦苦思索终止草议的良策，暗忖："刘国钧的广益染织厂只与常州钱庄业有往来，与上海的大银行向无往来，岂能打出银行本票？嗨，我只须略施小计，让他上钩。"于是，不露声色地说："嗯，刘经理，你这是常州钱庄解上海钱庄的汇票，交付盘厂价款应该是上海全市通行的大汇划银行本票。你这是滑头行为哪，岂能用此汇票骗人？"刘国钧反驳道："我们常州钱庄卓有信誉，解上海的汇票，从未有退回不兑之事，我何尝是滑头行为？"

蒋雨辰很心虚，唯恐玩的花样被洋行的同仁戳穿，沉下脸，下逐客令：“你不必在此多讲废话，到今天下午3时为止，有45万元大汇划银行本票送来，则大纶久记纱厂是你刘国钧的，本票是我蒋雨辰的。如在3时止，无大汇划银行本票送来，一切作为罢议。”

其实，蒋雨辰这只棋子下得有一定道理。因为辛亥革命后，清代那种庞杂混乱的货币制度被保留下来了。所不同的，只是以前日常使用小锭碎银，改为用大银圆、小银圆和银毫而已。以前，完粮纳税只用银两，现在折合银圆。至于大的商业贸易往来和国际结算，还是用银两结算。但是，商业交易计算虽用银两，而实际收支则用银圆，用银两换银圆，或用银圆换银两，辗转折合，出入贴水。由于银两本身有成色不同，种类很多，例如，北京有“库平”“公砝”，天津有“行化”，汉口称“洋例银”，上海则称“规元”。其他各省各市均不相同。银圆本身成色参差不齐，虽则法定1元等于7钱2分，但各处不同。加之，辅币零乱，钱庄、银号、票号、兑换店均赖此为生，各自为政。上海是国际大都市，国际汇兑以上海规元为标准。在上海银两交易系互相划拨，称为“汇划”；银圆可以兑现，称为“划头”。一般银行以银圆为主币，而钱庄、银号以银两为主币。刘国钧的45万元是常州钱庄的银两汇票，而蒋雨辰是以银行收讫，需用银圆，这里就产生了银两折算银圆的问题。所以，蒋雨辰以此作为筹码，刁难刘国钧，而刘国钧是哑巴吃黄连，有苦说不出。

刘国钧已知上海股东在耍阴谋诡计，多说也不会有用，何况今天是星期六，事不宜迟，出去碰碰运气再说。他出了洋行，从大马路外滩走到南京路，又转到山西路口，找了几家与广益染织厂有往来的大绸布店，无奈钱额数字巨大，一时无法解决，心头万分焦急。

但是，他还是抱有信心闯过这个难关，暗忖：“我刘国钧自闯荡江南，承苍天保佑，逢凶化吉，化险为夷，万事如意，想来此时此刻苍天定会派贵人来搭救我的。”在苦思冥想之中，说来巧极了，当他走过盆汤弄，在南京饭店门口，忽然看到马路对面的人群中有个熟悉的身影一闪，仔细一瞧，这不是常州阜丰钱庄经理屠咏堂吗？他按捺不住喜悦的心情，急匆匆地跑过马路，向着由北而南走去的屠咏堂，大声喊道：“屠经理，屠咏堂！”屠咏堂回首张望，见是刘国钧唤他，急忙停下，问道：“刘经理，看你急成这样子，有啥事体？”

刘国钧喜出望外地抓住他的胳膊，气喘吁吁地自言自语：“天助我也。”

“什么？”屠咏堂莫名其妙地问。

他知道自己说漏了嘴，赶快问了一句：“屠经理，你上哪里去？”

“本当我在上海商业储蓄银行办事，吃了中饭就回常州的。突然想起孩子要我买的零物，到大马路去走走。”

刘国钧暗忖：“正是，不要来得早，只要来得巧。”立即约他：“屠经理，请赏光，同去天津路口鼎新楼吃中饭。”

屠咏堂拱拱手说：“谢谢，我要回到上海商业储蓄银行吃饭的，总经理陈光甫已经约我，你勿用请客。”

“我有急事和你相商，并请大力帮助。”刘国钧请求道。

屠咏堂不知何事，只得跟随他上了鼎新楼。找了个包厢，坐定后，刘国钧才忍住气愤，轻声地、一五一十把蒋雨辰的阴谋诡计说了一遍。临完说了句：“若鱼游釜中，喘息须臾间耳。”

“我以为是啥大不了的事呐，此乃小事一桩，你不必介意，我去去就来。”屠咏堂说罢，毫无难色地拿起刘国钧递过来的汇票，泰然下楼而去。刘国钧凝望着屠咏堂下楼的背影，感慨万千：“现在离蒋雨辰的限时尚有两个钟头，时间太短促了，万一屠咏堂办不成呢？唉……”他辗转思索着：“自己活了四十多岁，还没有达到‘四十而不惑’的境界，遇事仍然浮躁不安，真惭愧啊！其实，不论处在什么样的环境中，不论处在什么样的地位，都不应轻易抱什么幻想，要把成功的希望寄托在自己的勤奋的执着的追求上，即使这次接盘大纶久记纱厂失败了，还有下次机会嘛！古人说得好：‘宠辱莫惊，闲看庭前花开花落；去留无意，漫随天外云卷云舒。’是啊，世上哪有百战百胜的常胜将军，就是失败了，因为他还有崇高的自信，这种失败也是崇高的。失败了，再干嘛！”于是，他的心情宽松了，紧蹙的眉头舒展了。

在上海商业储蓄银行，屠咏堂见了总经理陈光甫，简略说了情由，陈光甫立即吩咐襄理照办。

其实，此事对上海商业储蓄银行来说，无一害而有百利。一则给了屠咏堂面子，更要紧的是对上海商业储蓄银行是一桩好买卖。因为，常州解给上海的汇款，按规定收账须迟4天，即需负担4天的空息，45万元巨款的4天空息是可观的；同时，国内汇兑每千元的汇费，一进一出为10元，45万元的汇兑就是4500元之多，又不须垫款，日期又短，是一笔无本生意。上海商业储蓄银行净得此项好处，何乐而不为呢？

屠咏堂回到鼎新楼，当面交割清楚，刘国钧接过45万元的上海大汇划银行本票，满心欢喜。两人美餐佳肴，尽兴而终。饭后，屠咏堂自去大马路购物，返回常州不提。

再说，刘国钧扬扬得意地走进英商连纳洋行。蒋雨辰有些迷惘地问：

“怎么？你来得好快哪！”

“吉人自有天相，你大股东没能难住我。”他故作姿态地微微一笑，即刻递上银行本票。

“哦”，蒋雨辰一愣，见是上海商业储蓄银行本票45万元，无可奈何地说：“上海商业储蓄银行总经理陈光甫，当然是大汇划，不是跳打。好啦，本票是我的，大纶久记纱厂是你刘国钧的啦！”

一次推心置腹的交流

刘国钧从接盘大纶久记纱厂中，受了蒋雨辰的要挟，深知上海金融业对发展自己的大成纺织染公司有莫大的作用，他有心结交陈光甫。于是，他邀请屠咏堂同赴上海，专程拜访。

在火车上，刘国钧详尽地向屠咏堂询问了陈光甫和上海商业储蓄银行的情况。知道了他们的经营方法是“人争近利，我图远功；人嫌细微，我宁烦琐”，路线是“敬远官僚，亲交商人”，口号是“服务社会，辅助工商实业，抵制国际经济侵略”，还把这一口号印在记账凭单和对外单据上面，或印成单页，置于每个职员的玻璃板下，作为办行方针和全体员工必须遵守的行训。

刘国钧对陈光甫的卓识远见非常钦佩。

刘国钧还了解到民国六年（1917）陈光甫在南通办理大生纱厂的厂基押款，工厂特约押款及其抵押透支，支持荣宗敬办申新纱厂等事，就向屠咏堂探询向陈光甫借贷款40万元的可能，并提出可以做厂基押款。屠咏堂盘算后认为，上海商业储蓄银行现今有存款总额1亿元，看来问题不大。

他们到了上海，住进宁波路的中国旅行社。屠咏堂先到隔壁的上海商业储蓄银行见陈光甫，请他安排接待刘国钧。

其时，陈光甫已是非同一般的银行家，他是江浙财团的代表人物。

1926年北伐胜利，蒋介石进驻南昌，陈光甫和虞洽卿等人云集南昌，为蒋介石出谋献策。并由陈光甫、虞洽卿等15人组成江苏省兼上海财政委员会，陈光甫任主任委员，筹发二五库券3000万元，后又续发3000万元为蒋介石奠都南京，建立国民政府提供了金融基础。陈光甫当这个主任委员不是偶然的。依他的银行资力和规模及在社会上的一定代表性，以及在他银行的股东中，有孔祥熙、宋子文母亲各5000元投资，孔祥熙还是董事。尤其，孔祥熙、宋子文在上海经营商业和外汇买卖中，常常向陈光甫的银行借款。北伐开始，孔祥熙继宋子文为广东省财政厅厅长，特邀陈光甫赴广东晤谈。陈光甫与孔祥熙、宋子文早有交往，又通过他们与蒋介石建立了关系。可见，陈光甫的政治背景是十分强大的，他是上海金融界的头面人物。是年，陈光甫还受国民党当局委托，以资方代表身份出席国际劳工大会，后又出席万国商会。因此，陈光甫十分忙碌，屠咏堂、刘国钧能随到随见已是破例。

刘国钧走进陈光甫的写字间，只见陈设十分平常，丝毫没有奢侈。墙上挂着章士钊送给陈光甫的对联："不变随缘，随缘不变。"

经屠咏堂介绍，刘国钧见陈光甫五十上下年纪，粗眉、大眼，蒜鼻、厚唇，圆脸、修顶，巨耳下垂，十分富态。笑时露出一排洁白而外倾的上齿。他西装革履，仪表不俗，笑容可掬，略带镇江口音的上海话，使他感到乡音的亲切。

在交谈中，刘国钧先把蒋雨辰要挟之事，略述一遍，并对陈光甫的鼎力相助表示谢意。

陈光甫很坦率，讲到上海商业储蓄银行，历来是亲交商人，为刘国钧接盘成功而高兴。又说道："人生在社会真正快乐之事，是树一目标，创一事业，达到目的及成功，为最快乐。此种快乐从艰危困苦中得来，尤为永久，尤为纪念价值。"接着，他感慨地说："中国人嫉妒心甚深，每见他人得意，即加嫉妒，不但不肯相助，且在暗中百般排挤而倾轧之。"

刘国钧还把自己的经历略述了一二，然后，讲到要创办一点事业确实不易的感触。

陈光甫听后，很是投缘，说道："你我出身同样清苦。我幼年亦为学徒，添饭斟茶，早晚上卸排门之役，均任之。在汉口为煤栈学徒时，且须任打包之事。夜间卧于地板之上，热天则露宿晒台，苟不与厨役联络，常不得饱。”他又讲道：“我们的银行同样是苦出身，于民国四年（1915）开办时，门面很小，资本只有7万元，人员仅有7个人，规模是很小的。我自兼营业，拉存款，跑工厂，搞放款，晚上回行还亲自为青年行员开班教书，相当勤苦。我认定两个字：勤俭。”

陈光甫，12岁那年就随其父到汉口祥源报关行当学徒，工余时学习英语，七年间的苦学，使他懂得了许多商业知识，英语也有了相当基础。18岁那年考进邮局任职员。清光绪二十八年（1902），他又转入汉阳兵工厂担任英文翻译。在这时，他结识了汉口日本正金银行买办景维行。后来，陈光甫和景维行的长女结为秦晋之好。翌年，清政府决定参加美国在圣路易斯举行的国际博览会。陈光甫经其岳父景维行的介绍，与当时的两湖总督端方相识，受到端方的赏识，被作为湖北省代表团的随员赴美，在国际博览会工作了八个月。会后，取得官费津贴，先后进衣阿华州印安诺的辛普森大学和俄亥俄州的美以美大学就读。两年后，又入费城宾夕法尼亚大学沃顿财经商业学院。清宣统元年（1909）获商学士学位回国。这时，端方组织南洋劝业会，陈光甫被委任为洋务文察，不久，调两江总督署，任江苏巡抚程德全的幕僚。辛亥革命后，程德全任江苏都督，委任陈光甫任财政局长，后任江苏银行经理。嗣后，陈光甫拨军费给肇和兵轮，以炮轰制造局反对袁世凯称帝，袁世凯下令杀陈光甫。陈光甫决心摆脱官办江苏银行，办起上海商业储蓄银行……

他们越说越投机，虽说一个是留美学生，一个只读八个月私塾，但是，他们有共同的贫苦经历，有同样的创业阅历，有相同的创业企望。他们推心置腹地交流着。

坐在旁边的屠咏堂，简直插不上话，眼看就要吃午饭，就插言提出刘国钧的大成纺织染公司意欲做40万元的厂基押款事。陈光甫闻后默默盘算一下，他详细地询问了大成纺织染公司股东名单。听说常州银钱业的徐吟甫、刘尧性、蒋瑞衡、屠咏堂等人都有大笔股金加入；董事长是吴镜渊，顾吉生、刘叔裴是董事；大股东的经济实力都很雄厚，他放心了五分。当他了解到大成纺织染公司的厂基，地处城廓，面积广阔，又放心了三分。他面对大成纺织染公司的经理刘国钧，见他谈吐诚实，精明能干，对事业充满信心，又放心了二分。因此即吩咐襄理与常州分行的唐宜民通话联络，核准情况，立刻办理40万元的厂基押款。

刘国钧没想到陈光甫办事如此爽快、果断，千谢万谢他的资助之恩。嗣后，陈光甫邀屠咏堂、刘国钧同进午餐，氛围十分亲切。陈光甫告诉刘国钧：上海商业储蓄银行其实是常州人开办的。奥商信义洋行的庄得之是首任董事长，他是常州人，投资额占七分之二，是最大的股东。存款最多的是盛宣怀，也是常州人。而陈光甫投资的5000元，其中一部分还是庄得之为他垫付的。因此，陈光甫诚挚地说："常州办纺织业，我们理当助一臂之力。"

刘国钧谦逊地说："我是小地方的小工厂，小工厂的小老板。陈总经理如此提携，不胜感激。"

"小？"陈光甫发出朗朗笑声，"我们银行为了吸收闲散资金，提倡储蓄存款，1元即可开户。开办之初，同行引为笑话。一次，一位顾客拿了100元来，要求开100个存折，我不以为耻，予以照办。消息传开，反而招揽了许多真正热心储蓄的储户。你说，40万元与1元比，还小？哈哈哈！"饭后告别时，陈光甫握着刘国钧的手，坦诚地说："常言道，顾客是银行的衣食父母，望你把我当作亲眷，时常走动，一回生，二回熟，三回亲嘛。有何难处，尽管找我。"

从此，刘国钧与江浙财团拉上关系，寻找到了金融界的靠山。

在回家路上，刘国钧言谈之中，对陈光甫佩服得五体投地。他自忖：

陈光甫此人非同一般，从7万元开办银行，经过15年，增资500万元，整整翻了70倍，其中确有经营奥秘，从中对自己定有启示。于是，他向屠咏堂打听陈光甫办好银行的细节。

屠咏堂津津乐道地告诉他：陈光甫在银行内部提倡“银行是我，我是银行”的团结一致的思想。制订了一个《行员认股办法》，规定按每一个行员工作年限和薪水高低定购本银行股份的多少，钱不够，可以向银行贷款，借款分五年还清。借款中一半要付利息，一半不要付利息，五年之后，从“行员储金”中拨还。目的是使职员与银行之间的雇佣与被雇佣的关系，变成股东与企业的关系。他曾说：“所谓辅助工商实业，抵制国际经济侵略者，亦即服务社会之谓。如能尽服务社会之能事，则工商实业自能辅助，国际经济侵略即已抵制矣。”此外，他每月定期约银行各部门的工作人员同桌吃饭。事先向人事部门把约来的职员之情况给他作了介绍，因而在吃饭时他可以针对每个人的优缺点提出鼓励和警戒，以促进行员更加努力工作。年终奖励的办法，除了公开的一般奖金以外，还有由他亲自把行员找去慰问一番之后，亲自付给奖金的。这样更增加行员对他的爱戴。他还用高于自己总经理薪金来约请高级职员到本行工作。他对家中亲友的入行工作，也视一般行员，从头做起。他还拨出一部分钱为练习生办训练班，设置图书馆，出版《海光月刊》，活泼了银行员工的精神生活。屠咏堂还告诉他：“陈光甫最大的特长是善于用人。他认为，世上无完人，也绝无废人，各有所长，各有所短，各有特点，也各有缺点，要用其所长，避其所短，尽量发挥特点，设法防止其缺点。上海金融界无论是旧式钱庄，或是新式银行，都是各有派系的，用的都是同乡、亲戚，尤其是负责职员，必须是关系人物。陈光甫则不然，他是镇江人，而用的是全国各地的人氏，不任人唯亲，却能为其所用，并各显其长。”

刘国钧听得十分仔细，想得很深刻：“陈光甫不愧是美国留学生，办事业有一套。我要吸取陈光甫办好银行的经验，运用到办好大成纺织染公司。”他甚感这次既借到了陈光甫的钱，又学到了陈光甫办事业的诀窍，真是不虚此行！

十年交往　友情深厚

抗日战争期间，陈光甫和刘国钧都撤退到大后方重庆。刘国钧除来往于沦陷区进行商务活动外，在重庆他是陈光甫的上海商业储蓄银行总经理驻渝办事处的座上客。

此时的陈光甫，要比1930年刘国钧结识他时，更为忙碌。他在1933年出任全国经济委员会棉业特别委员会主任委员，与刘国钧也经常见面聚谈，因为涉及纺织原料，陈光甫对刘国钧是有求必应的，关系十分友好。1936年，陈光甫为了国民党政府发行法币筹措外汇基金，率中国币制代表团赴美签订美国收购白银750万盎司的协定。抗战开始后，陈光甫又代表政府与美国签订桐油贷款2500万美元的协定，又签订以云南锡偿还的2000万美元贷款。之后，他担任了财政部的外贸委员会主席，兼任政府办的复兴贸易公司和富货贸易公司的经理。是年，为了维持法币的汇价，用英国和美国的借款成立了中美英平准基金委员会，陈光甫出任主席。他虽则官衔显赫，仍是“敬远官僚，亲交商人”，把上海商业储蓄银行的实权牢牢地抓在自己手中。战事日紧，币值下降，物价飞涨，上海商业储蓄银行总行部分迁至重庆，设立大业贸易公司，大做囤货交易，而在上海总行，则大量套购外汇，沪渝两地，都大发其财。后与章乃器合作，创办上川实业公司，经营电机、电器的生产和畜牧场等业务。他虽则很忙，但是，与刘国钧常有往来。由于经常接触，刘国钧对陈光甫的日常生活有更深的了解。他对陈光甫的不倦地学习，不停地工作，留有深刻的印象。他多次见到陈光甫清早起身就清理文件信札，然后再用早餐，阅读报纸。晚上还找人谈话。每星期至少有三个上午请人为他讲解中外历史哲学，星期六下午去汪山别墅，还要带人为他讲述国外书刊上的主要经济金融文章。这些书刊是在纽约的世界公司为他专门搜集寄来的。星期天他也闲不住，至少有半天时间用来讨论国际金融问题。他常对刘国钧说："我闲不住，一闲就感到孤寂。"他与当时在重庆一般阔佬享清福的观点不同，他认为："只有工作最有兴趣，悠闲并不可取。"他的生活节俭，有规律，很少烟酒，喜欢买旧书。由于秉性相近，嗜好相似，陈光甫与刘国钧相交日笃。

1939年，在重庆，刘国钧与民生实业公司的卢作孚等人，合资创办大明染织厂，陈光甫一如既往地支持刘国钧创办实业，在大明染织厂流动资金紧迫的状况下，陈光甫的上海商业储蓄银行，给予15万元的抵押贷款，才使大明染织厂顺利开工生产。

这时，有件大事常常萦绕在刘国钧的心头，一时拿不住主张。事情的原委是：抗战前，大成纺织染公司在向国外订购纱锭及资金周转方面，曾得到上海商业储蓄银行的结汇和贷款支持。至常州沦陷前夕，大成纺织染公司欠上海商业储蓄银行的贷款已达250余万元之多。贷款是以机器抵押的。常州沦陷后，大成纺织染公司所属三个厂的机器部分已毁，工厂亦停止生产，抵押品已失去价值。由于沿海一带厂商纷纷迁往内地，在重庆的中国银行、交通银行，对清理欠款拟订了归本无利的办法。上海商业储蓄银行对部分厂商甚至采取本金折扣归还的办法。

大成纺织染公司的同仁大都认为，既然各家银行优惠处理贷款，大成公司何乐而不为呢？！

可是，刘国钧有他自己的主见，他坦诚地说："孔子曰：'人而无信，不知其所也。'我以为，作为一个人，都不讲信誉，那怎么可以呢？我们要要赖，陈光甫的银行是拿我们没有法子的。因为，我们大成公司确实损失巨大，理应优惠。可是，我们都是堂堂正正的人，决不能以自己遭受敌寇的损伤而借故要赖。孔子还曰：‘仁者先难而后获。’我们归还了这笔巨额贷款，手头会感到很拮据，但是，大家想一想，日军侵略中国是不会得胜的，一旦战事平息后，我们仍然要回到常州去恢复工厂，还需陈光甫的上海商业储蓄银行支持。现今，我们手头还有大成四厂分拆时得到的200多万元现金，欠上海商业储蓄银行的贷款，完全可以不打折扣陆续归还。”大家虽则感到刘国钧太憨直，但是，他那种讲信义、重承诺的品质，深受人们的敬佩。于是，一致同意他的意见，250余万元，不打折扣归还给陈光甫的上海商业储蓄银行。

陈光甫与刘国钧交往十年，甚感他极其恪守信誉，全部归还贷款之事又办得卓具远见，相互间的友情更加深厚。

陈光甫常对人说：“我平生最钦佩四位实业家，他们是张謇、范旭东、卢作孚和刘国钧。”

陈光甫受聘为大成董事长

1944年秋天，陈光甫率领张公权、卢作孚、范旭东、王志莘、张禹九等人，出席10月在美国纽约召开的国际通商会议。陈光甫、卢作孚、范旭东是刘国钧的知交，临行前，他们都邀他适当时机到美国考察，为共同复兴战后的中国实业运筹帷幄。

是年年底，刘国钧如约前往美国。这时，国际通商会议已经结束，陈光甫、卢作孚、范旭东等人并不立即返回中国，而在美国为复兴中国战后的实业进行频繁活动。陈光甫计划在美国设立一个投资银行，准备在抗日胜利后开办，内定由陈光甫出任董事长，何淬廉任经理。卢作孚在美国通过晏阳初和林语堂的介绍，结识了美国民主党领导人、大理院法官威廉·道格拉斯、罗斯福总统的秘书罗福林·居里、战时生产局局长纳尔逊。通过这些人的关系，企望向美国进出口银行借款。范旭东为实现自己战后在国内建设十大化工厂的宏伟计划，向美国进出口银行接洽成功1600万美元的借款。刘国钧以大成纺织染公司名义，取得美国萨克洛威尔纺机制造厂签订一份3万锭细纱和5万锭前纺设备的订货合同，并列于所有订单之首。他们为此，经常共同商讨对策和措施，相互勉励，相互支持，以实业救国为已任，抱有十分信心。

可是，不论卢作孚向加拿大政府借到1275万加元，还是范旭东向美国进出口银行借款1600万美元，或是刘国钧与美国萨克洛威尔纺机制造厂的订货合同，都须由中国银行担保。他们纷纷返回国内，请求宋子文的中国银行担保。

宋子文对范旭东采取“拖”“推”的手法，逼迫范旭东忧愤成疾，含恨去世。卢作孚吸取范旭东的教训，利用关系，直接见到蒋介石，勉强才由政府作担保，借到了加拿大政府的贷款，扩大远洋航运事业。刘国钧多次与中国银行交涉，最后，宋子文提出担保条件是中国银行要投资大成纺织染公司。他怕被宋子文吃掉，只得婉言拒绝，另作打算。

在此紧急关头，刘国钧全力瞄准陈光甫，仍想得到上海商业储蓄银行的资助。

此时的陈光甫，已被国民党政府委任为国府委员，但他仍担任上海商业储蓄银行董事长，还主持全国的汇平准基金委员会。依据买卖人的“小钱不去，大钱不来”的交际要诀，刘国钧忍痛从自己名下的股额中，划出135万股，分别送给陈光甫、何淬廉各67.5万股。

当时，民族纺织企业为了求得自身的发展，纷纷与高官权贵们联结。南通大生一厂、苏州苏纶纺织厂、无锡振新纺织厂、无锡庆丰纺织厂、申新纺织厂、江阴利用纱厂等莫不如此。大成纺织染公司的刘国钧也不落人后，聘请陈光甫为董事长，财政部次长何淬廉和国民党江苏监察使程沧波为常务董事。以此应付复杂的环境，求企业的生存发展。

嗣后，陈光甫与大成纺织染公司的关系进一步密切。首先，上海商业储蓄银行给大成纺织染公司100万元的美金贷款，解决了美国订纺织机械设备所需的资金；接着，陈光甫以在重庆创立的“新纪工程公司”与在美国的“世界公司”挂钩，在1946年11月为大成纺织染公司购回美棉1500包（每包含500磅），以解缺乏原棉的燃眉之急。大成纺织染公司战后迅速恢复生产，1946年全年生产20支“六鹤牌”棉纱达2万件，生产12磅“蝶球牌”棉布20万匹，全年产值达国币350亿元。产品供不应求，利润丰厚，达到30%以上。大成纺织染公司的资本总额调整为国币225亿元。至此，刘国钧的大成纺织染公司战后恢复计划得以初步实现。

共同应对难关

在抗战前夕，法币发行总额只是14亿元，到抗日胜利，经过八年抗战，法币发行额增加到5000多亿元。膨胀的数字十分惊人。因而，物价直线上升，犹如脱缰之马。

陈光甫身为大成纺织染公司的董事长，他竭力为公司购买官价美钞和廉价美棉。对国民党当局的经济政策，垄断原棉、动力、燃料，任意侵占民族工业市场，有所抵制，在一定程度上维护了大成纺织染公司的利益。当时，中央银行美钞兑换率，一般低于市场价格一倍，能买到官价外汇，即可获得一倍的利润。因而，大成纺织染公司在美货的倾销冲击下，虽有威胁，尚能在缝隙中获得微利。

1948年8月19日傍晚，刘国钧路过南京路西藏路，看到那里有一座电动新闻牌，说明天起改革币制，要发行金圆券了。这个消息来得很突然，他回到寓所，急忙给陈光甫打电话，探听内情，不料，陈光甫被蒋介石召去南京的行政院开会，商谈经济改革方案宣布后的各项问题。

翌日，见报载蒋介石宣布实行金圆券的命令，其中“限制收兑人民所有黄金、白银、银币及外国币券，逾期任何人不得持有。”“限期登记管理本国人民存放国外之外汇资产，违者予以制裁。”刘国钧慌忙前去找陈光甫商讨对策，那天，陈光甫出席招待留沪立法委员的宴会，无奈又不得会见。

过了几日，刘国钧才见到陈光甫。交谈之下，陈光甫讲起蒋经国执行金圆券法令的严厉态度，不无气馁地说，“明知金圆券就要崩溃，上海商业储蓄银行所有黄金也要送中央银行。黄金送到中央银行就等于没收，可是不送恐怕要受徒刑。”刘国钧闻后，无言可说。

接踵而来，蒋经国又传讯上海金融界工商界巨头，函约呈报暗账及个人财产。在上海乐义饭店，金城银行周作民、联合银行戴立庵、浙江第一银行李馥荪等人被蒋经国严厉呵责，要他们将除申报以外的，没有转账过户的，外汇资产仍在自己户头上面的黄金、美钞、港币、银圆，悉数申报。刘国钧见此状，十分慌乱，又去见陈光甫商讨对策。陈光甫说：“当局对于银行由不干涉状态进入实行统制主义。不得已另辟新途径，以谋发展。”还说，“打通欧美银行与本行进一步的关系，是我行新生命的寄托。”刘国钧见陈光甫对国民党的希望完全破灭，产生依靠欧美力量以自保的想法，很受启示，当即决定亲自飞赴台湾、香港作善后安排，不致使大成纺织染公司从此夭折。

终于各奔东西

刘国钧于1949年初赴香港，作应变之计。陈光甫也随后到达香港。上海商业储蓄银行的领导实权随着陈光甫移到了香港。香港分行在香港注册独立，改称为“上海商业银行”。同时，上海商业储蓄银行的分支机构大业公司、保丰保险公司、中国旅行社等都在香港扩大了组织。他对刘国钧无可奈何地说：“我的上海银行又像三十多年前从头做起了，过去是在上海的租界里，现在则在香港了。”陈光甫虽仍为大成纺织染公司董事长，因上海商业储蓄银行的行务自顾不暇，再也没有心绪为大成纺织染公司操劳，仅是挂名董事长而已。

但是，陈光甫与刘国钧的私交仍保持深厚。在刘国钧胆石病发作进行手术前后，陈光甫均前往探视。

1950年9月，刘国钧在周恩来总理的召唤下，毅然从香港返回祖国内地，离港前夕，曾前往陈光甫寓所告别。

陈光甫紧握着他的手，诚挚地说：“我们相知已十多年，你是我最知心的朋友之一，这次离别，可能是永别。我对你说一句体己话：接近政治为玩火，我过去对国民党政府押了一宝，险些引火烧身。故此，李宗仁请我出任和谈代表，北上参加谈判，我不肯接受。共产党进了上海，毛泽东先生把亲笔题名的《毛泽东选集》送给我。我的答礼是自己珍藏多年的一部清代胡林翼的来往书信册页。我来到香港就是为了避免与国共双方的纠葛。你去内地，好自为之吧！”

（原载于1992年5月《常州文史资料》第十辑，有删节）

大成纺织染公司的缔造者

朱希武

常州市大成纺织染公司创设于1930年。当时之设备为10000枚纱锭、260台布机，一度曾在抗战期间，遭受日寇严重破坏。然因经营得法，迄至1949年常州市解放时止，由一个厂发展为三个厂，并有上海安达纱厂等有关企业；设备由10000枚纱锭扩增至74300枚纱锭；260台布机扩增至1780台布机，并有日产5000匹之印染设备（一说为：大成公司迄至1949年4月常州解放时，在常州的三家工厂，有纱锭49860枚、织机1332台、线锭8800枚；有日产1000—2000匹色布漂染设备）。在全国私营纺织工业中占有一定之地位。常州市在新中国成立前成为一个轻纺工业城市，与大成纺织染公司之发展，有一定之关系。笔者与大成公司创办人刘国钧先生稔交有年，并自大成公司创办时即在公司工作，对大成公司之逐步发展，大部分是亲身目历，记忆所及，一鳞半爪，略志于后。

大成纺织染公司之创立

大成纺织染公司于1930年创设，该公司之前身，为大纶久记纱厂，系上海商人所办，有纱锭万枚、布机260台。但因生产、经营不正常，有出盘之意。当时，国钧先生在常州独资经营广益染织厂，由于善于经营管理，营业蒸蒸日上，大有扩展之意，闻大纶纱厂有出盘之说，认为良机不可失，即积极联系，并开始筹集资金。然当时较殷实之工商界，均视经营纱厂为畏途，不愿投资。因常州人刘柏森先生在沪经营宝成纱厂，钱琳叔先生在常州创办常州纱厂（现在之常州民丰纱厂），均受帝国主义之排挤，遭到破产之厄运。常州贫儿院院长冯晓青先生曾云："如修武进（常州）县志，当以劝邑人不经营纱厂一语，修入县志之内。"足见当时常州较有实力之工商界，对经营纱厂缺乏信心。因而国钧先生在筹集资金时，几乎到处碰壁，经多方奔走，连大纶纱厂少数原股东同意少数资金投入后企业在内，勉强筹集40万元，国钧先生个人即占半数以上。盘买大纶纱厂于1929年底，始取得正式协议。在初步达成协议时，无锡唐星海先生亦有意来常州经营纱厂，拟出5万元之代价，请国钧先生转让。然国钧先生创办纱厂之意志坚定，未予同意。国钧先生接办大纶久记纱厂后，即更名为"大成纺织染公司"，于1930年夏季开始生产（刘国钧于1930年2月16日正式接盘大纶久记纱厂，成立大成纺织染公司）。

大成纺织染公司位在常州市大南门外（现在之大成一厂），国钧先生接办后，对人事作了安排，国钧先生被推为经理，分工负责厂内生产，推刘靖基先生为协理，分工负责营业，并在上海设置办事处，由靖基先生常驻负责。大成公司之资金，向当时政府注册为50万元，因筹集不足，实收40万元。但以万枚纱锭、260台布机规格之企业，流动资金至少需50万元方敷周转。又因原大纶纱厂经营时，对机件之维护保养较差，许多必要的附属设备亦不完善，国钧先生负责生产，看到如此，对生产殊为不利，认为“工欲善其事，必先利其器”，遂进行大检修与增加必要之附属设备，共花去13万余元，周转资金由此更感不敷。国钧先生遂以广益染织厂名义向金融业借到长期信用贷款垫入企业，再加入国钧先生私人垫款，共垫入大成公司达40万元，故大成公司之流动资金，尚能勉强周转。彼时，少数主要股东，见公司靠借垫周转，检修费用又费去10余万元，生产、经营又无把握，担心一旦营业欠佳，将来如何收拾？国钧先生则不然，由于国钧先生曾经营布号，又经营布厂，对生产经营，尤其对染织方面花色品种，具有一定之经验，对企业之前途，信心甚足。国钧先生曾在一次董事会议上，对担心公司前途之董事说：“各位如果对公司前途担心，可将股款改作存款，国钧有信心于一年到两年之后还本。”足见国钧先生对企业之生产，具有十分把握也。

大成公司自开工伊始，国钧先生一方面检修机件，借垫款项供公司周转；另一方面全力注意生产发展。再加靖基先生负责营业方面配合得宜，立竿见影，生产大见起色，锭扯由0.8磅增至1磅以上，布机台扯也较原有基础提高20%以上，工人见生产提高，生产劲头更大。1930年夏季正式投入生产，当年年底结算，就获得盈余10万元左右，与当时纺织同业比较已属罕见。1931年底结算，除分红、股息一切开支，又获得净盈余50万元。当时轰动同业，真吻合国钧先生之一两年之后还本之预言也。

大成公司两年获得五六十万元之盈利，如何处理？在股东中有两种不同之意见：一种为股东按股分拆；一种为作为增资，投入企业再生产。国钧先生力主增资，最后主张分拆之股东也见公司前途大有可为，亦同意增资，于1931年冬，股东会通过，增加资金为100万元。

大成二厂及三厂之创设

国钧先生自任大成公司经理以来，即全力以赴，悉心经营，当时广益染织厂之业务亦需兼顾。两个企业之业务，均蒸蒸日上，尤其是国钧先生以公为主，绝大部分精力贯注于大成公司，加上与靖基先生内外配合，大成公司在两年内盈余60万元，第三年结算，除尽一切开支，又净余50万元（实际不止此数，除职工与股东之分红从丰外，在年终盘点时，曾将成品及原物料估低作价）。又因1931年下半年“九一八”事变发生，全国人民掀起抵制日货之高潮，国产纱布销路大增，大成公司得到发展的大好机会。因而大成公司是年年盈余、年年增资，企业亦日益扩大。从大成公司历次向当时政府申请注册增资的资本额，就可看出大成公司发展的梗概。

1930年创办时注册登记资金50万元（实收40万元）；

1931年冬增加资金为100万元（尚未及注册，注册登记资本140万元）；

1932年受盘广益染织厂及添置新纱锭等，注册增资为140万元；

1935年注册增资为200万元；1936年注册增资为400万元。

大成公司创办两三年即得百万元以上之盈余，股东对经营更加强信心，原来不愿意投资的如徐吟甫、诸永生、唐怡德等，自动要求加入资金。当时日货虽受抵制，但国民党政府慑于日军淫威，对人民抵制日货运动不敢予以支持，又因海关不能自主，日货仍充斥市廛，英货也乘机大肆活动，更由于一部分丧心病狂之商人，将日货布匹，改为国货牌号转手牟利。同时，日商抓住华商缺少染色与印花之弱点，用棉纱、坯布抑价，色布抬价之恶毒办法，变本加厉，肆意排挤华商。因而华商纺织工业频于摇摇欲坠之境地。国钧先生目睹此状，感到华商纺织业所以不得发展，主要是受日、英国之排挤、压迫，欲与之竞争，抵制倾销，挽回利权，必须在印染方面着手，才能与之抗衡。遂偕同陆绍云与希武等东渡日本，参观日本纺织业，研究其生产、经营之方法。国钧先生参观回国后，更感到不发展印染，决不能与外货竞争。同时，日本纺织业有许多生产经营方法，值得可取，决心回来改革。又感到独资经营之广益染织厂，因是生产花色布匹，业务甚好，年年盈余，然终须费一部精力照顾，况公（大成）与私（广益）之间关系较难处理，毅然倡议，将广益并入大成公司。大成公司股东因广益年年有盈余，信誉又好，自然乐于接受。遂于1932年初，广益正式并入大成公司，改称“大成二厂”，增加印染设备，成为一个专门织造纺织印染联营事业。

由于大成二厂之设立，印染设备之扩展，大成一厂虽亦增加纱锭与布机，仍然不够供应大成二厂日需5000匹坯布的需要，须向本地及南通等地购进坯布，成本加大，规格亦难统一。国钧先生有鉴于此，选择大成二厂之对面筹设大成三厂，于1936年向瑞士订购纱锭30000枚、自动布机500台。1937年先行进口纱锭10000枚，安装未竟，抗战军兴，即拆迁内移。1945年抗战胜利后，向美国购进旧纱锭20000枚，并添置发电设备，计柴油引擎六部，有2300kW，大大解决了生产上原动力问题的困难。

大成四厂及安达纱厂之创设

大成二厂主要产品之一——大成蓝布，因坯布好和颜色坚牢度好，很受消费者之欢迎，畅销全国，订货有应接不暇之势。同时，大成一厂出品之“蝶球细布”，国外亦有市场，远销至南洋等地。“大成蓝布”在四川、湖北，“元色斜羽绸”在湖南，“条子漂布”在天津、河南、广东、广西等地非常畅销。例如重庆之布号，如无大成蓝布，好算缺了一门花色，会影响整个买卖。国钧先生视业务之发展，拟在四川创办企业，就地生产。1935年遂有四川之行，拟请重庆卢作孚先生予以协助。途经汉口，见汉口震寰纱厂因业务不得发展停止生产，国钧先生见是机会，即与震寰负责人联系，初步意欲盘买，震寰负责人见国钧先生有意经营，将来生产与销路绝无问题，因而只肯同意合作。后经商妥，决定双方合作，由震寰占40%，大成占60%，订期五年（一说为六年），改称“大成纺织染公司第四厂”，于1936年秋恢复生产，生产至抗战时汉口沦陷前夕始行结束。大成四厂之生产很好，原因是国钧先生对大成四厂之经营管理以及生产操作完全采用常州大成一厂之管理制度与操作技术。开办之初，曾派一批汉口籍工人至常州培训，常州亦调派一部分熟手工人至汉口参加生产。1938年大成四厂结束时，大成公司之60%部分即分拆到相当于200万银圆之盈余。

1937年全面抗战，常州于11月沦陷敌手。在常州沦陷前夕，将大成三厂之部分设备，拆迁内地，辗转汉口等地，后又转至上海。当时，太平洋战事尚未爆发，日寇尚未进入租界，靖基先生等仍留居上海，上海亦储存一部分资金。国钧先生见存沪之资金、机器、设备应设法利用，不宜长期搁置，遂由靖基先生负责，租赁南阳路中华印刷厂之房屋，将三厂拆迁至沪之部分纱锭，以及瑞士进口未及运常州之机器，装排生产。因地在租界，为适应当时环境起见，以英商名义登记，定名为“英商安达公司”。国钧先生任总经理，靖基先生任经理，于1938年开工生产。安达厂之职工，大部分是原大成一厂之职工，生产经营亦沿用大成一厂之一套方法。故安达厂实际是大成公司之分支机构，财务亦归大成公司统一核算，在1947年方与大成公司正式分开，单独核算。

抗战胜利后，大成公司在常州三个厂之恢复

1937年全面抗战，日机即经常至常州轰炸，大成二厂为日机轰炸之主要目标之一。常州沦陷前夕，大成二厂几乎全毁；大成一厂亦遭很大损失，未及内迁之成品、半成品及原物料，均被一抢而空，机器虽然幸存，然亦遭到破坏。故在常州沦陷期间大成二厂系一片瓦砾，三厂被日军作养马房，一厂由日军“军管理”一个时期，汪伪政府成立后“发还”（一说为1941年5月，日军宣布解除“军管理”），勉强开工，只有10000纱锭、150台布机生产。国钧先生在抗战期间，虽避居港、渝等地，然始终不忘恢复常州之企业，即将内迁至重庆之存货出售以及大成四厂分拆到之资金结成外汇，准备至国外订购机器，徐图恢复。上海安达纱厂，经营亦很发达，但有一部分资金用于上海、苏州等地购置房地产，以致未能集中充分运用。

1944年国钧先生见德国法西斯由于苏军之反攻，节节败退；日军受抗日力量之打击以及在太平洋战场失利，感到胜利在望，恢复常州之企业，必须早日准备。遂转道印度等地赴美，订购机器，顺便参观访问。国钧先生在赴美途中，曾在印度参观，在美国时，除参观、接洽订购机器，并至加拿大等地参观联系。在国外一年有余，最后订定纱锭20000枚，以及其他附属设备和一批原棉。1945年8月，日军投降时，国钧先生尚在美国，闻日军投降即赶办各项手续，奈因订购之纱锭系分期付款，美商须由国内银行担保，然国民党政府对民族工业之发展，非但不予支持，反而从中作梗，中国银行不允担保。为此国钧先生多方联系，始商得上海银行之同意。在美国手续办就后，即束装返国，进行常州三个厂之恢复。一厂和三厂仍为纺织厂，二厂则

重建新式的钢筋混凝土厂房，添办印染设备，成为一个专门印染厂。至1949年常州解放，除上海安达外，单常州之三个厂，已有5万枚纱锭、1180台布机及日产5000匹（20万公尺）印染布之设备。

大成公司经营管理之特点

大成纺织染公司自1930年创设至1949年常州解放的19年中，由40万元资金起家，中间由于日寇侵华，遭到严重损失，而在新中国成立时，拥有3000余万元资金（大明纱厂和香港东南纱厂投资尚不在内），增长75倍，如此速度之发展，在旧中国民族资本中，并不多见。所以如此，大成公司在经营管理方面有其特点，与当时之同业比较，有许多不同之处，故有如此之发展，绝非偶然也。

大成公司之经营方针，首先以“稳扎稳打”著称。国钧先生创办工厂，旨在“抵制倾销，挽回利权”。因而国钧先生竭力反对投机，从未参加“交易所”交易。平时，国钧先生力诫同业，不能从交易所中冀图侥幸，只有专心一致生产，才能真正达到“抵制倾销，挽回利权”之目的。国钧先生在生产上竞争之对象，目标不在华商同业，而是针对外商，其对象首先为日本，其次为英国。方法是取其长补已短，因而国钧先生在19年中，四次东渡日本，并至欧美等国考察。在日本、美国等地参观工厂，往往遭拒绝，尝闭门羹多次。国钧先生参观归来，常取彼之管理、技术方面之长处，结合本企业之条件，实行推广与改革。仿制外货之花色，每年都创制新花色在市场上与之竞争。因国钧先生曾经营布号，熟谙消费者之心理，同时与上海进口商相熟，与之取得联络，一旦有外货新花色样品寄来，择消费者的喜爱，研究仿制，因而往往有些新花色，大成公司之出品比外货先上市或同上市，使外货在市场上受到一定的影响。研究外货名牌产品在质量上与规格上之特点，细心揣摩，如大成一厂出品之“双兔牌”绒布，取外货“铁路牌”绒布之优点，改进其绒布底板绒疏之缺点，在原料、规格上进行改进，因而在质量上超过“铁路牌”绒布，尚有英商怡和纱厂在我国各地畅销的条子漂布，有部分花色不受欢迎，大成二厂即制造“英雄”“征东”两牌条子漂布，也是采用取其长舍其短的办法，极受消费者欢迎，销路大增，既达到获利之目的，又收到抵制倾销之效果。而国钧先生对华商同业，在技术上从不自秘，一有心得，乐于介绍，因而遭外商之忌。在抗战期间，日寇炸毁大成二厂，不谓无因也。大成公司在管理方面，也有其特色。首先，提高职员、艺徒、练习生之管理及工作能力。隔日晚间，均在本厂举办的业余夜校上课，由厂内之工程师等担任教师，学习生产管理及技术管理之知识。其中“打图样”一课，列为必修之课，因能掌握打图样之基本知识，对熟悉机械构造及维护，大有裨益。一般女工，每星期有三四天，每次两小时之文化课，学习文化及技术知识。数年来，在本厂就培养出许多技工。而一般职员，也不单熟悉“写字间”业务，亦能与车间生产结合。在厂长、工程师一级，每月须举行三次管理会议，在会议上汇报前十天之工作情况以及研究后十天之生产计划。因而，相互之间能了解情况，配合得宜。每逢有重要之措施贯彻或有重要之改革，亦效“民主”办法，事前征求一般职员及老师傅之意见，“征求意见”之实质，虽是形式上之商量，然而在当时亦得有这种“民主”作风，对鼓舞职员、老师傅之积极性发挥，亦起相当作用。其次，订出相应的赏罚制度，国钧先生首先以身作则，却辞一切有关往来厂商之馈赠，自己从廉洁奉公做起，并订出各种措施，竭力设法堵塞一般纱厂通有之流弊。特别如物料间等之陋习，予以革除，对能廉洁自守、遵守厂规者，年终考勤，奖励从优。对企业有贡献之老年工人病故，抚恤从优，并开追悼会纪念，将其牌位送入企业设置之“功德堂”内，还安排其子女入厂工作。对违反厂规，贪污舞弊者，决不姑息。

国钧先生以“忠信笃敬”四字为大成公司之“厂训”，制成匾额，悬挂厂内。国钧先生平时常召集全厂职工大会，亲自在会上讲话，虽是笼络工人之一套，然在当时来说，亦能迷惑一部分工人之意志。如说：“工厂工厂，乃工人之厂，我为经理，仅是管理人员而已，今日诸位在厂做工，即为自己的厂做工，各位的子女辈，如能中学毕业，即可至本厂为练习生，如是小学毕业，可至本厂做工，若干年后，厂内职工全是各位之子女，各位都是老太爷、老太太了，可以享福了。”又如说：“我办工厂的目的是什么？主要是为了地方上振兴实业，为了左近的年轻人有工做，使大家的生活好。”并一再告诫，要恪守“忠信笃敬”之厂训，部分工人因有子女进厂之“希望”可以寄托，的确能“忠信笃敬”自守，生产也日益提高。国钧先生在工人中亦有相当高的威信，亦有部分工人之子女进厂工作，实现在工人中之“诺言”。

国钧先生办厂还有四个要点：第一，生产增长；第二，清洁卫生；第三，废物利用；第四，价廉物美。国钧先生的确能在这四个方面努力，生产卓著成效。当时之民族资本工厂，能在这四个方面努力者，不可多得也。国钧先生抓企业管理，主要是抓高级职员一级，大成公司是每年有巨额盈利，一般职员每年都有分红酬劳可得，每年常有20—30个月薪水之数可以稳拿。对能勤恳办事，廉洁自守者，酬劳尤丰。因而贪污、赌博之风，在厂内基本消灭。同时，对高级职员还有“暗贴”，方法是每逢春节，国钧先生在家分别找个别代理人及高级职员谈话，勉励一番后，即送一部分额外酬劳，并嘱守秘密。大成公司能得到高级职员“忠心耿耿”地“管理”工人，这种方法起到推动作用。

国钧先生在生产方面，亦尽量设法减低成本。如直接用盘头纱、筒子纱，在国内来说，系大成公司首创使用，财力与人力节省不少。

总之，大成公司之经营管理方面，有许多特点，记忆所及，略如上述耳。

大成公司之工人福利

大成公司在旧社会之19年中，罢工事件较其他厂较少，这对大成公司能适当注意工人之工资福利，不无关系。

大成公司工人之工资，较同业较高。国钧先生所以将工资订得比同业略高一些，福利略好一些，年奖略多一些，他有两个想法：一是熟手工人不想跳厂，愿意长在大成工作；二是工资福利部分多一些支出，生产提高之收益，不止此数，甚至有数倍、数十倍之收益，小饵钓大鱼也。在工资方面采取每年递加之办法，视考勤之成绩，酌定增加工资之数字。一般职员，每年都有薪可加，工人之工资逐年亦有所提高，因而在大成公司工作年代较久之职员，二三百元工资一月者甚多。

在福利设施方面，除原有宿舍改良以外，并另建新宿舍，床铺经常用药物消灭臭虫。当时纱布厂之惯例，工人均自带饭食，春、秋两季还好，冬、夏两季便成问题，冬天冷饭难咽，夏天工人往往吃馊腐霉坏之食品，健康受了影响，也影响了出勤率，从而影响生产。国钧先生就首创“包饭”办法，只收米菜成本，其他如炊事员工资、器具折旧等，都不加在成本之内。大成二厂方面，国钧夫人还亲自参加管理，如是大受工人欢迎。时常在生产上有良好之成绩出现，如锭扯、台扯提高，厂内还举行庆祝会或慰劳会，由厂内出资，全厂职工聚餐。厂内还设立保健所，职工之小毛小病免费治疗。职员之住房有“房贴”，子女上学之学费，小学部分可向厂内报销，中学部分可以补贴，对有培养前途之技术人员，有少数还由厂出资，出国深造。由于种种措施，职工亦较满意，对生产日益提高亦起作用。

国钧先生二三事

国钧先生从一小市镇中贫农家庭出身，少年离家到布店学徒，逐步成为纺织界巨子，其所以成功乃一生勤学苦钻而来。先生之勤学苦钻，虽是为了发展资本主义，然其办事业之精神，值得学习也。国钧先生在经营大成公司期间，有数事值得一记。

大成公司创办之初，国钧先生见市上之花色布，大部分系进口货，即使是国内产品，亦大部分是外商制造，华商之出品极少。花色布之利润特佳，销量又大，实为一大漏卮，欲使企业得到发展，与外货抗衡，非添置纺织印染设备不可。然当时除上海一地有纺织染全能企业外，江苏省及其他各地很少纺织染并营的设备，机器印花更少，技术力量尤差。适假东渡日本参观之便，费三千金购回旧八色印花车一部（新货需五六万元），运回装设在大成二厂之内，安装既竟，奈屡试不灵，不能投入生产，一度聘请上海某印花厂的工程师来厂协助，未能成功；后请一日本籍技师帮助，亦未成功；德商德孚洋行想做颜料生意，亦派技师至大成二厂协助，亦未奏效。自试车开始，国钧先生均亲自参加校验，从未一日间断，试车前后六七个月，经过三个技术人员，仍是不能生产，厂内部分职工认为："日本人废弃不用之破车，费3000元拾回来有何用？"国钧先生则认为"日本人已将新车用旧，决不是废物"，抱定必成之信心。由于国钧先生自始至终陪同试车，已熟悉印花车运转之基本原理，见前后三个技术人员都放手不搞，决定自己动手。遂至上海请来熟手印花车工人两人，配合厂内高廷焕等同志，继续校验，开始时仍屡试失败，公司内有些负责人也说：“总经理当儿戏，请来一元头与四角头（按：向上海请来之印花车工人，每日工资一人是一元，一人是四角），想搞好印花车，真是奇谈。”国钧先生听任厂内部分人之风言风语以及多方责难，继续苦心钻研，决不泄气。废寝忘食，即使睡至半夜，一有心得，即起床记在日记簿上，或跑进车间实地试验，弄得浑身五颜六色，擦破烫伤，甚至有人目为“总经理发了神经病”。如此者数月，终于由国钧先生及高廷焕等同志之努力，有志竟成，试验成功，当年即正式投入生产，获利甚丰。先前国钧先生在经营大纶布厂时，曾为浆纱质量问题不能过关，亲自扮成小工，由工人之帮助，私入英商怡和纺织厂实地操作，学习浆纱技术，经外籍工头发觉，几遭毒打，幸经工人同志掩护逃出。国钧先生为了企业，为了技术如此苦钻精神，值得学习也。

国钧先生个人生活享受，亦与一般资本家有所不同，生活极为节俭，除喜藏书画外，一生无其他嗜好，一心一意为企业之发展，有时亦不惜个人私利。如大成公司筹集股金时，较有实力之工商界不肯参加，迨大成公司生产了三年，成绩显著，资金由40万元变为140万元，原先不肯投资的如徐吟甫等，自动要求加入，奈当时股额已有限制，无股额可增，市上大成公司股票，已照票面升值50%有人购进。国钧先生为了大成企业之发展，因徐吟甫如果投资大成，可以带来一笔存款，遂慨然将自己名下股额，照票面价值让出24万元与徐（吟甫）。以当时之价值而论，即奉送了12万元。有一次在大成公司大增资时，国钧先生也是将自己名下之增资巨额，让与他人。

国钧先生一生，可以说惓惓不忘企业，抗战期间，大成公司遭受损失达70%—80%，胜利后的四年中，能恢复如此之快，国钧先生有大功焉。抗战期间，国钧先生避居港、渝等地，八年之中，刻刻不忘重振事业。武汉沦陷前夕，大成四厂结束，分拆到相当于200万银圆之盈余及西运之棉纱、布匹，竭力设法保存。在重庆时，与卢作孚先生合作，在北碚创办大明纺织厂，亦获盈利。并将在抗战前欠上海银行之贷款还清，多余资金，有机会即结成外汇，徐图至常州恢复事业。国钧先生对抗战有必胜信心，因而在八年之中，一直为恢复事业作安排打算，胜利前夕即赴美订购机器，遂能一旦胜利，即从事着手恢复常州三个厂之生产。

国钧先生对我国纺织工业之发展，具有远见，对各方面之产销情况，调查殊为周详。1945年从美国、加拿大等地参观回国（按：刘国钧先生是1944年底赴美国、加拿大考察，至1946年初返回祖国的），曾将调查所见，结合我国具体情况，著有《扩充纱锭计划刍议》一书，以全国四亿人口计划，在胜利后之15年内，全国发展为1500万枚纱锭，并对国内外市场安排亦提出建议。国钧先生这项建议，当时因反动派耽于内战，根本未予注意。对大成公司之发展，国钧先生亦有缜密之计划与安排，计划在胜利后之十年内，大成公司发展拥有50万枚纱锭之企业，并准备棉花进厂直至加工服装成品出厂，对纺织机械、配件、印染之染料等想逐步自己制造。因而积极准备培养人才，资送出国，专业深造者多人。陆续回国者，安排在厂内担任重要职务，并在职员中提拔能力较强者担任领导职务，准备事业扩充时，各方面均有人负责也。由此可见，国钧先生之雄心抱负矣。

新中国成立后之大成纺织染公司

1949年4月23日常州市解放，大成纺织染公司在常州市所属三个厂，未有一日停止生产。国钧先生虽于新中国成立前夕，误听反动宣传，避居香港，然在临行前，对公司事务作了妥善安排，各部门均有专人分工负责，存货及流动资金原封未动。因而新中国成立时，由于工人同志之护厂，反动派未能破坏，始终正常生产。新中国成立后，在党和政府的领导下，大成公司之生产，比新中国成立前得到更大的发展。国钧先生在港割治胆疾后，于1950年即行返国，1953年国家在过渡时期总路线公布后，国钧先生即竭力争取公私合营，想尽种种办法创造实行公私合营之条件，如准备与南通大生纱厂调换公股。终于在1954年6月1日得到党和政府之批准。在总路线公布后，江苏省私营纺织工业中第一个实行公私合营，国钧先生之竭力争取公私合营积极行动，在工商界中起一定推动作用。

国钧先生在新中国成立后，对各种政治活动，莫不积极投入。大成公司对各项任务，能在常州市首先完成，是国钧先生能积极带头之力也。国钧先生积极发展纺织工业之信心，数十年如一日。新中国成立后由于党的领导，为我国纺织工业之发展开辟了广阔之前途，国钧先生信心更强，对纺织工业之应兴应革，不厌其详，屡次向党和政府建议，如发展灯芯绒、人造纤维以及发展养兔事业等等，均提出具体计划，供政府参考。在接受党的领导，进行自我改造方面，国钧先生亦能在工商界中作出良好榜样。

总之，提及常州大成纺织染公司，与国钧先生数十年之劳绩就连在一起。上述短文，亦可云大成纺织染公司资本主义发展之梗概也。

第二章

革故鼎新：务实独到的市场竞争与经营之道

精明强干的经营作风

张一飞

国钧先生是一位著名的爱国实业家，他是在旧社会三座大山隙缝中茁壮成长发展起来的。20世纪30年代时期，民族工业大都资金不足、技术落后，特别是在日、英帝国主义的经济侵略之下，处于气息奄奄、朝不保夕的境地。而大成在这个时期却不断得到发展，从1930年开始到1937年冬常州沦陷为止，资金从50万元增加到400万元，纱锭从1万增加到8万，以及相应的织机和印染设备，这和国钧先生的远见、毅力、刻苦和信心是分不开的。缅怀往事，犹历历在目。我是在1930年大成开创时进大成工作的，受先生不次之擢，从领班开始，历任考工、纺部主任、工务长、副厂长、厂长等职。当企业需要时，我在国钧先生的安排下，先后在大成一厂、武汉大成四厂、昆明复大滇庄、上海安达纱厂从事生产技术工作，并一度在昆明参加经商工作。在大成一厂遭到日军严重破坏之后，又回到大成一厂负责修复工作，并组织恢复生产，后来又把三厂遗留下来的一万锭迁移到一厂，把一厂扩大成为三万锭的工厂，直到迎来了新中国成立。新中国成立以后，在党的领导下，我继续在大成一厂即现在的国棉一厂工作。也可以说，我的一生就是在大成范围内工作的一生，数十年来，屡屡受到国钧先生的教诲，对他的雄才大略和精明强干的经营作风感受颇深。下面以我切肤之感，谈谈国钧先生的经营管理。

资本增速惊人

大成纺织染公司创立于1930年初，接办原大纶久记纱厂，其规模为1万锭，织机260台，国钧先生任经理，靖基先生任协理，筹集资金50万元，接盘该厂，实收40万元，更名为大成纺织染公司第一厂。当时国钧先生除掌握公司全局外，专心致意于整顿工厂管理、培育人才、建立各种制度、树立新的厂风，并逐步增设福利设施。国钧先生曾四渡日本，学习日本纺织厂的经验，使大成在经营管理方面日臻完善。1932年增添纱锭10500枚，同年国钧先生把自己经营的广益染织厂并入大成，更名为大成二厂，纺织染兼营，对大成的发展更为有利，该年增资为140万元。1935年拥有26636锭的震寰纱厂也以经营管理、工潮等关系停厂一年多，无法进行开业，经人撮合与大成合资经营，并商定大成出资36万元占60%。震寰以厂产抵作24万元占40%，人事管理均由大成负责，订期五年，改名大成四厂，经内部整理1936年10月投产。同年筹建大成三厂，订购当时世界上最负盛名的里透（利妥）纱锭32000枚，并计划添置自动布机1008台，该年增资为400万元。因之当时经济学家马寅初先生曾说过：像大成这样的增长速度，在民族工商业中实是罕见的。国钧先生当时还有把大成发展为50万锭之计划，惜日军侵华，他的雄心壮志未得实现。

改革管理制度

大纶久记纱厂和武汉震寰纱厂，当大成接管时（按：大纶久记纱厂接盘于1930年，震寰纱厂接办于1936年），由于当时纱厂市面萧条，加之工厂管理不善，连年亏损，工潮迭起，不得不破产停工。国钧先生仔细分析了两厂的情况后，认为症结所在是这两家厂经营腐败，另一个原因是生产管理被少数工头所操纵，只要取消工头制度，彻底改造工厂，就能发展生产，因而毅然决然接办了下来。但当时要解决这些问题是有一定难度的。例如，大成一厂创办初期，生产技术被少数工头所垄断，他们封锁技术，把机械视为禁区，不许他人插手，工人的聘用都由他们推荐。这种情况对于改变工厂管理制度、采用新技术、发展生产都极为不利。国钧先生招收了练习生、艺徒、养成工加以培养，重建了职工队伍。并利用因处理一个不守纪律的工人事件，工头要挟厂方的机会，将这些专横的工头解雇了，推行了新的管理制度，真正掌握了工厂的管理权。震寰纱厂在大成接办时，改名为大成四厂，当时已停工一年多，湖北工人受工头利用，排外情绪很严重，大成接收后，打伤派去的事务科长，从上海聘去的两位工程师也逃了回来。在当时担任厂长的刘丕基先生要求下，国钧先生派我去汉口，随行的有从一厂挑选出来的70名技术过硬的工人和50名从湖北来一厂培训的养成工，依靠这部分基本力量，推行了大成一厂的管理经验，挫败了地方势力，短期内即开车成功，产品达到市内一流水平。大成四厂开工的两年中，投资的36万元变为200多万元，巨额的获利为今后重建大成二厂等创造了有利条件。这些都是与国钧先生的开拓决策分不开的。国钧先生高瞻远瞩，勇于革新，剔除积弊，改革管理制度是他的事业得以飞跃的一大原因。

学习先进技术，严格控制成本

国钧先生一贯教导我们："取法乎上，仅得乎中。"所以他十分注重学习外国的先进技术，曾四次赴日考察，想方设法亲自偷学丝绒和灯芯绒的生产窍门，克服了许多困难，终于开创了民族资本工业中最先成功地生产丝绒和灯芯绒的先例。除技术外，他更重视工缴成本的分析，他认为当时日纱畅销全国是由于他们人少工精，因而成本低廉，如20支日纱每年工缴仅18元，而我们竟高达28元。他提出对工缴逐项进行具体分析，在他的督促之下，我们在国内率先使用了空调装置、皮圈式大牵伸等新技术，改进操作法，废除三道粗纱工序，逐步提高各工种的看台能力，并使工人的收入与产量密切地结合起来，进一步提高劳动生产率，从而降低了成本，取得了显著的成效。

关心工人

国钧先生认识到工人是工厂的主体，是发展生产的原动力，处理好与工人的关系是办好工厂的关键所在，为了要让工人多出力，多创造财富，又要防止工人对工厂的不满，他经常与工人开会，年终与工人聚餐，提出"工管工，工教工，工人自治"等口号。他常对工人说："大成一厂不是我刘某的厂，是江苏省武进县（当时地名）大南门的厂，是地方事业。""我们厂就是个社会，进了厂就要安心工作，要食于斯、居于斯、生活于斯、老于斯、葬于斯。”在这方面也做了不少工作，如办食堂，建宿舍，举办大成小学、保健站、小商店，还建造一座功德堂，有贡献的职工死了可立碑入堂，老年职工死了开追悼会，购地置办了大成公墓，并举办过集体结婚，工人子弟中优秀的可以当练习生等。虽然当时的出发点，并不是完全出于为工人着想，但这些措施确也使人有一种个人与工厂关系密切的感觉，这是与当时其他的资本家所不同的。

注重干部和人才的培养

注重培养干部队伍和提高文化、技术素质是国钧先生取得成功的又一经验。他深知没有一支懂技术、懂管理、懂经营的强有力的干部队伍是无法办好工厂的。他曾说：“懂经营管理，又懂技术，是一等人才；懂经营管理，不懂技术，是二等人才；懂技术，不懂经营管理，是三等人才。”通过延聘一些知名的技术专家和社会人士，招收一批纺织学院毕业生，少数还资助出国深造，招收练习生加以培养锻炼相结合的方法，择优升迁，逐步形成了一支忠于企业、通晓业务的骨干力量，以这批人为中坚，分别在不同的岗位上勤奋工作，使企业的管理纳入新的适合于生产发展的轨道，不断引进先进技术，整个公司呈现了一派欣欣向荣、兴旺发达的景象。我原先一直从事技术和管理工作，国钧先生为了使我对经营业务有所了解，在沦陷期间亲自带我从重庆到昆明，荡街头看橱窗，每看到大成的产品，便高兴地告诉我这个品种的特点，教我如何分析市场行情，为我介绍昆明金融界、实业界头面人物，让我主持大成公司驻昆办事处的工作，使我从在昆明的一段工作中锻炼了经营能力。国钧先生不愧是我一生中最好的老师，我的成长是国钧先生栽培和教诲的结果。国钧先生对提高工人的文化、技术素质也是非常关切的，他招收了大批艺徒、养成工，在技术上严格训练，使他们在较短时间里掌握了熟练的技术，同时也对他们进行文化教育，使他们都分别达到初中和小学的水平。只有提高了工人的文化素质，才能更便于管理和较快地掌握先进的生产技术。

知人善任，任人唯贤

“知人善任，任人唯贤”是国钧先生在用人问题上的一条原则，他深知人的因素对事业的重要性，因此选拔提升职员重视德才兼备，在这方面是审慎而严格的。他重视专业技术人才，但也不唯文凭论优劣，而是在实际工作中进行考察。许多优秀人才就是这样步入高级职员的行列中去的。当时在大成系统中，不乏国钧先生的亲戚故旧，他一视同仁，量才录用。有的仅当了一般职员，有的甚至当工人。他曾对一些负责人说：“你们对所属员工，只能按其能力分配工作，做不出成绩，即使与我有关系的人，也不能例外，我只能介绍给你们，至于他们的前途是由他们自己选择的。”他这种以事业为重的精神，至今犹受人称道。国钧先生在用人上还有一条原则，即“用人不疑”，既委以重任，又付之以权。在职权范围内可以按自己的意图处置，这对于充分调动干部的积极性、主动性办好企业是极为有利的。

国钧先生的一生是为事业拼搏的一生，是为振兴民族工业奋斗的一生，特别是1950年从香港回来以后，在党的领导下，积极参加社会活动，为建设社会主义祖国献计献策。值得欣慰的是国钧先生当年曾提出织造无纺布的提议已成为现实。20世纪30年代从日本偷学回国的灯芯绒已成为我国的拳头产品畅销全世界，想在常州创办纺织大专院校的理想，现在常州已有四所大学，这些成就足以慰先生泉下之灵。

不落俗套的经营管理之道

姚星汉

我是1931年冬天进大成纱厂的。进厂时当小职员，在总务科工作，几个月后，调财会科，此后又先后在原棉科、营业科、稽核科等部门工作，经常出差外地收买棉花和推销成品，成为一个“百搭”人员，这样也有好处，一方面边做边学，熟悉了纺织企业的不少业务知识，另一方面也可以在不同角度体察到刘先生在企业经营管理方面的一些特点。刘先生经营大成纱厂能够取得成功，主要原因之一在于他有一套不同于人，而且行之有效的经营管理方法。现在凭回忆把这方面的片断情况整理出来，提供参考，如有出入，请批评指出。

千方百计改进企业的技术设备条件，以保证产品的产、质量

1930年，刘先生接盘大纶。由于老厂设备陈旧，开头一阵，棉纱质量不过关，自己织布用纱，要出高价向上海市场买进，自己纺出棉纱，却要降价

出售，吃亏很大。这问题不解决，企业不能发展。为此刘先生日夜在车间摸情况，同老工人、技管人员谈心，但是限于原有技术设备条件落后，找不出改进办法。刘先生当机立断，很快决定以年俸5000元的高薪，礼聘陆绍云工程师进厂，负责改进棉纱质量（按：刘国钧先生当时自己的工资为3000元年薪。5000元的年薪，相当于大成公司注册资金的1%，相当于大成公司60名熟练工人的年薪，比刘国钧自己要高40%。可见刘国钧先生重视人才的宏大气魄和远见卓识）。此后又同苏州工专、南通纺院联系，在它们历届毕业生中选几个优秀者，介绍来厂担任机械、纺织、印染、建筑等方面技管工作。在陆工程师的指导下，棉纱质量很快达到标准，产量也不断上升，工人的操作水平也大为提高。于是产品质量过了关，业务一天比一天好，生产规模也步步扩大，纱锭从原来1万枚增至2万—3万枚，布机从260台增至500—760台。为了使产品精益求精，刘先生在几年中还多次赴日本考察参观，每次都带回技改方案，如在纺部安装冷风装置，改变过去黄梅季节车间温湿度不正常影响产质量情况；把细纱机改大牵伸，不经三道粗纱机；在布机安装停经装置，自动换梭装置，使布机全部能断经自停、自动换梭；等等。这些措施，现在说来是很平常的，但在当时，都是比较先进的。纺、织二部，经过多次改革，生产面貌一新，质量不断提高，产量不断增加，工人生活好做，成本直线下降，利润积累年年增加。此时刘先生自豪地说："我们这个厂就是要经得起和全国行业竞争。"刘先生接办大成厂，不到十年时间，从一个厂发展到四个厂，从本地办厂延伸到武汉办厂，资本总额从开始的50万元逐年积累到400万元，扩大8倍，异军突起，在全国纺织工业中，其增长速度之快，是非常突出的。

大力培训和建立一批企业技术骨干力量

刘先生接办大成后，对厂里几十个青年学徒和练习生十分重视，千方百计对他们进行培训，盼他们成为有用之才。为此聘请常州教育界知名人士顾峤若先生任训育主任，负责办理夜校，夜校设文化知识、科技管理等课程，学徒和练习生都入夜校进修，一年一次考试，成绩优异的，工作岗位提升，并交托一部分权责，必要时还加薪以资奖励，经过三年五年，造就一批技管骨干，自己培训出来的人，既听话，工作又认真负责；既有知识，又能动手。其后企业逐步发展到几个厂，这批自己培训出来的技管人员，分派到大成公司各个厂去担任工作，非常称职。

革新招工办法，招收养成工直接培训

大成厂接办时，车间挡车女工都是依赖宕管在外面招雇入厂，在当时，宕管招工是纺织工厂通行的办法。宕管成为特权人物，借此向女工弄权，索取馈赠，否则不予招雇，对厂方也常常施展手段，进行要挟。刘先生察觉到这种情况，认为这种情况不改变，对发展生产，发挥工人劳动热情，都有妨碍，决定不通过宕管，直接培养一批不受宕管把持的基本挡车工，逐步改变宕管制度。于是在厂里特地建筑了几千平方米的楼房，作为养成工宿舍教室，聘请好几位适当人选担任舍务员，负责管理和教育工作，招收一大批15—18岁的姑娘进厂培训，称为养成工。养成期六个月，培训期间，供给膳食和少量津贴，全部住入宿舍，平时不准出厂，每晚上文化课，白天跟着工人进车间上班学习操作技术。培训期满，分派机台挡车，给予正式工资。这些新培训出来的女工，完全摆脱了宕管的关系。这样一批批新工人培训出来，宕管制度无形失去作用。宕管本人，慢慢地也不再像过去那样“宕宕管管”，而被安排参加挡车劳动，成了挡车工人。这个养成工招工办法，给大成厂经营上带来了很大好处。

把握市场信息，确保产销对路，树立商品信誉

纺织印染联营企业，决定产销方向是经营方针中重要一环。要了解直接消费者生活水平，防止闭门造车。旧中国人民的消费水平，高水平的比重很小，绝大部分是一般水平和低下水平，在衣着上，穿得起用得起高档纺织品的，只有少数大城市的富有阶层。当时上海几家老牌印染厂，重点生产高档产品，质量好，牌子老，在市场上早已占有一定地位，新牌子产品想轧进去，不是轻而易举的事；中档产品，上海同业也生产，但远不能满足全国需要。刘先生在详细审度以上情况后，决定大成厂走产销中低档成品这条路子，产品面向华中、西南广大地区，这里中低档消费者面广量大，大有可为。于是在长江中下游，陇海路沿线以及山东、安徽、蚌埠、临潼关、西安等地设特约经销点，用“加润加长、洗晒不褪”做广告宣传（每匹30码的放长1码以上，40码的放长2码，幅阔比市场一般色布放阔1寸左右，产品虽是中低档，但质量上毫不将就），经销商受实惠，消费者都满意。不久，大成蓝布、蝠鼎元布、蝶球细布，以及绒布、府绸、漂白布、土麻布等产品，销路逐步打开。广大农民多爱穿蝠鼎元布棉衣裤、单衣裤和大成蓝布上衣。四川人力车工人则用大成蓝布做长衫，穿在身上拉车子。棉布商则以大成蓝布做筹码，以此计算一年来的盈亏数字。大成厂的色布产销基础，基本奠定，

自此业务飞速发展。刘先生因此告诫我们说：“产品要货真价实，经营要诚信待人，宣传要不脱离实际，业务人员要作风正派，只有这样，才能立于不败之地。”刘先生的这些话，至今还回荡在我记忆之中。

任人唯贤，赏罚分明的人事制度

刘先生在人事上历来坚持任人唯贤、赏罚严明的原则，毫不变通。对有成绩者，奖励有加，对犯错误的，严惩不贷，这在大成厂已是尽人皆知的事。

缪甲三、陈钧二先生是南通纺院毕业的优秀生，经学院介绍进入大成。刘先生同他们几次深谈后，确认是可造之才，由大成出资，通过关系，送他们到外国工厂作短期实习，再求深造。陈钧到英国专攻印染，缪甲三到美国专攻纺织，学成回来，刘先生正式任命陈钧为二厂厂长，缪甲三为三厂厂长。二位就任以后，果然把两个厂搞得井井有条，把原有一部分旧设备，彻底改造，脱胎换骨，使产质量都稳步上升，消耗也逐步降低。缪、陈二位过去同刘先生可以说非亲非故，刘先生知人善任、任人唯贤的作风，于此可见。

企业搞生产，就得买进原材料，卖出成品，刘先生对经办供销工作的业务人员，要求是高的，一定要作风正派，不许损公肥私、弄虚作假、腐化堕落。大家也时刻警惕自己。20世纪30—40年代，社会上工商业竞争非常尖锐，彼此钩心斗角，以大吃小，各企业经办供销人员弄外快、拿回扣、报假账，已成社会风气。但大成厂的经办人员，在刘先生的教导下，却与这事不沾边。有一次原棉科一位外勤人员，赴靖江收买棉花，经不起环境引诱，乱搞男女关系，结果用亏几百元，被刘先生开除出厂，这件事全厂震动，一方面认为此人自作自受，咎由自取，另一方面对处理心悦诚服。于是人人珍重自爱，厂风进一步端正，个个精神振奋努力工作，这对办好企业是十分有利的。

国钧先生重视熟悉市场商情

余家禔

有关国钧先生的生平事迹，特别是国钧先生从事纺织工业以来取得的卓越成就，以及其对纺织工业的发展作出的贡献，党和政府都作了高度的评价，使我们每一个原大成公司的成员都感到极大的鼓舞。我进入大成公司的时间虽然较晚，与国钧先生相处的时间不算太长，但国钧先生在经营大成公司所积累的经营管理工作中的许多经验常在同事们之间相互传授，时有所闻。尤其是国钧先生一贯重视熟悉商情，现今称之为市场信息和情报调研工作，给我留下了极为深刻的印象，使我深受教益。今天我就自己的片断回忆及有些同事的回忆谈谈关于这方面的体会，以表达我对国钧先生的崇敬和缅怀之情。

国钧先生在弃商从工，投资纺织工业以前，就已经十分熟悉当时纺织品市场行情，正由于看到纺织工业的发展前景，才决定在20世纪30年代初接盘大纶久记纱厂，更名为大成纺织染公司。为了经常了解市场情况，决定指派精明骨干在上海设立办事处，经常分析上海纺织品市场动态，摸清经营方向，及时指导生产。听说当时上海办事处每天有号信发回常州，靖基先生亦每周回常与国钧先生分析研究市场情况，及时作出正确决策，加上国钧先生在经营管理上从多方面进行改进，大成的产品适销对路，物美价廉，在市场上有较强的竞争能力，所以能在短短的一年中即盈利十万元。

据年长的同事回忆，早在20世纪30年代初期，国钧先生为了瞄准日本这个竞争对手，就四次东渡，赴日本考察，收集了大量的市场信息和进行了情报调研工作，既看到了自己的差距，又学到了日本纺织厂的许多经验。认为欲与外商竞争，必须在花色品种上有所突破。国钧先生在1935年7月6日在武进县工业联合会为他举行的欢迎赴日工业考察团会上的演讲中即提出“吾常专织斜纹实非久计，宜往南洋调查改织阔格子等布为有利，天鹅绒、丝绒，一切制造方法，容整理后，陈列工联会，任人参考”。这里充分反映了国钧先生在20世纪30年代就为常州纺织工业开发新品种传播市场信息的一片热忱。国钧先生为了提高大成公司产品的竞争能力，在从日本回国时，以有限的资金设法购进了一套旧的八色印花机，放在大成二厂，经过反复调试，终于获得成功。使大成公司成为拥有纺织印染齐全的全能企业，在经营管理方面也日臻完善，因而取得了明显的经济效益。国钧先生由于重视商情，重视市场信息和情报调研，在生产经营方面，节节取得成功，这样国钧先生磨炼了一种习惯，利用一切机会亲自进行情报调研的习惯。如抗日战争时期在重庆、昆明等地时，不少人一到晚上不是吃喝，便是去玩乐，而国钧先生却总是拉着一二个知己逛市场，专看绸布橱窗，品评花色，议论纷纷，探询销路，估算成本，提出自己的见解，说得津津有味，流连忘返。据说在国钧先生经印度赴美国考察的时候，沿途也是利用一切机会了解市场动态和参观纺织工厂生产情况与国内纺织业对比，并作出自己的分析。

国钧先生在20世纪30年代初就获得了日本开始生产丝绒和灯芯绒的信息，千方百计到盛产丝绒和灯芯绒的滨淞县的有关工厂进行参观，了解他们生产丝绒和灯芯绒的情况，并深入农村察看割绒技术，回国时，还从日本买回一套丝绒和灯芯绒的生产工具，并聘请了一名日本技工回来试制，成为国内最早生产丝绒、灯芯绒的工厂，但由于种种原因，未能正式投入生产。新中国成立后，国钧先生又多次建议我市生产灯芯绒，他认为这个品种的卖价高，当时人工割绒可以使更多的人就业，而且用同样的原料可以取得较高价值的产品和较好的经济效益。他的建议受到了党和政府的高度重视并付诸实施。现在常州生产的灯芯绒已从手工割绒发展为机器割绒，并已成为国内的金牌产品，而且在国际上也有很高的声誉，为国家争得了荣誉，创造了大量的外汇。

又如国钧先生20世纪30年代在国外考察中，了解到东西各国兔毛织物盛行，认为“吾国地大，野草颇多，即养千万头亦不为多”，并且还算了一笔经济账，估计“一户养五百头，可得余利千元”，他认此“为吾国农民唯一之副业”，表示要将“一切详细养法，译成中文，分送各界，以便提倡”。但在旧社会里，广大农民处于水深火热之中，先生的愿望无法实现。新中国成立以后，国钧先生在省和市一些场合又多次呼吁，引起了各方面的重视，养兔事业逐步发展，现已成为农村中一大副业。

由于国钧先生重视了市场信息和情报调研工作，因而作出了一系列正确的较大的经营决策，经济效益十分明显，使企业得到了很大发展。大成自1930年创办开始，至1937年冬止，在不到八年的时间里，资金从50万元增加到400万元，纱锭从1万枚增至8万枚，由1个厂扩展为4个厂（常州的大成一、二、三厂和武汉的大成四厂），设备、资金都为初创时的8倍，经济学家马寅初先生在重庆时说过：“像大成这样8年增加8倍的速度，在民族工业中，实是一个罕见的奇迹。”

记得我是1947年进大成公司的，在1947年国钧先生派我至上海总公司工作，并在上海兼和新公司的棉花业务，要我每隔二周回常一次，向当时常州办事处的经理和三个工厂的厂长汇报上海的市场动态，沟通信息，以便及时作出正确的决策。

我深深体会到国钧先生事业的成就，很大程度上应归功于国钧先生的正确决策，而正确的决策又来源于收集大量的市场信息和可靠的特别是亲自进行的第一手情报调研，这一点在我们纺织工业面临国内外市场激烈竞争的今天，仍有其值得借鉴的现实意义。

成本求轻产品求精的管理理念

孙启仁

国钧先生是大成纺织染公司的创始人，自1930年开始迄1937年抗战军兴，这八年是他的事业大展宏图的年代，其发展速度之迅猛，处于当时同业的领先地位。我是大成前身大纶久记的练习生，做了一年多后随着进入了大成，有幸追随国钧先生，看到他管理工厂及其为人的各个方面，我也可以算是亲眼看到前后两个企业兴衰成败的见证人，说明国钧先生事业的成功，绝不是偶然的。现在我以一个学生和晚辈的身份，怀着钦佩和敬慕的心情，追忆其管理工厂的二三事，以表缅怀之意。

成本立求轻

国钧先生深知产品成本是工厂立足之本，不仅有关工厂盈利所在，而且是与同业竞争的关键，因此他对此非常重视。他常说成本方面有三个老虎，即白老虎（指用棉用纱）、花老虎（指机物料）、黑老虎（指用煤），要求大家在这三方面都要抱节约一点点的观点，后来就形成“三个一点点”的说法。以用棉为例，他是十分关注心中有数的，每件纱的用棉量多少、下脚多少是每月查询的；跑车间时对清棉、钢丝是否有落白现象也常抽查；甚至配棉成分有时也躬自参与。他学会了看花衣包括品级、长度、干湿，因而对此也有了发言权，只要不影响棉纱强力，总是取其短的，但又告诫有关人员注意配棉成分的稳定性，防止棉纱质量上出现波动。跑车间时在清花间拉各种棉包的丝毛，几乎是他的日常功课。此外也很注意各车间有无白花落地，他看到了就亲自把它捡起来。这种细微末节的地方，他都是认真对待的。在成本中，工缴也是一个重要组成部分，而其中工资比重较大，他力主挖掘潜力，减少每件纱的用工量，各道工序值车尽可能改计件制，做到多劳多得，鼓励积极性，经过一段时间的努力，包括建立制度、改进操作、单项操作测定、健全记录等，在扩大看台能力方面，都取得了明显的效果。这样用工量获得减少，同时工人收益也有所增加。此外，提高细纱产量，也是相对降低成本之一途。国钧先生在大成初期，即主张甲乙两班挂牌开展竞赛。当时国内一般水平是日产0.8磅，他号召全厂职工，细纱产量达到日产锭扯1磅，全厂开庆功大会。那时张一飞同志当考工（相当于现在的车间主任），蒋鸿文同志和我各为甲乙丙班的副领班（相当于现在的副值班长），回忆起来，当时真有点拼搏精神，不管日班夜班，围着25台细纱车转，几乎没有休息，一到落班，首先看本班产量，遇到生活好做，就加快车速，过了一段时间，你追我赶，真的达到了日产锭扯1磅的产量。当举行全厂庆功大会时，国钧先生在会上讲话，鼓励大家再接再厉，创造新的成绩，为厂增光，还宴请了全厂职工，当时欢欣热闹的场面，历历在目，抚思往事，激动不已。拿今天的情况来看，实微不足道，但在20世纪30年代初，确可称得上一个飞跃。总之，成本利润是他天天放在心上盘算的事，乃至每天的利润多少，心中有个大数的，每月账上结出来的数字，跟他心中一本账，大体是符合的。他在“文革”后回常州小住时，曾不止一次地跟我谈起如何掌握成本利润的不少细节，并说其实不难，经常盘盘熟了就心中有数。我认为国钧先生这一经验是十分重要的。

产品力求精

纱布质量也是国钧先生特别重视的，他几乎天天跑车间，认真检查各道半制品质量，特别是关键工序，例如，钢丝车的棉网，查看仔细，发现不匀或棉结多，就立即找领班，要机工修理，我也遇到过这类事，有时也查钢丝针布是否锋利。此外，试验间是必到的所在，因为有棉纱质量几个关键的样板、记录等，都集中在这里。记得有一次我做夜班，还未落班，他突然来临，查看格林簿，这是我的疏忽，最后一次试验纱的重量重了些，按规定要减轻一粒牙齿。他问我为什么不调整，我无词以对，他严厉地说："这纱卖给你！"我有些不知所措。事隔几十年，还记忆犹新。从此使我办事比较认真。他的这种办事精神，是他事业成功的一个方面，也使我们这班涉世未深的青年，由于他的楷模和影响，终身受益不浅。关于产品质量的提高，他还更深一层地注意设备的改造和新设备的添置。记得是1931年，首先把道勃生10000锭细纱由普通牵伸改为日东式皮圈大牵伸，还请来了日本人，锭子传动由一根油线传动一个锭子改为由一根锭带传动四个锭子，解决了许多质量上的问题。司马来10000锭原来是四罗拉大牵伸，当时算是新式的，但质量不如皮圈牵伸，后来也改成了皮圈大牵伸。此外还有一个值得一提的问题，为了控制细纱间温湿度，提高棉纱产质量，不惜以万元重金，聘请日本人设计安装了一套空调设置，还开了一口深井。以现在的角度来看，已是必备的条件，而且更进步了，但在当时国内还不多见。其后在创办大成三厂选择设备的问题上，也是一个鲜明的事例，宁肯以每万锭高出一般设备十余万元的代价，购置瑞士“利妥”，当时的领导层中是有不同看法的，但后来从使用的效果来看，产品质量确实是好的，棉纱价格可以在市上卖得高些。大成厂歌中有两句歌词：“成本力求轻，产品力求精”，国钧先生对此确是身体力行的。同时，大成所以能树立较好的厂风，和国钧先生日常工作的身教示范，也是分不开的。

工厂以工人为主体

国钧先生办好工厂的另一个重要经验，是把工厂以工人为主体的这一观点始终放在一个重要位置上。我是亲眼看到大纶久记因官僚办厂，管理腐败，因而导致连年工潮迭起，生产濒于停顿而告终的。而国钧先生办厂真是兢兢业业，身不离厂，在处理工人问题上，算得上深谋远虑，宽严得宜。新中国成立前，大成没有发生过一次工潮（应该说，没有发生过大的工潮，但是工潮还是发生过多次，例如：1935年3月7日深夜，因织布间领班吴国良殴打艺徒而引发了织布间全体机工和织布工的不满而罢工4小时。1937年9月初，因日寇轰炸常州，厂方未能及时发薪而引起钢丝间的罢工半天），而且与工人之间的相处，也是比较融洽的。国钧先生鉴于大纶久记管理工人，大权抓在工头手里，管理人员腐败无能的教训，大成初创还有这种现象，遂有毅然废止工头制，下决心招收练习生、艺徒、养成工之举，培养一代新人，作为自己的子弟兵，这是一个战略措施，没有远见卓识和巨大魄力是不可想象的。开始一段时间确也遇到一些困难，主要是技术工人有些衔接不上，但不几年就显示出它的预期效果，主要是上层的主张可以畅通无阻贯彻到底，我是当时的大练习生，感受体会特别深刻。国钧先生对一些留用的老年技工和宕管，也经常深入他们中间了解情况和意见，就我所知，有鼓励的也有谈家常的，有说有笑，取得了大部分上层工人的好感。在物质生活集体福利方面，也采取了不少有利于调动积极性的措施，在当时是超出一般同业的。有些照顾职工的诺言，也部分地兑现了，这对安定工人思想，解除他们的后顾之忧，是起到一定作用的。

我与国钧先生相处的时间，主要在抗战前的一段时间里，加之年辈关系，接触较少，知之不多，上述片段当然不足以概括他全部事业及其雄才大略，但我感到他的办厂经验和强烈的事业心，在今天还有值得借鉴的地方。当他1978年患病期间，一飞、容宽同志和我去宁探望，他还高兴地说："我们共事数十年，等我病好了，我们还要在一起，为党的社会主义建设事业，作一番贡献。"可以看出他一息尚存，奋斗不止的精神。

回忆灯芯绒在常州起始

朱觉生

20世纪30年代试制灯芯绒

1936年春，大成纺织染公司总经理刘国钧，大成二厂厂长朱希武，大成一、二两厂总工程师陆绍云和大成二厂染部技师查济民赴日本考察归来后，提出了“工厂生产日本化，产品生产大众化”的口号，首先在大成二厂由徐以仁负责全面推开计划管理，建立各种报表制度，及时反映生产情况。与无锡庆丰纱厂同时引进日本生产灯芯绒、平绒技术。同时在日本购进20台自动换梭机和20台自动换纡织机，安装于大成一厂作为实验设备。并在日本以巨款沟通日本工人，买进梭箱2台，纬平绒（当时大家称它为丝绒，染黑色的又称乌绒）布机踏综盘装置和牌楼一套及各种纱支浆纱一大束，分发大成一、二两厂作提高生产研究参考。纬平绒踏盘装置，起先在大成一厂，在总工程师陆绍云和工程师朱仙舫的领导下进行研究试织，未成。后刘国钧来大成二厂和我讲，要把纬平绒踏盘拿到二厂来研究生产，由于当时大成二厂310台织机均为龙头织机，并利用该龙头织机一并研究试织灯芯绒。我当时还是实习生，负责织造保全及纹工工作，对绒类织物生产从未做过，心中无底。刘说成败无所谓，并勉励我搞搞试试看。我当即同意了。踏综盘拿到二厂，我一看踏盘一片一片分开，每片磁盘大小又差不多，一时无法分清排列顺序，颇难入手。我翻遍了我学过的织造组织学，发现绒类织物组织有多种，经过分析研究，才有了轮廓，初拟出试制平绒、灯芯绒各一方案。刘国老看了我的织造成品后点头认可，当时适值染部技师查济民又准备赴日学习印染海昌蓝、安安蓝等方面的印染技术，同时在日本聘请日本割绒方面技师二名，一名叫野间，一名叫高原（实际上是两名日本浪人），以每人每月100日元的高薪（当时约合我国法币一百二三十元），还要供给高级伙食、烟酒，供其吃喝，并聘请日语翻译一人，每逢休假日还要到厂外或外地去游览。对挑绒工具及添设必须的整染设备如横刷机、竖刷机、上蜡机、圆滚喷煤烧毛机、球形拉幅机等，均通过上海日商东泰丰洋行代为办理向日本采办。同时，在大成二厂东首小粉池旁，将几间原来做绞纱漂炼供纱房改为坯布吃碱车间、割绒车间、坯布底板刮浆车间等等。由日本人高原主持试割。厂长朱希武派范致一、陶振椿为厂方负责人。我负责坯布织造工程。又在靖江招来青工一批，练习挑割工艺，学徒杨阿林等学习磨刀。当时割绒工作均是手工操作，是将半匹坯布一折两（一匹做二次割），绷紧在木质绷架上，用卷轴卷紧，撑手撑牢，勿使坯布松动，平整地绷紧在绷架上。两幅绷架中间空出人行道，由割绒工人来回跑动，进行挑割。初用一把刀，称单刀挑割，割绒工熟练后则用二把刀，称双刀挑割。当时每天工作12小时。一人一天工作要跑50余里路程，劳动强度及体力消耗很大，故必须青工才能胜任这项工作。为改善劳动条件，减轻体力消耗计，有的脚上穿溜冰鞋以加速工效。

日人高原，性格粗野，脾气古怪，时好时坏。特别是在他割绒时，厂里工人要去看看，他会暴跳如雷，动手打人，甚至用棒乱打，主要是怕我们工人学会割绒后，他的饭碗就会敲掉。平时饮食起居稍有不如意，也要乱发脾气。我们的割绒工人，像徐巧友等为了早日学会割绒与磨刀，只得在割绒车间外面爬在墙洞口偷看偷学。在平时还要对高原早晚侍奉。

克服困难　试制成功

学习挑割这项工作，主要是熟练问题，关键在于刀壳的修整，刀片的磨工和角度。必须在挑割时保持起毛长短统一，平整无高低，这种工艺高原是不肯放手教人的，只能偷看偷学，并看他每次磨出的刀形来弄懂刀片的要求。刀壳与刀片的原料，是由上海东泰丰洋行向日本采购制作的，刀壳的刀片是根据灯芯绒、纬平绒的坯布规格，就是说每条组织的宽度来制成刀片的阔度，使它符合割出分开的绒毛两端长度统一。刀壳的头子必须锐利，刀壳头稍微上翘，刀头光滑使它在挑绒时勿刺及底板使布面减少戳洞。刀片系钢质坚硬又带韧性和普钢热轧而成，把带钢性的一面平磨，普钢的一面根据斜面角度需要磨成斜度，这样刀口锋利，经久耐用，挑割方便。在磨刀时，还需特制竹片，中间开一长的侧槽，将刀片夹于中间，方可进行磨刀，以保证成形要求。

在开始挑割时，灯芯绒比较容易挑割，主要关键是坯布棉纱原料的棉结杂质要少，杂物切忌织入。织造时，经纱断了头要对接，可以减少戳洞，提高质量。但纬平绒就不那么容易。我在开始试织时，根据样品组织试织出来的坯布，给高原挑割时竟无法进行挑割，刀头伸不进绒层内，即使伸进绒层亦非常难挑割，为此高原几次动手要打我。我将他从日本带来的坯布样品，和我织的坯布一根一根地核对给他看，组织情况完全一样，高原一时也说不清是什么问题，只是说不好挑割，要我改进。后来，我又反复分析了两种坯布的不同之处，发现日本坯布绒层与底板之间空隙比我试织的坯布要大，不像我织的坯布那样绒层紧贴在底板上面。这样我便在织机上做了很多工作，改变工艺参数，特别在改变经纬置线上做了大量工作，把织出的各种不同参数的坯布给高原试挑。情况虽有好转，但不能根本解决问题。挑割出来的绒面有规律性的隐条，戳洞情况还经常有发生。经过这样的试验，证明坯布还留着很多问题，使我坐卧不安，后经十余天的冥思苦想，终于想出了改变穿综法，由顺穿改为飞穿法，使地组织每根经纱织造时所受的涨力相同，绒面每根经纱的涨力也完全相同，使经纬组织每花组织受力完全相同，同时放低织机后梁高度，地组织呈方眼布状。这样一来，经高原试挑割后，情况大有好转，高原高兴得简直要跳起来，同时将大拇指翘起来说比日本织的坯布还要好挑割。布面上的绒面规律性隐条亦同时消失。

通过解决织造与挑割中存在的问题，厂里决定扩大生产，平绒方面有杂色平绒、印花平绒和乌绒等品种，并已包装成盒准备投放市场。由于日军侵略，厂里不得不将成品转运内地四川出售，大成二厂于1937年11月被日机炸毁。

1945年8月15日，日本宣布无条件投降，常州纺织工业进入战后恢复发展的阶段。1948年，刘国钧决定购进常州丁堰通成纱厂旧大明纺织染公司作为丁堰工场厂址，准备建成纺织染联合工厂，由查济民任经理。刘国钧和查济民邀我到该厂任工程师，并提出要我生产平绒和灯芯绒。又在上海购进一套平绒染整设备，如横刷机、竖刷机、圆筒烧毛机、甩水机、上蜡机、球形拉幅机、染缸等一整套简单设备，准备进行生产平绒和灯芯绒。并要我寻找当时在大成二厂的挑割人员如张志庚等几位老同事，即在大明进行试织，并进行试挑割。但不多时，由于资金周转困难不得不停产转向改织漂白坯布供应市场，以维持开支。

多次改良　终获成功

新中国成立后，刘国钧在北京开会时，曾受到中央领导同志多次接见，刘曾谈起开发灯芯绒、平绒生产，争取外销换取外汇，均获赞许。刘国钧回常后和我商量，准备租赁华昌染织厂（现常州色织厂）开办绒织厂。但因双方租赁条件未达成协议而告终。1950年，大成二厂又进行灯芯绒试制工作。

1954年，本市嘉声布厂首先开了20台铁木织机，进行试制灯芯绒，但由于机身经纬密达不到要求，加上其他设备条件和工人操作技术的限制，织出的灯芯绒质量差、成本高，劳动生产率也很低（一个人只能看一二台车）。挑割后整理力量又缺乏，不能适应人民需要而停产。1956年，全行业公私合营以后，同新布厂于4月起试织灯芯绒，12月试制成功。工程师陈匡时，抗战前曾在无锡庆丰纱厂任职，与大成同一时期进口灯芯绒、平绒技术，亦请过日本技术人员来厂试制灯芯绒、平绒生产。刘国钧在同常州市纺工局副局长朱希武商量发展常州灯芯绒生产时，获悉陈匡时抗战时在青岛亦搞过灯芯绒，决定请陈匡时试制（我当时胃穿孔大出血，休假一年左右未能参加）。朱、陈相伴来舍间面谈，我当即将所有在大成二厂试织的灯芯绒资料、国外产品样本（日本与英国的）和生产资料一并交陈匡时。大明厂的染整设备也由局调九丰染厂，成为绒布染整厂。1955年，政府为解决失业工人生活问题，批准大光明梗片厂转业为利民割绒厂，为常州灯芯绒“一条龙”生产打下基础。1956年，同新布厂陈匡时工程师试制了平绒和提花灯芯绒坯布。由于利民割绒厂从未割过，一筹莫展。为解决产品上马，由我介绍抗战前在大成二厂割平绒的徐巧友传授割绒技术，以资解围，同年年底就割出了10匹平绒，但坯布织造工艺三格一的问题严重，平绒质量不够理想。到1963年，民华布厂开始生产纬平绒时，经过工艺革新后，才解决三格一问题，使割平绒质量创出了新局面。1958年“大跃进”开始，我调入常州钢铁公司，筹建年产60万吨钢的联合企业（后根据中央八字方针的指示改为常州钢铁厂）。据我所知，工程师陈匡时在同庆布厂，为适应广大人民群众的需要，将原来只生产10余种花型品种提花灯芯绒的同庆布厂，大量发展花型品种，使之成为国内第一个织提花灯芯绒的专业厂。在扩大灯芯绒生产的同时，也进行了平绒试织。经过几年，数百次不同规格、不同组织的试验，质量上绒毛的丰满及均匀度均未达到要求。经研究，认为是三格一系组织关系所致。上海绒布厂在进行试验时，亦因质量不过关而告终。当年，常州404中条灯芯绒，在上海参加质量评比时，常州灯芯绒荣获全国第一，以后全国各地都到常州来交流经验，国外也来订货，常州灯芯绒就此出了名。现在灯芯绒品种单提花的就有100余种，如果按不同颜色、花型、条子来分，总数达三四百种之多。畅销全国，蜚声海外。

试制平绒成功

1963年8月，我从常州钢铁厂调回纺工报到，张英杰和朱希武两位局长找我谈，说我对平绒有一定基础，而且平绒质量问题亟待解决，特别是三格一问题，我就欣然接受了这一光荣任务。在民华经过两个多月的试验，进行了一系列的摸索和改革，成效日见明朗。诸如卷取部分变换牙轮，送经部分由“双丝罗旋”改为“单丝罗旋”，后梁后移，边撑采用八片铜环式过撑，紧张力增加张力棍，过去工程师陈匡时曾把龙头织机改为五片踏盘组合。我根据飞穿法重新设计了踏盘并改为四片，穿综方法由过去123452顺穿法改为

142534、152435的飞穿法。1963年11月，“一条龙”协作组织为进一步提高绒类产品质量，应负责人邹克毅邀请，我在九丰召开的提高印染成品光泽、手感质量会议上，提出对割绒成品的看法：每条绒割出的绒毛，务必分割的绒毛长短统一，不能一面长、一面短，不能倒毛（倒毛就是长短毛）。当时研究决定，由利民割绒厂根据原来认为符合要求的绒毛割10匹试样，另外根据我的要求由民华同样割10匹试样，进行后整理试验对比，果然是泾渭分明。同时，我看了九丰厂烧毛工序存在的问题，用汽油或铜板烧毛缺点很多，建议改用圆筒烧毛机进行烧毛工艺（圆筒烧毛机系大明厂调来的）。通过试验确实效果独特，非但绒毛均匀，难题得到迎刃而解，而且三格一的弊病自然消失。同时通过坯布吃碱改善了柔软程度，质量有所突破，基本达到国际水平。11月，中纺部委托江苏省纺织工业厅、上海纺织局等几十个单位来常召开割纬平绒技艺产品质量鉴定会议，基本肯定合格。上海外贸公司认为产品基本符合出口要求，特来电视贺割纬平绒试制成功，并提出订货计划。全国各地也都纷纷进行试织，如北京、天津、邢台等地。同时，上海、沈阳、山东等兄弟地区亦派人来参观交流和学习技术、操作经验。但由于技术方面颇难掌握，并由于技术条件及设备未能过关，均陆续停止生产，而民华割纬平绒在生产中多次革新、提炼，被国家列为定型产品。1964年11月荣获1963年度国家新品种三等奖，担负起制作解放军红领章坯布的唯一生产厂的光荣任务。

回忆棉型绒类织物灯芯绒、平绒立足常州生产的历程，感慨万千，由于本市工商界先辈刘国钧的建议，党和毛主席的英明决定，再加上各级领导的重视与大力帮助督促，才有今天获得线类织物的金牌奖。展望未来，锦绣前程乐无穷，告慰先辈奋进中。

花大力气提高员工素质

高进勇

刘国钧极其重视职业教育。由于刘国钧抓住了职业教育这个重要环节，花大力气提高了员工的素质，使其所办的企业，在激烈的市场竞争中立于不败之地。因此，大成纺织染公司成为“名厂”，而工厂生产的产品“大成蓝布”“六鹤棉纱”“蝶球色布”成为“名牌”，刘国钧本人也成了“名人”。

刘国钧重视职业教育不是凭空而来，而是有个认识过程。我们可以从下面三个内容来说明：

结交著名职业教育家黄炎培

在1928年，刘国钧到上海办事，他住在中国旅行社，中国旅行社是上海商业储蓄银行办的。总经理陈光甫是金融巨头，江浙财阀的领头人物，他极力支持黄炎培的职业教育，并捐款赞助。所以，在中国旅行社的房间都放有黄炎培办的中华职业教育社的机关刊物——《教育与职业》作为向社会各界的宣传品。那天，刘国钧在房间里偶然翻翻看看。当他翻阅到1926年第71期上刊登的黄炎培的文章非常吸引他。他十分欣赏黄炎培提出的“大职业教育主义”。黄炎培写道：“社会是整体，不和别的部分联络，这部分休想办好。别部分没有办好，这部分很难办好的。譬如，农业学校和农家联络，工业学校与工厂联络，是不用说了。可是，在腐败政治底下，地方水利没有办好，忽而水，忽而旱，农业是不会好的。在外人强力压迫底下，关税丧失主权，国货输出种种受亏，外货输入种种受益，工业是办不好的。农工业不会好，农工教育哪会发达呢？国家政治清明，社会组织完备，经济制度稳固，犹人之元气浑然，脉络贯通，百体从令，什么事业会好。反是，什么事业都不会好。所以，提倡职业教育，单从农、工、商、报业界做工作还是不行的。”还说：“办职业学校，须同时和一切教育界、职业界努力沟通和联络；提倡职业教育的，同时，须分一部分精神，参加社会运动……参与一切，有最大度量，容纳一切，大胆地称他‘大职业教育主义’。”

刘国钧读到此处，拍案叫绝。他想到自己自身的经历，那种求读无门、求职无地的情景，跃然在脑海闪现。心想：“若是按黄炎培的主张，天下贫苦的青年就有活路。他们再也不会像我从前那样受苦受难了。我要去见见这位有识之士。”

办完业务，刘国钧就雇了黄包车到陆家浜，见到黄炎培。黄炎培不是一般人物，他曾是清朝秀才、举人，留学日本，参加辛亥革命，担任过江苏省教育司长的有名望的人物。但是，他对来自常州的小实业家刘国钧的来访，亲自接待，十分热情。他为刘国钧介绍了中华职业教育社的杨卫玉、潘仰尧、姚惠泉等人，还亲自陪同他参观中华职业学校的珐琅科、机械科、商科、土木科和实习工厂。

通过参观，刘国钧很有感触，他认为：“办职业教育的目的是：为个人谋生之预备；为个人服务社会之预备；为世界及国家增进生产能力之预备。一句话，是为国为民之良策也。”

刘国钧因重视职业教育与黄炎培等人结交，不仅使他成为职业教育的推崇者，更重要的是，黄炎培等友人，影响了刘国钧一生的前途。黄炎培是杰出的民主斗士，他是民盟、民建两个民主党派的创始人之一，新中国成立后，是政务院副总理，是刘国钧参加民建的介绍人，对刘国钧彷徨在香港返回祖国大陆，有深刻的影响。杨卫玉新中国成立后是轻工业部副部长。潘仰尧是经济学家，对刘国钧经营之道的总结和宣传起到了重要的作用。刘国钧写的《扩大纱锭计划刍议》一书，主要是由潘仰尧等筹划的。姚惠泉在创办农村改进试验区非常有成就，新中国成立后，曾任苏南人代会秘书长。对刘国钧和大成纺织染公司的改革都有一定的影响。

刘国钧对中华职业教育社的资助是巨大的。在抗日战争期间，中华职业教育社的经济非常困难，刘国钧就为他们筹资做生意，赚了许多钱，为职业教育作出了贡献。

聘请常州教育家顾峤若担任训育主任

刘国钧受到了黄炎培的启示，致力于提倡职业教育。当时，初建的大成纺织染公司，所用的人员绝大部分系大纶久记纱厂的老员工，少数职员由上海请来。管理人员只会记记账，做些事务性工作，管理水平很低。要推行管理制度，树立新的风尚，阻力颇大。有鉴于此，刘国钧以高薪聘任顾峤若为大成纺织染公司训育主任。

在顾峤若到职后，他们商量决定，招收青年员工加以培训，建立新的后备力量。培养三类对象：一是练习生，是管理人员的后备力量；二是学徒，是机工的后备力量；三是养成工，是各类值车工的后备力量。先后招收练习生四五十人；学徒100多人；养成2000余人。他们日后成了大成纺织染公司的主要生产骨干力量。

同时，又抓紧原有员工的业余教育，举办夜校，借以提高老员工的技术、业务、文化知识。一是开办管理人员训练班，由厂里的工程师、高级职员，或聘请社会上有专长的知名人士讲课。内容是讲授纺织知识，数学、绘图、英语、日语乃至习字、珠算等课程。规定任何人不得无故缺席，年终进行考试，成绩前三名者，给予物质资助，在加薪时作为参考因素。二是开办机目、机工训练班，由管理人员当教师，开设文化课程，如语文、算术等，还重点讲授机械构造、机械检修常识，厂规、车间管理制度等。三是开办值车女工训练班和工人补习学校，决定在工作时间12小时中抽出一小时，给工人轮流教授国语、常识及工场规则，操作方法。使值车工成为读书明理的人。

刘国钧对职业教育有他自己的一套观念。他在大成纺织染公司编印的《管理教育》和《部门工作规则》的“前言”中说道：“19世纪以来，机器业日见进步，工厂范围亦日渐扩大，聚集人群在一地工作，用压力以管理之，今之主办工务者，皆异口同声谓为非计，现代各厂商皆提倡工人教育，设教室，聘教师以训导，并授以日用知识，又设工人子弟的学校，兼办托儿所及娱乐事项，提高工人人格，俾工人纳入正轨，消灭邪心，实现正气，冀工人咸乐以工厂为家，饮食以之，教育以之，子女以之，学业亦以之，恋而不去，以此终古，巧匠良工，实力任事，计至良，法至善也。训导目标，当以工作为人们之职，服从为服务要素，素食布衣，勤劳节俭，各工厂之生活，自能宽裕如也，能如是，即孟子所谓‘养生丧死无憾’，工人之衣食足，则工人之品性入于驯良之境，反乎是则犹如驱鹿豕工作，何能希冀出口精良，工潮之不兴波？！今之提倡工人教育，其殆我国工业管理之进化欤？”

刘国钧的心血没有白费，管理人员从此基本上具备了设备、工艺知识，摆脱了受制于机目的状态；学徒逐步替代了机工，革去了陋习，管理人员可以直接指挥他们；养成工队伍壮大，宕管的权势旁落，车间调度不再受到牵制。从上而下，贯彻措施，推行工作，畅通无阻，刘国钧通过进行职业教育，真正掌握了工厂的管理大权。

刘国钧的职业教育实践

在抗日战争期间的1942年，刘国钧往返于重庆、上海之间，虽则处于战乱之中，随时会有生命之虞，但他仍然热心职业教育事业，出任上海纺织工业专科学校董事。他经常关心学员的学业和学校的发展，出钱出力，十分热忱。1948年5月，刘国钧特为第二、三、四届毕业生题词："积缕成布，业勤于精，学以致用，衣服苍生。"

新中国成立后，他想到自己幼年因家贫只读八个月私塾，想读书而没能力继续读书，这种心理的痛苦，比缺吃少穿的生理痛苦更甚。因此，他决心为新中国培养优秀建设人才，在重教兴学方面有所作为。于是，他以张謇"父教育母实业"的宗旨，在1951年7月着手创办常州纺织学院。

商借常州中山纪念堂为筹建办事处，处理日常事务。这种利国、利民、地方的大好事，很快得到人民政府和各界人士的支持和赞誉。他与张允溪携手共创，经过一番奔波，集资筹款、考察院校、延聘教席、酝酿招生，并选中常州兴隆巷赵家花园为校址，请人设计图纸，紧锣密鼓地进行筹建工作。不久，中央提出对原有的纺织院校进行改组、调整，常州纺织学院就无筹建的必要了。

为此，刘国钧将精力、财力转向大成纺织染公司的普及职业教育，不断提高职工的科学技术水平。新中国成立初期的大成纺织染公司生产技术水平较低，劳动密集度高，多数工人主要从事简单重复的运转操作及生产辅助工作。职工中女工多，来自贫穷落后的农村多，科学文化知识水平低，文盲、半文盲占职工总数60%至70%，具有初中以上文化程度的职工不足20%。刘国钧决心改变这种落后面貌，大力提倡职业教育，他积极与工会密切合作：一是以举办教学为主的识字班、业余小学班，发展到初中班、高中班，逐步提高职工的文化知识水平；二是为了提高产量，改进质量，降低消耗，结合生产需要，举办各种技术操作培训班；三是举办半年以上脱产学习的技术训练班，培养生产技术骨干。工会组织领导有方，职工学习努力，大成纺织染公司的职业教育取得了显著成绩。

当国家三年经济严重困难时期，刘国钧眼见常州工业专科学校停办，各类技工学校纷纷下马，他十分焦急。于是，他在1962年捐资10万元，创立民办常州勤业机电学校。该校不断巩固发展，上升为常州无线电学校，成为省重点中专学校（现为常州信息工程职业学院）。

刘国钧执着的办学精神，热衷于职业教育工作，功不可没。

刘国钧的女儿刘璧如、女婿查济民、幼子刘汉良等亲属，继承发扬父辈优良传统，更上一层楼，非常重视现代职业教育事业，捐赠100万美元设立基金会，于1989年支持人民政府创办常州市刘国钧职业教育中心。并陆续资助建立刘鞠秀图书馆、刘汉堃体育馆。刘国钧职业教育中心被国家教委认定为国家级重点职业高级中学（现为常州刘国钧高等职业技术学校）。

第三章

眼睛向外：布局海外及港台市场

四上日本

高进勇

爱国实业家刘国钧先生，四上日本考察，学习日本的先进企业管理思想，引进日本先进纺织机器设备，物色聘用日本专业技术人才。他经营的大成纺织染公司，在竞争中崛起，在困境中壮大，在同行中领先，达到了洋为中用现代化的目标。

1924年7月，刘国钧在广益染织厂任经理时，偕精通日语的上海陈清培、严光第一行三人，从上海乘“北番丸”轮船，直航日本长崎港转神户港，进行考察。作为翻译和向导的陈清培，带领他们参观了十多家纺织厂。刘国钧发现日本布厂已在排装新式织机，拆下等于废铁的旧机，出售给中国厂商。他对严光第说：“日本讲究改善出品，精益求精，日本用新式机织布，我等用旧式机织布，在市场竞销中，安能与其并驾齐驱？必然落在日货之后。”严光第问他如何打算？刘国钧说：“我要下决心淘汰自己厂里的木机、铁木机，购买日本丰田式电动布机，增加整染设备，扩大花色品种，生产蓝布、元布、漂布、绒布、绉皮布、贡呢和哔叽，以此与日货抗衡。”言必行、行必果的刘国钧，在翌年就将广益染织厂的手动筒子、纡子车改为电动车，提高了产品质量和产量。1927年，刘国钧又添置日本先进的织机、浆纱机、焙烘机、拉幅机等40多台设备，使广益染织厂真正成为常州地区最大最先进的染织厂。

1930年2月，刘国钧接盘大纶久记纱厂，创办大成纺织染公司。他想到1924年东渡日本考察已有6个年头，那时是考察的织布，现在从事纺纱，拟扩充设备，以增强企业竞争能力。他历来主张竞争对手应是外商，主要是日本。于是，他于1931年秋天，率领大成公司工务长陆绍云、广益染织厂厂长朱希武，再次考察日本。

当他们踏上日本国土时，正是日本军国主义制造“九一八”事变前后，日本对中国人极为歧视，更由于刘国钧等人是经营纺织厂的行家，许多工厂拒绝他们参观，因此饱尝“闭门羹”之苦。他忍不住日本人的冷遇，提前返回上海。

刘国钧并不急于回到常州，而与同行者一起住在旅馆里讨论赴日考察的收获。他们认为，这次在日本的考察时间虽然很短，参观的工厂不多，但是，由于是行家，内行看门道，收获颇多。刘国钧认为最大的启示是：在纺织方面与外商竞争，非其敌手，其中的主要原因是中国的厂家小而散，没有形成全能企业。因此，只有发展纺织印染全能企业，才能与其抗衡。染而不织，织而不纺，一遇交通阻碍或市场波动，原料一旦中断，生产势必停顿。必须彼此衔接，一气呵成，而能减轻成本，造福社会。接着，刘国钧在1931年10月的大成公司股东会议上，提出广益染织厂与大成公司合并，成立纺织印染全能企业。翌年1月，广益染织厂作为刘国钧的私股，正式并入大成纺织染公司。

刘国钧当时的出发点着眼于企业的现实利益，使他万万想不到的是，他发端的纺织印染联合企业，竟然奇迹般地使大成公司抵挡住日本在华纱厂的大量倾销，度过了国内从1931年至1936年棉纺业的巨大危机，化险为夷，求得自身的迅速发展。加之，漂染印花也在1932年至1935年之间，不仅没有受到危机的影响，相反得到很大的扩张，仅以1935年的统计，全国华商漂染印花业的盈利率为5.1%，外商在华企业一般盈利率为14.6%，而实现纺织印染联合企业的大成公司，利润率竟达到16%，确实是“罕见的奇迹”。

1934年初，刘国钧接到上海进口商寄来的日本平绒、灯芯绒样布，只见布面的绒毛可与呢绒媲美，身骨厚实牢固，而价格要比呢绒便宜得多，他决定开发这个新产品。可是，国内不论华商、外商的纱厂均不生产，无鉴可借。于是，他在1934年春，偕夫人鞠秀英、长子刘汉堃及陆绍云、华笃安、查济民等6人，同赴日本，考察平绒、灯芯绒的生产经验。

陆绍云是日本留学生，一切参观事宜均由他接洽安排。开始参观几个厂比较顺利，因为厂方认为刘国钧一行是从事商业批发的，冀求多做生意而热忱接待。后到一家纱厂，接待的日本人，曾在上海工作过，对刘国钧经营广益染织厂和大成公司是了解的，勉强陪同参观一下。因为刘国钧的真实身份暴露，许多工厂有的推托修理机器设备，有的参观一半就请喝茶、吃点心，下变相逐客令，参观几乎中断。于是，陆绍云找到一位在日本纱厂联合会的同学，介绍参观几家工厂，先还可以，以后也不接待了。

刘国钧当机立断，让陆绍云联系到小地方、小工厂去参观，他们辗转来到静冈县滨淞工业试验场，实地参观农村普及生产平绒、灯芯绒的生产过程，终于掌握了技术要求。回国时，刘国钧以高于市场20倍的价格买到一把制作平绒、灯芯绒的割刀；购买了一套生产平绒、灯芯绒的机器设备；聘请了一位从事教练挑割平绒、灯芯绒的技师。经过两年多的试制，克服了重重困难，终于在1937年生产出几千匹平绒、灯芯绒，投放市场，使大成公司获得丰富的利润，并开创国内生产平绒、灯芯绒的先河。

1935年5月，刘国钧率领武进县工业联合会赴日考察团，一行多人，第四次东渡扶桑，参观了帝国大学，考察大小工厂50余家，历时两个半月。刘国钧对日本重视国民教育事业，普及民众道德教育，留下深刻印象。同时对日本的兔毛织物的生产，颇有心得。

回国后，他更加重视教育事业的投入，先后担任奔牛树人中学校董、南通纺织学院董事、上海纺织专科学校董事等。新中国成立后，他与张允溪联手，积极筹建常州纺织学院。1962年秋，他响应周恩来总理的号召，出资30万元，资助社会办学。同时，他出资10万元，创办常州勤业机电学校（常州信息学院前身）。

对于兔毛织物的生产，刘国钧回国后到处演说提倡，并出版小册子，倡导农村以养兔增加收入，克服贫困生活。直到1962年，他还将提倡养兔作为农民度过三年自然灾害困难时期的决策，收到良好的经济效益和社会效益。

刘国钧四上日本考察，及时吸收先进管理思想和引进先进技术设备，使大成公司能跻身国际纺织工业的竞争行列，在国内众多纺织企业纷纷倒闭、停歇、转产、抵押的颓势下，唯独他经营的大成公司，欣欣向荣。在1930年至1937年的8年之间，1个厂发展到4个厂，10000枚纱锭发展到82500枚，260台织机发展到2557台，以及日产5000匹色布的全套漂染设备；注册资金从50万元发展到400万元；8年翻了8倍，成为罕见的奇迹。

（原载于2002年第3期《古代管理思想研究》）

八赴香港

高进勇

爱国实业家刘国钧一生曾八次赴香港，目睹和经历了香港的政治和经济变化。他既对英国、日本侵略我国领土香港十分愤慨，又对香港的自由港条件加以充分利用；既有利于自己的创业活动，又对祖国的经济建设作出了贡献。

大成四厂的归宿

1938年8月1日，上海安达纱厂着手规模设计，添建、改建厂房，安装机器，开始排车。最初有1.5万枚纱锭，生产“飞虎牌”棉纱。管理人员和操作工人，均由大成一厂调去，生产管理完全沿袭大成一厂的一套，财务由大成公司统一核算。

沦陷区的善后工作，有如此好的结局，刘国钧已是心满意足。

突然，刘国钧接到刘丕基从汉口的来电，催促他速去香港会见刘笃生，议决有关大成四厂的大事。他把上海和常州的事务，分别交代给刘靖基与华笃安，匆匆地乘上美国“塔夫脱总统号”邮船赶赴香港。

那时，从内地进入香港，来往没有限制。香港原属广东省东莞县，全岛面积不过80平方公里，长度东46.8公里，南北3.28公里。四周环山，最高点约为550米；港内水域宽深，形势险要，扼珠江的咽喉。到广州的路程约145公里。构成香港地区的有香港岛、南北九龙半岛和新界以及周围200多个大小岛屿，共计1062平方公里。香港98%以上的居民是中国同胞，抗战前夕为80万人，抗战开始后增加到200万人。

“七七事变”以后，赴香港的政界人物十分频繁，香港成为中国的海外政治中心。工商业者来回香港，络绎不绝，使香港、九龙呈现一派繁荣景象。大批流亡人员避居香港九龙，德辅道、皇后道、弥敦道，诸如此类的商业区更加繁华起来。是一个暂时没有遭受战乱的“世外桃源”。

刘国钧下榻大中国酒家，立刻约见刘笃生。一见面，刘笃生告知：“日军日益逼近武汉三镇，大成四厂如何处置，已是迫在眉睫的问题，我们将在香港召集震寰公司董事会议决。”

他虑及此事颇为重大，也通知大成公司董事聚集香港会议。

刘国钧想起常州沦陷时，大成公司三爿厂仓促后撤，遭受巨大损失的教训，而武汉的大成四厂又面临劫难。于是，他利用等候董事们来港的时机，频繁拜访早已避难香港的社会贤达、工商业巨子，千方百计探听抗战信息，从而研究对策，妥善布置大成四厂的撤退和一切善后事宜。

刘国钧每天与汉口的刘丕基通电、通信。有时，深更半夜想到重要问题或什么关键良策，即刻拟电发出。有时，通宵达旦写信，筹划具体措施，指导武昌大成四厂的应变办法，努力使损失降低到最低程度。

这时的武汉，已经是惊弓之鸟了。日军以凌厉的攻势直逼武汉。国民政府在内迁沿海工厂时，只是从单纯的军事观点出发，迁移能制造枪炮弹药的机器厂和化工厂，根本没有把轻纺工业放在眼里。到了武汉危急时，蒋介石才意识到战时后方军民急需被服供应，才慌忙把内迁纺织厂提到议事日程。

于是，刘国钧的武昌大成四厂成了重要目标，当局规定，其内迁的纱锭不能低于1.5万枚。

由于大成四厂是大成公司与震寰公司合办，对内迁的问题，内部思想十分复杂。大成公司的人员以为，日军已兵临城下，国不将国，何以为家，不论为国还是为家，都应将大成四厂尽早迁去重庆，以保万无一失。震寰公司人员都是当地人，留恋家乡，不愿内迁。有的以为，武汉虽然保不住，但是战争不会一直打下去，必有议和之日。如果我军胜利，武汉自复为我有，并且有成为首都的可能；如果我军失败，则割地求和，最多割去南京、上海，甚至芜湖、九江等沿海地区，而武汉和西南地区则不会被割让的。争论相当激烈。但是，大成四厂依然抓紧生产，丝毫不放松。因为，上海、苏州、无锡、常州等地均已陷落敌手，纱厂都已停歇，而市场上纱布十分走俏，价格猛涨，利市在10倍以上。刘丕基将武汉情况电告刘国钧，刘国钧叮嘱："要拼命抓住这个时机，为大成四厂挣最后一笔厚利！"

从6月中旬开始，武汉动手拆迁。由于刘国钧在上海筹建安达纱厂，而震寰公司的股东们在动乱之际有新的所图，蓄意收回自办。故此，大成四厂按兵不动，借故反对迁厂。当局多次催促拆迁，刘笃生决定赴香港召集董事会并与刘国钧商谈大成四厂的前途问题。

8月5日，马当防线失陷，武汉朝不保夕，国民政府下令各机关人员必须在5天内迁往重庆。与此同时，蒋介石手令武汉各纱厂限期拆迁，否则全部就地炸毁。鉴于命令紧迫，大成四厂勉强拆迁1万枚纱锭。因为大成公司是租赁震寰纱厂的，拆迁由震寰公司自己主持，所以，1万枚纱锭只运到沙市就不运了。他们认为，足不出湖北，机器还是自己说了算。8月7日，工矿调整处再次召集各纱厂开会，限日停止生产，立即内迁。10日，工矿调整处派出人员进驻各纱厂监督拆迁，按照工作进程，每天具报。12日，敌机大肆轰炸武昌徐家棚、刘家庙一带，日军从三面逼进武汉，大成四厂危在旦夕。因此，工矿调整处作了决定，并颁布命令：“关于震寰纱厂的拆迁，令大成四厂厂长刘丕基负责，震寰公司不得阻挠。”至此，大成四厂才被工矿调整处强行拆迁，并负担7万元的工人疏散费。

刘丕基立即积极组织拆迁，将尚未拆迁的1.6万枚纱锭和所有马达传动设备以及物料等，由铁路迅速运到陕西宝鸡。同时，他将滞留在沙市的1万枚纱锭启运到宜昌。结果，大成公司从常州抢运到汉口的3000枚残缺不全的纱锭倒反未及运出，成了日军的“战利品”。

……

刘国钧在香港得悉武昌大成四厂在准备撤退，自己耐心等待与刘笃生商讨大成四厂的归宿。

刘国钧居住的大中国酒家，吸鸦片烟和赌博的人极多，每天午后一二时，即见有众多的面团团而腹便便者，环坐各室，大打特打麻将牌，非至翌晨五六时不肯停歇。还有其他种种赌博花样。他们在赌博间隙，或吸鸦片，或食物，或唤歌童，或戏舞女，无所不为。此等国人不觉中国有何国难。

香港、九龙居民喜穿洋装，以妇女为尤甚，袒臂露胸，浓眉高履。较为阔绰的男子，每日除消费三次茶点、两次正餐外，即借打麻将与吸鸦片两件事以为消遣。闹区的酒家，五步一楼，十步一阁，金碧辉煌，建筑俏丽，人声喧嚷，座无虚席，烟气四溢，牌声震耳。目睹这颗所谓的“东方明珠”，他确实感到是祖国从鸦片战争以来的奇耻大辱。

他发现香港之商业情形，有一个特别现象，绝少中小资本之商店。先施、永安、先先等各大公司；金陵、中山等各大酒家；粤南、华云各茶居；陈嘉庚公司、永康保险公司，等等，资本均以数万、数十万或数百万计。其他各商店，外相虽极简陋，而一考其商品内容，其资本未有不逾数万者。肩挑背负，设摊求售之小商贩极多，本轻利重，每月获利亦不少。

香港是宴乐之地，金迷纸醉，涉足其间，若非修养有素，往往不能自拔。燕语莺声之妓院、堂皇富丽之酒家、建筑精美设备周全之茶居、游戏场、影戏院等，皆供人游览和享乐。普通商人所常出入者为茶居，故每天下午四五时后，各茶居莫不人山人海，座无虚席。刘国钧洁身自好，从不进出这种场所。

香港的气候温和，山林优美，终年不凋，楼阁凌云，超尘拔俗。每当夕阳西下，步履于青山之下、绿水之旁，真令人有飘飘羽化之想。刘国钧痛感，如此锦绣山河沦于异域，当局政府竟无意收回，更是软弱无能……

大成公司的董事、监事，陆续会齐香港大中国酒家，因战事而缺席的不少。刘国钧将沦陷区常州三爿工厂的损失情况，在孤岛上海新办的安达纱厂和武昌大成四厂的生产经营情况，向董事、监事们作了报告。

当谈及武昌大成四厂状况时，刘国钧说："根据刘笃生在港的谈话，丕基先生从武汉的来电，约略向诸位报告：5月，徐州失守后，日军步步逼近，战事日渐西移。武汉形势岌岌可危。8月1日和7日，武汉当局两次召开各纱厂负责人会议，布置内迁事宜。明令：'限三天之内动手拆迁，否则炸毁厂房机器。'以此胁迫。"

"听说，震寰公司方面有摆脱我们大成公司的迹象，此事是否确实？"一位董事询问道。

刘国钧颔首答道："大成四厂盈利颇丰，因是合营企业，按照利益分配原则，震寰公司是双进账，可分享合营其利，收租亦是坐享其成。但是，大成四厂毕竟属于出租性质，合办主角理所当然是我们大成公司担当，震寰公司方面，觉得虽有副厂长、驻厂稽查员、驻厂工程师各一名，负有监督和检察工厂全部生产、销售、财务等职责，但是，以为名不副实，仅为摆设，起不到任何作用，对厂务难以问津，常有掣肘之感。特别在最近，在官息红利的分配上，他们感到更是不能插手，为此，大为恼火不满，多次无理指责我们不遵守原约，并呈文官厅控告，饬吾速拿出分配方案。"他叹了口气，伤感地说："想当年，要不是我们与其合营，震寰纱厂的机器恐怕全部要锈坏了。可今朝，使震寰纱厂起死回生后，他们又见利忘义了。适逢战事吃紧，当局命令内迁，他们趁机提出与我们散伙，欲在内迁后，能独立门面，重新开厂。"

另一位董事提出："请问刘总经理，大成四厂合营22个月，共盈利多少？"

"按合营利益分配原则，六四分拆，大成公司可分得现款108.6万元，原材料25.8万元，合计134.4万元。加上自然人资格加入股本和红利，总计可收入200多万元之谱。"

会场上顿时哗然，董事、监事们出乎意外，大成四厂竟有如此丰厚盈利，大成公司认股30万元，经营22个月，分得200多万元，获利近7倍！刘国钧见到同仁们雀跃般的欢腾情景，感到自己没有辜负众人的重托，内心甚感欣慰。瞬息，又面对严峻的战局，不禁愁容满面，问道："诸位，是分是合，请发表高见！"

几乎董事、监事们个个表示，震寰公司方面既同床异梦，勉强不得。俗话说，"强扭的瓜不甜"。况且，只有提前散伙，才能保持可分得的巨额利润。否则，在内迁中一旦遇到意外，犹如到口的肥肉，得而复失，这一切将成泡影。他们是一些极其现实的企业家，信奉"任何钱财，只有捏在自己手掌里，才是自己的"信条，何况，常州沦陷在先之苦，记忆犹新，不能重蹈覆辙！

"唉！"刘国钧长叹一声，"从鄙人的内心来说，大成四厂正在兴旺发达之际，可要硬生生地闭歇分拆了……"说时，悲咽使他说不下去，忧伤的眸子中盈着点点泪光……

大势所趋，不得挽回。8月30日，大成公司刘国钧和震寰公司刘笃生，在大成四厂解除合营合同议定书上签了字。

翌日，又接到刘丕基从汉口来的急电，刘国钧一行急匆匆地由香港乘小火轮，经西江至梧州，当天由梧州赶到桂林，在桂林住了两天，又搭小汽车到衡阳，然后乘火车到达汉口。

此时，国民党政府已派遣宪兵进驻大成四厂，督促限令拆机装箱。刘国钧、刘丕基深感武汉已不是安身之地，抓紧结算盈利，将分得的200余万元现金，以25万多元折成纱布，连同从常州运来的织机，委托民生公司运往重庆。

明知旅途有风险，偏要去安南

1941年4月，刘国钧偕同长子刘汉堃，驻足香港。他们从上海乘船而行，那天，海面上非常平静，满眼是蓝湛湛的海水，静悄悄的。太阳的光芒把整个大海浸染着，泛着耀目的白光，使人感到愉快而温暖。他们平安地抵达香港，并在九龙购得私寓一所，作为联络海外业务的窗口。

香港有良好的海运和仓库设备条件，若申报是转口的货物，办理手续就更加方便。

当时，刘国钧担任总经理的上海安达纱厂所产的“飞虎牌”棉纱在香港的销售情况不佳。刘国钧进行详情调查，发现香港、九龙各织造厂所用的纱支绝大部分是从印度等处运来，对国产棉纱使用不多，对其性能也不详悉。因此，刘国钧偕同长子刘汉堃，亲自登门拜望厂主们，阐述港九织布厂应该大力应用国产棉纱，激发他们的爱国热情。并在生产技术上对织布厂给予指导，大大密切了与各厂的关系，使“飞虎牌”棉纱在香港打开销路，站稳了脚跟。

刘国钧计划扩大东南亚的市场，想去缅甸的仰光、安南（越南、柬埔寨、老挝）的河内、暹罗（泰国）的曼谷等地作商情走访。他身为大成公司总经理、重庆大明染织厂经理，盘算中国半壁江山陷落敌手，国内市场萎缩，意欲向海外开拓。现今，要将上海安达纱厂的“飞虎牌”棉纱销往港澳和南洋，重庆大明染织厂的色布运往昆明，通过安南转向南洋。到南洋考察成了当务之急，可是，粤汉路不通，西江不通，广州湾（湛江）亦不通，唯有通过安南的海防，转运南洋各地。明知旅途有风险，刘国钧偏要去安南这个唯一通道探路。

5月，时年55岁的刘国钧抱着“要吃龙肉自下海”的信念，乘上法国邮船公司由香港驶往安南海防的“小广东”号轮船，这是唯一的一艘香港与海防间通航轮船，十天往返一次。

旅客们上了船，一片锣声，催走了送行的客人，“小广东”号轮蠕蠕移动，离岸驰往大海。他倚在船舷，望着越来越小的香港，思绪万千。在香港的太平山上，留下了他的足迹；在九龙弥敦道上，他作过商情走访；那朦胧的白色的汇丰大楼、灰红的华民政务司建筑，重重地压抑着他，使他不能忘怀殖民地帝国主义统治留下的创伤。他悲愤地暗忖：“英国殖民统治下的香港居民，何时能堂堂正正做个中国人！”

香港沦陷，辗转回沪

刘国钧穿梭于重庆、上海、香港、昆明之间，频繁奔波，指挥河内、仰光、曼谷等地的经营活动。

1941年秋，日本内阁派野村为特使，到美国华盛顿举行日美谈判，举世为之瞩目。香港的舆论也众说纷纭。有的认为：日本军阀将缓和对美国的关系，全力北进对付苏联；有的则以为：日本志在南进，野村赴美只是缓兵之计；至于，说到香港，大家以为：日本人不会打香港，香港这码头，一年要销巨额的日本货，日本人不会丢掉这笔大生意的。平民百姓都把事情向善的、好的方面去想；另一种说法，如果发生战争，英国在香港可守三个月。

是年12月3日，刘国钧从上海乘轮船到香港，适逢英国当局为了加强香港、九龙的防务，开来了一大队加拿大军队，筑工事，试火炮，举行演习。据传，英港当局要收买几万担咸鱼，几十万担柴炭，几百万担白米。晚间，进行灯火管制和防空演习。一下子使香港、九龙的气氛紧张起来，200多万居民惶惶不安了。

“汉堃，我们快走吧。看来，香港、九龙的情况不妙，先回上海再说。”刘国钧对政治虽没过多的研究，凭他的直感，似乎香港发生事变的日子不远了，他对长子坚决地说。

刘汉堃也看到港九地区战云密布，知不能久留，毅然收拾简单行装，跟着父亲去轮船码头。不料，香港至上海的船期已过，而香港驶经广州湾（湛江）的“大宝石”号轮船尚有余票，他们以为，从广州湾到桂林，再转重庆路途曲折，不如从澳门乘船直驶上海方便。

12月6日，刘国钧把房产嘱托给女佣，她是本地人，不想离开香港。父子俩提着简单行李去澳门。香港到澳门60多公里，舟过伶仃洋时，自然而然想起南宋杰出民族英雄文天祥，他们脱口吟起《正气歌》末两句：“人生自古谁无死，留取丹心照汗青！”伶仃洋分内外两个，伶仃山内洋为小伶仃洋，有许多宋代遗迹；外洋叫大伶仃洋，即文天祥所住之地。此时此刻谁会有心思去欣赏凭吊？到了澳门，才知澳门至上海的航路已断，只得羁留在中央酒店客房部，虽有当地特产“乳鸽”和暮秋满兜都是黄的梭子蟹作下酒菜，可是，归国无途，愁得他们食不下咽。翌日，急忙返回九龙寓所，决定次日乘坐赴广州湾的轮船，辗转桂林去重庆。

深夜，突然一阵轰鸣声，把人们从睡梦中惊醒。刘国钧翻身起床，走到阳台，天色漆黑一片，从远处飞过的炮弹，曳空而过，嘘嘘作声，引起了微微震动；炮声时断时紧，远眺新界方面，已升起了阵阵浓烟……

战争爆发的第一天，敌机飞来，轰炸机发出的噪声十分刺耳，人们还没有来得及作出反应，一颗颗炸弹就从空中投向地面。英军防空部队的高射炮，一颗颗炮弹从地面射向空中。天空、地下，一片爆炸声，仿佛天地间都要被炸裂了。香港繁华市街和商业中心遭到敌炮的轰击与飞机的轮番轰炸，中环、坚道下坡、港府一带，荣华台附近，西环和西角油池，到处是砖横瓦碎，生活在英国殖民统治下的香港同胞，亦未能免于战争之难。刘国钧眼看将落难香港，急中生智，偕汉堃直奔启德机场。

香港启德机场，建于1920年。香港律师何启与其好友欧德，在九龙海滨荒滩，共同建造了这个飞机场。因此，命名以何启的“启”与欧德的“德”，合成为“启德机场”之名。机场建成后，租赁给香港飞行会使用。1936年，启德机场才正式运营。他们只见机场内外挤满了人，都是急待乘飞机去重庆的达官巨贾。机场上停着几架飞机，询问之下，都由各机关包机飞渝的。据传，中国当局正在调度飞机来港抢运要员去重庆。既然有希望，大家就耐心等待。此时，刘国钧恰巧遇见当局经济部政务次长何淬廉，交谈之下，一见如故。何淬廉对刘国钧创办大成公司的业绩早有所闻，十分佩服。刘国钧见何淬廉身为当局要员，为人谈吐一派学者风度，极少官僚架子，加之，他也是卢作孚的好友，身兼民生公司董事会监察，也有意结交于他。

何淬廉主动表示，由他设法多买两张机票，同飞重庆；刘国钧提出，不管机票价格多大，都愿如数付出。他们一道从早等到晚，来了几架飞机，都没能挤上。晚上，来了一架飞机，是当局指定名单接人的，不料，许多当局要人不得上机。唯独孔祥熙的二小姐孔令俊（后改为孔令伟），有恃无恐。就是蒋介石指名要接走的人，已在机舱安坐的，都被她统统赶下飞机。因为她是宋美龄的“副官”，又是秘书，深受蒋介石夫妇的宠爱。她打扮得像个男子，穿的是一套笔挺的西装，俨然是个翩翩少年。只见这位名噪一时的“孔二小姐”，蛮不讲理，专横地指挥她的保姆、侍卫，载上她的17条洋犬、几十只大小箱笼，连洗澡盆也搬上飞机，成了孔二小姐的专机。这种“人不如狗”的奇事，人们看在眼里，恨在心里，对此皇亲国戚的飞扬跋扈，真是无可奈何。

由于孔二小姐的倒行逆施，致使在港的国民党元老、左派人士、大批进步文化人和民主党派领袖，因缺乏交通工具，不能及时撤退而陷入敌占区。孔家的丑恶行径，激起了广大人民的愤慨。

11月，《大公报》登载了香港飞机运狗事件的消息后，西南联大学生召开临时学生大会，决定声讨孔祥熙。1942年1月6日，昆明的大专院校3000多人举行反孔示威游行，学生罢课，提出“打倒孔祥熙”的口号。蒋介石闻讯，连骂了几声“娘希匹”，责令《大公报》“辟谣”。《大公报》深感对事件无法收拾，只得刊登声明称：“洋狗为飞机师所为。”希图平息学生的愤怒。解铃系铃，《大公报》甚感立言之苦。此时，报载孔祥熙病愈视事，这无疑激怒青年学生，学潮愈闹愈广。蒋介石夹于其中，甚为震怒。为“人不如狗”事件，蒋介石与宋美龄闹意气多日。自古姻戚无不影响政治，蒋介石也不能例外。这是后话。

飞机乘不上，刘国钧他们无奈夹杂在难民中，冒着炮火，退到香港，暂居客栈。“八一三”上海抗战爆发后，香港一直成为富商巨贾的逋逃薮；从沦陷区到大后方的中转站；物资集散，莺歌燕舞，成为远东的安乐窝。日军的炮声一响，香港实行灯火管制，霓虹灯再也不亮，除了极少数小吃店以外，茶肆、戏院、舞场、酒楼，所有大小商铺，全部关门停业，世外桃源顿时变成阴惨惨的人间地狱。

日本进攻香港的背景是：日本曾屡次以外交压力、军事挑衅，迫使英国放弃香港，然而，未能奏效。希特勒闪电战的成功，使欧洲诸强国节节败退。9月27日，德、意、日在柏林缔结军事同盟条约，日本有恃无恐，很快就将战火烧到美国。日军偷袭珍珠港之后，正式向英、美宣战。日本决定以武力占领香港。12月8日7点20分，日本空军的49架飞机出现在九龙启德机场上空，进行轰炸，揭开了进攻香港的战幕。在深圳河边一带的日本陆军第二十三军的三个联队同时分为两路，向九龙的青山公路和城门炮台推进。当时，港英一线的守军有1.2万人，不论是兵员和武器都处于劣势。海空军也很薄弱，海军只有3艘驱逐舰、3艘炮舰、8艘鱼雷艇；空军则是些老式飞机。故双方一接仗，英军就处于挨打地位，节节后退。翌日，敌军已推进到大帽山一线。英军司令莫德比下令固守垃圾湾防线，等待在马来亚海面的远东舰队赶来支援。日军明了莫德比的意图，加紧进攻，于当天子夜发动夜袭得手，撕开了垃圾湾防线，迅速向两侧与纵深发展。英军力不能阻，向南溃退。不久，已传来消息，远东舰队在援港途中，遭日机空袭，损失惨重。港英争取外援的希望破灭，莫德比决定放弃新界，全师退守港岛。日军只花了5天时间便占领了新界和九龙半岛，随即在何文田道架起大炮轰击香港市区，香港成了完全被包围的孤岛。18日晚10时，日军分别在北角、太古、鱼涌等地登陆。不到6天，15万香港英军即告瓦解。到25日下午6时，香港当局扯起白旗，总督杨慕琦正式宣布投降。

日军占领香港，香港又一改冷冷清清的街景：德辅道和大道中那些闹市，到处是赌摊；有的叫卖抢劫来的百货、书籍、衣物；酒楼又高朋满座；舞场重新响起靡靡之音。

社会动乱，秩序不安，刘国钧偕刘汉堃与何淬廉一行，住在香港的小旅社避难，匿不敢出。小旅社人满为患，大多数人以打麻将、玩纸牌，或是看书读报，打发时间。何淬廉却邀刘国钧在一间陋室，剪烛促膝，倾心交谈，谈经历，谈事业，无所不谈。

他们在小旅社一住就是18天，局势稍平静，刘氏父子急着回九龙私寓，在离别时，他们约定，一同逃离香港，返回内地。

刘国钧父子走在返回九龙的路上，沿途充塞着拥来拥去的难民，要隘口站着全副武装的日本兵。他们一路小心翼翼，谨言慎行，总算安全回到家中。

入夜，刘国钧寓所附近的一家大商店，被一批不明身份的人，破门而入，把一箱箱、一包包、一件件物品运走，然后是一把火将房屋烧光。这是“烂仔”们干的。香港过去充斥烂仔、盗贼、扒手和匪徒，今又加上敌兵和铤而走险的亡命之徒。烂仔是香港流氓和二流子的特别名称，原有粤、闽两帮，抗战中添了沪帮，共三帮。他们划分地段，各有势力范围，为了收取各自的保护费，相互之间矛盾尖锐，自相残杀。抢劫、拐骗、赌博、贩毒、绑架……更是层出不穷，许多无法谋生的良民也加入了烂仔抢劫仓库的行列。

日军侵占九龙、香港以后，立即封锁码头、铁路，大肆搜捕。他们实行分段挨户搜查，每晚入黑，便实施戒严，路上有人，立即开枪射击。在此紧张的形势下，日军发出通知，限令共产党人、重庆分子、抗日人士前往“大日本军报到部”或“地方行政部”登记报到。如此，刘国钧的私寓曾遭受九次搜查和骚扰。

生活也十分艰难。原只卖8分一磅的面包涨到1.3元，米1元1斤；居民无燃料，只好劈了家具当柴烧；高升茶楼和加拿大餐室被炸毁，自来水管被炸断，吃水也困难；女佣为他们父子购买食米做饭，每天还没天亮就和居民一道到“配给站”排队，“长龙”排满了大半条街，秩序又十分混乱。日军吆喝着，刺刀在人丛中乱挥乱晃，皮鞭不时猛地抽下来。

随着局势的剧烈动荡，灾难很快接踵而来。银行存户纷纷提取存款，以便出走，但有钱人存款提不出。日军宣布，只准大通、有利等五家银行的存户一次可提50元港币。大面额港币不通用，贴水用时要打不少折扣。金融市场波动剧烈，股票时起时落；日军禁用10元以上的港币，却抛出军票，以2元港币换1元军票，人为地制造金融紊乱。商店也无法开业，物价若野马奔腾。香港、九龙的港币多集中在汇丰银行，法币存在中央银行和中国银行。

濒危时，汇丰银行烧去大量港币，头寸奇紧。

同时，色情泛滥，日军入港到处找花姑娘，“日军慰安所”在街头明目张胆招用军妓，奸掠的爆炸新闻每天不断。亡命之徒与敌方勾结，广开赌场，门口悬挂太阳旗，贴着“发财请进”招牌，雇人摇铃招客、拉客，并呼叫有土娼招待。许多报社、公司、银行、钱庄、影院都被敌攫取，美其名曰“军管理”。

在这种与鬼为邻的日子里，刘国钧急着想去香港找何淬廉，逃脱魔窟。可是，九龙与香港的交通已被全面封锁，只能坐小艇偷渡过海。偷渡的渔船，时准时禁，禁时驶船时，舟子常被日军击毙。这是相当危险的途径，加之，刘国钧与日本兵的语言不通，路途不熟，只得作罢。

这时，刘汉堃常常哼唱着：

香岛月，月朦胧，
夜色凄清愁重重。
潮水落，沙滩空，
心绪枯寂与海同。
流浪在西东，飘零何时终，
遥望家乡恨不能乘风去和她相逢。
夜风吹，夜雾浓，
长夜漫漫难成梦。

悲怆的曲调，使歌者声泪俱下，闻者催人泪下。

父子俩相依为命，在焦急地等待逃出虎口的时机。他们一直挨到何淬廉带五个人从香港偷渡过来，他们立刻商议一起离港外逃。

别离一月有余，仿佛有隔世之感，相互间有说不完的话题，加上刘国钧消息闭塞，何淬廉向他讲了许多外边的情形。

金城银行的周作民也在香港，他在香港乾德道的住处院子里，见到重庆飞机一批一批地把要人接走，很感叹地说："要人是不能不当，现在他们都能逃生了。"他对当局不满，认为自己没被重视。第二天听说，金融界的宋汉章、贝淞荪，甚至张公权的兄弟张禹九、张肖梅夫妇也在其列，他的牢骚更多了。等到第二天和第三天晚上，重庆飞机来接人，听说名单有周作民，他也有意前往，可是，香港、九龙间渡轮已停，无法过海到飞机场去，未能成行。日军占领香港第三天的下午，周作民正在经理室饮酒解闷，忽然有两个日本宪兵进来将他拘留而去，现被拘禁在香港饭店。被日军拘留的要人约有一二十人，其中有李思浩、林康侯、颜惠庆等人。

何淬廉还说，日军占领香港后，感到治安和供给的困难，号召市民疏散回乡。200多万人口的消费城市，140余万人参加了逃难行列，街头上一片忙乱景象，个个提包拎袋，驮着笨重的箱笼，在嘈杂的人声中涌向渡口、港口，仿佛世界末日就要来临。

买船票的同买食米的队伍一样长。人们逃难的路线主要有：油麻地码头搭船冒险往广州；雇小船往广州湾，越寸金桥进桂林；摆渡到九龙，经深圳，爬山越岭，跋涉去内地；叫小网船或舢舨到澳门，再乘轮船往广州湾转内地。沪港航线通了，三等舱价900元港币。敌方为减轻自身负担，还组织了归乡指导委员会，备有疏散难民的小轮船，大举疏散人口，逃难的人均须持有日军发放的"良民证"，方可通行。

日本占领军的政策是贫民一律免费疏散，欢迎中产以上的家庭留港。实际情况恰恰相反，有钱人急着欲走，穷人则想住下。1月6日，日军倡导"归乡运动"，第一期拟疏散30万人，回台山的备船送行。13日，日军民政部门公告，有渡船送难民到深水埗，再步行回乡，九龙不得停留。14日，赴澳门、宝安的难民船开出，嗣后，有开往广州的难民小火轮，当天可达。船只实在少，日军又在搬运掠得的物资，港府存米极为丰富，亦在他运，14日一天，日军征得30艘运输船，强拉了大批民夫。

刘国钧听罢何淬廉大篇的情况介绍，说道："逃难走哪一条路，得三思而行。最方便的是去上海，但是上海的公共租界也被日军占领了，已无安全可言。同时，坐上日军的船逃难，无疑是一切被日军控制，瓮中捉鳖，生死难卜。倘若混杂在几十万步行的逃难人群中，长途跋涉，非常艰辛，虽说也有意料不及的危险，但要比坐船安全、自由。"

何淬廉深有同感，决定早作准备，早日成行。当晚，因人多，打地铺，睡在地板上。这里是九龙的中心地带，来往人多，交通频繁，住户多是比较富有的人家，刘家虽然多了几个人进进出出，人家也不大注意。可是，刘国钧的私寓，距离不远就是香港英军的兵营，日军占领九龙后，就把这个兵营当作俘虏营。日寇在兵营那边的岗哨，是可以看到刘家的。翌日上午，俘虏营的一个日军哨兵，按址走到刘宅，用刺刀挑开了大门的小窗口，把刺刀插进去，探头窥察一番，示意把门打开。他持枪进屋后，"咯噜、咯噜"地说了一通话，大家心里吓得慌，个个面面相觑，眼看一场大灾难就要临头。幸好，何淬廉一行人中有位懂日语的人，站出来和日本哨兵对话，镇静地应付他。原来是问集中这么多人在一个房子里干什么。这位懂日语的人机警地说，是响应皇军的号召，大家一起候船疏散回乡。日本哨兵听了，环顾大家，八个人每人都有一小件行李，确实是准备疏散的样子，他就写在日记本上，点了点头，不再说什么，转身走了。

这件事情给大家震动极大，为避免发生意外，刘国钧与何淬廉商量后，决定立刻起程。

他们一行八人，夹杂在疏散的难民人流中，在大街上匆匆而行。街上全是摊贩，人群拥挤，卖零食的小贩特别多。他们顺便买了食品带上。街道上，垃圾堆积如山，只见三四具饿殍，横陈在路旁，有的尸体已经变黑，有的已经发臭，大群的红头麻蝇在乱飞。

一行八人由何淬廉领头向前走，走路时，彼此不打招呼，假装着不相识。走了一段路，前面有个检查站，当路拦着铁丝架，留着一个缺口，有一个日本兵在旁监视，有五个中国人执行检查行人。检查并不苛刻，不搜身，只是打开包袱看一下，很快就放行。于是，他们不走大路，在一些小巷子里穿进穿出。沿途经常出现流氓、捞家、烂仔、地头虫等，在交通路口，他们向过往行人勒收“行水”，大家急着赶在戒严时间以前离开九龙半岛，所以，也只好给他们几张毛票作为通行费，破财消灾嘛。

眼前的难民队伍越来越大，刘国钧突然发现其中有许多熟面孔，只见他们都与何淬廉微微点头，使眼色，谁也不搭话。他恍悟，大约有百名多留港绅商，估摸是一次事先策划的集体行动。

他们不约而同地穿过公路，沿着山脚走。山上有一个日军岗哨，因为他们兵少，加之每天经过这里的港九难胞有万人以上，日寇一般不下山检查。

这里已是九龙塘，沿途是最新式的园林住宅区，他们一个紧跟一个走着，向右转入大埔道后插上斜坡，每一转角，都能见到岛角与山峰之胜境，迥然有异。路高则愈狭，迂回山涧，穿插松林，至九龙水塘时，路旁竟有猴群出现，见人求取食物，逃难的人群，全无戏猴之趣，一猴啼叫，群猴并至，数以百计，仿佛给逃难人群送行，人们无暇观看，只顾匆匆赶路。他们由水塘转至沙田，此处是港九地区膏腴之处，产米最佳。天至晌午，何淬廉让大家稍加休息，吃了点干粮，又爬坡斜上至高处，风景一新，远眺大埔，港九最大的乡村，八仙山连绵于后，吐路港历历在目。再往前到了大埔圩。

这支不大不小的流民队伍，已走到九龙的另一边，这里襟山带海，沿途苍波白云，风景别具。大家惊喜地发现，这儿已是以青山为中心的青山道上，是去元朗的大路。刘国钧曾乘车到此游览，记得青山上有禅院，为港九第一丛林，“十里松杉围古寺，百重云水绕青山”。由寺俯瞰渔港全景，真是“眼底青山一抹青，白帆数点点沙汀”。他们原是昔日的悠闲游客，眼下，已是惊恐万状的难民。面对一派锦绣河山，先沦于英国海盗，现陷于日军倭寇，痛感“孤城犹在九龙哀”了。

在通往元朗的大路上，挤满了似蚂蚁蠕动的人流。据同行的一位灵通人士告诉刘国钧：这里有一条小道可以直插元朗，日军就是从这条小路包抄元朗的英军，而在三天内解决九龙半岛战局的。路是要近得多，不过，山很高，说不定途中有“山大王”之类勒索。他们都是一些胆小谨慎的人，不敢造次，只得舍近求远，继续在大道上缓慢行进。

当他们到达元朗镇时，夕阳西斜了。他们找到一家“南园酒家”稍作休息和饱餐一顿后，刘国钧特地在酒家门前留影作为纪念。然后随着大家聚集在广场，等待日伪组织发放从九龙新界至宝安县的通行证，没有通行证，沿途的日军会格杀不论。何淬廉为了使这支八个人的小队伍迅速离开这里，带上那位懂日语的人，到办事处交涉，日伪人员得了钱，很快照办，不过，要按例经日本人盘问几句，才可发通行证。

过了半个钟头，日伪人员领着两个日本兵、一个翻译，来到广场。日伪人员依次将通行证发给经日本兵过目的难民，然后，让这些难民按照指定的疏散路线，沿着广九铁路赴深圳，那边有日伪广东省府派人收置他们。

很快轮到刘国钧他们，八个人心里都很紧张，唯恐露了马脚。但是，日本兵例行公事般目测一下，并不盘问，就发给了通行证。吊在喉咙口的心落了下去，大家不约而同嘘了口气。猛然，那个缠着“大日本军报到部”红色臂章的日本兵，返身回来，狰狞地瞪着刘汉堃，嘴里大声吆喝“八格牙路”。翻译闻声转过身来，日本兵向他咕噜一阵，由翻译把刘汉堃带往日本军部审查。

刘国钧焦急万分，何淬廉安慰几句，就与懂日语的人，一起跟着翻译与刘汉堃走向日本军部。途中，何淬廉塞给翻译一叠港币，问明原委。翻译说：

"那位'大日本军报到部'的皇军，说此人身躯奇矮，酷似竭力鼓吹英军对皇军作战的政客陈某。故此要严加审讯，予以严惩。"何淬廉放了心，郑重地道："此人不是陈某，而是刘汉堃。"并让刘汉堃拿出香港居住证佐证。

翻译微微一笑，低声说："我估计陈某早已逃之夭夭，这是皇军的例行公事而已。"

何淬廉和会日语的人，在旁请求翻译多加包涵，在皇军面前美言几句。

刘汉堃是个十分乖巧又明事理的人，他知晓翻译握有生死之权，从速撕开衣角，取出一根金条塞给翻译，笑眯眯地道："先生，别误会。我确实叫刘汉堃。"

翻译收好金条，笑得更甜，说："你们先归队，我马上就到。"

他们刚到广场，翻译跟脚就到，他手中拿着一张陈某的照片，对日本兵"叽里咕噜"讲了几句，日本兵对刘汉堃瞪了一眼，用手一挥："伊克，伊克！"

饱受虚惊的刘氏父子，赶紧随着何淬廉一行，汇进难民的人流。他们离开元朗市区，在暮色苍茫中，沿着一条整齐宽阔的公路走去，公路尽头是一条小道，到了一片茫茫的水边，那里有座临时搭建的渡口候船棚。候船棚前，军警林立，戒备森严，荷枪实弹，如临大敌。他们不明究竟，吓得人人神色仓皇，一个个小心翼翼地走进棚内。棚内分男女两个难民休息处，凡是进棚候船的人，必须把原来的衣裤鞋帽全部脱下，改换日伪发给的黑色短裤的唐装和胶底跑鞋，行李也悉数留下。这批人非同寻常，他们大多是伪装难民的豪绅巨商，害怕路途艰险，事先将黄金、美钞、钻石、珠宝等缝纳在衣服里层，或匿藏在鞋底帽中，也有夹带在行李中的古玩、字画。这样尽被搜去，谁也不敢违抗，谁也不敢吭声，一个个默默地轻装走上平底大木船。

在渡船上，有的女士心痛钱财被掠，嘤嘤地哭泣着，有的男士长吁短叹。刘国钧闭上眼睛，尽量不去想那被掠夺的钱财。他以为："钱财是身外之物，赤裸裸地到人世间，赤裸裸地归去，不必多思多想。”他却想着：“身无分文，饥寒交迫，如何能到重庆或上海。”

木船在深圳河航行30多分钟，靠了岸，岸上站着许多日本兵，检查每个上岸难民的通行证，因为大家都没有行李，检查很快过关。人流又沿着山坡向上行进，一畦一畦的桑田，如绿的绣毯一样，一层一层，由低而高。然后，转进一条石板路，走了约一里多路，前面的人在有几间破屋的地方停下来，路旁是广场，有一条野狗朝着他们“汪汪”一阵乱吠，后面的人也渐渐地聚到广场上，广场四周是密密的树林。此时，夜色已浓，刘国钧打量一下，这里大约聚有近200人，只见何淬廉与几个头面人物嘀咕一阵，回来对他们说：“我们就在这里歇夜，明天再走吧！”

何淬廉和刘国钧几个人挤在一间破屋的墙下，虽则饥肠辘辘，赶了一天的路，受了许多惊吓，背靠墙上，感到安定，很快就呼呼睡熟了。夜半，微风一吹，寒气迫人，他们把身体相互紧挨，以此取暖。一觉醒来，刘国钧睡意顿消，为了不惊动旁人，他闭目养神，侧耳听着微风在枝叶间轻轻地溜过的时候，树林中犹如千百人在低低地叹息，或像有无数人在诡秘地传述着不可外泄的情事。瞬间，他仿佛听到树林中千百种奇怪的声音，如人在哀叹，在低语，在呻吟。有时“啪啪”几下，好像有人在打架；接着“沙沙”一阵落叶，好似有人在哭泣。一会儿，又死一般的沉寂。

刘国钧悄然发觉紧靠自己的长子汉堃的身躯微微颤抖一下。他睁开眼睛，在黑暗中爱抚地瞥了儿子一眼。暗思：“汉堃从小身残，因患先天小儿软骨病，成了驼背，全由他母亲鞠秀英悉心照料，使他身残志不残，顽强学习，终成人才，主持广益企业公司全面经营活动，颇有建树。”但是，刘国钧仍然自责为父爱心不多，忙于创业，对其关心不够。骤然，一股强烈的内疚之心油然而生，他用左臂搂紧爱子瘦弱的身体，右手抚摸着孩子被露珠浸湿的头发……汉堃偎依着父亲，在危境中似乎有了靠山，在夜风中有了挡风墙，渐渐地又发出均匀的鼾声。这是刘国钧第一次替代鞠秀英，给长子以父爱的温馨。多年来，他为了事业，东奔西走，很少享受天伦之乐，即使和孩子们在一起，也是严教多于爱抚。他毕竟是建功立业的开拓者，他忠诚地秉承“严师出高徒”的古训，望子成龙。接着，他又自忖：“眼前是逃难之际，前途莫测，生死难料，自己年逾半百，一旦死于非命，也不算短命。可是，怀里的长子，正是创办事业的年华，倘若命归黄泉，太遗憾了。既对不住汉堃，更对不住抚育长子的爱妻。”想到爱妻，几十年的恩爱，同甘共苦，点点滴滴在心头，战乱的局势，使多少人家妻离子散，不得团聚，鼻子一酸，眼眶里溢出了泪水，他轻轻地用手背抹了一把，咬咬牙，又忍住了。

一会儿，空腹的肠胃折磨得他隐隐作疼，不禁想起童年常吃的元麦糊来了。现在要能喝上一碗，那该多滋润！唉，在这荒野之中，想要寻食那是非分之想，除了空气、涧水、野草、树叶，别无他物。此时此地，他深感：一个被奴役的民族，一个做亡国奴的人，受尽凌辱，是何等的可悲！一股民族的爱国心在胸中炽热起来，恨不能自己拿起武器与日寇作一决战，宁为玉碎，不为瓦全……

刘国钧就这样想东思西，疲惫极了，又打了个瞌睡……眼睛一睁，天色大亮，朝阳正射着他们倚靠的墙上。大地，氤氲漫漫，山野里又恢复南国温暖的气息。

他发觉何淬廉早已不见了，慌忙推醒汉堃，一道去池塘漱漱口，擦擦脸，咕噜咕噜喝了一通水。往回走时，见到何淬廉从山坡上走下来，他们迎上去，刘国钧问：“何先生，一早跑到哪里去了？”

何淬廉垂头丧气，有气无力地道：“我寻思找一点食物充饥，早起跑了二里多地，找到一家农户，有位看家的老人说，这里本是富庶的侨乡，向以桑田鱼塘营生，不产稻谷。沦陷以来，严重缺粮，米珠薪桂，连平时作肥料的豆麸、花生麸，甚至树叶、观音土，人们也取来当粮食吃，所以饿死的人很多，更多的人出外逃生，不少妇女被人贩子拐骗，卖到广西做人婢妾，有的沦为娼妓。他劝我们赶快离开这里，不然非饿死不可。”

“那么，我们下一站到哪里去呢？”刘汉堃着急地问。

“我们昨晚商量了，大家身无分文，只有一条路，先到广州再说。”何淬廉无可奈何地道，“本来，打算从沙坪、九江封锁线进入梧州，从广西返回重庆的。可是，日本人奸刁得很，搜刮大家的钱财，断了大家的路费，逼我们沿着广九铁路到广州去当汉奸。”

刘国钧坚定地说：“到了广州，也不能当汉奸哪！”

“唉，”何淬廉双手一摊，“汉奸是不当的。走一步看一步吧，兴许有活路。”

他们回到破屋时，大家都已分散站立在广场上，几个头面人物已在分头招呼人们上路，他们汇入了人流，沿着蜿蜒的山脉爬上去，开始翻山越岭。

刘国钧抬头望去，苍山如海，峰接蓝天，重峦叠嶂，错落有致，似画卷，胜锦绣，这如画似锦的大好山川，此刻竟成了难民们的险关畏途。刘国钧低声对汉堃鼓励道：“别驻足，咬紧牙关爬吧，山后就是平川。”求生的欲望，又支撑着饥饿、疲惫的人群继续攀登。

当他们爬过山岭，眼前展现了一马平川，在这大平原上有两条闪光的粗线，伸向远方：“啊！广九铁路！”人们欢呼着，在没膝的野草丛中，深一脚、浅一脚地奔下山坡。

忽然，他们发现铁道旁的两棵小树之间，用麻绳拉着一块白布，像是招牌，像是标语，上面写道：“广东省党部欢迎归国侨胞招待处”。白布近处有十多个带枪的人，有的站着，有的斜倚在树干上，有的席地而坐，有的半躺着，七零八落的，像散兵游勇。

当这伙人看到黑压压一片人群从山坡上涌下来，个个紧张得跳将起来，如临大敌，拔出枪支，子弹上膛，瞄准人群，为首的人大声喊话：“站住！

你们是什么人？”

人群停住了脚步，几个领头人齐声答道：“别误会，我们都是香港难民！”

“把手举起来，排好队，一个一个走过来！”

200余人，个个举着双手，蹒蹒跚跚地走下山坡，走向平原，走到铁路旁。几个头面人物上前自报真名实姓，对方才知是一群知名人士、商界巨子。这事非同小可，把这批日伪人员高兴得手舞足蹈，为首的暗忖：“倘若这批人归顺汪精卫主席，我立下了一大功劳。荣华富贵，一树百获。”于是，优礼相加，用专车把他们护送到广州。

刘国钧曾多次到过广州，阔别三年多的广州，已是河山非旧，举目颓墙断壁，一片荒凉！繁盛的街市，已变成一个一个的大瓦砾场。

何淬廉、刘国钧等200余人，在广州逗留期间，日伪人员软硬兼施，要他们到南京出任伪职，他们百般推托，莫可名状。日伪组织就在经济上勒索，规定从港九撤退到广州的人，每人必须以3万元作为地方捐赠，才能离境。并命其分别致电上海或重庆等地，从速汇款。

款项已到，刘国钧考虑到战乱不已，安危莫测，寻思他与刘汉堃分别从水陆两路登程为佳，倘有不测，不致同归于尽。闻悉何淬廉一行六人西行陆路赴重庆，于是，拜托他们携领刘汉堃同往，自己与几个难友乘船从水道辗转浙江金华，回到上海。

推销“六鹤牌”棉纱

抗日战争胜利后，国民党的倒行逆施，使国内经济状况陷入了艰难境地。刘国钧的大成公司面临着困难重重，促使他审时度势，重新考虑发展计划，采取新的经营策略。于是，他偕夫人鞠秀英和挚友朱希武长子朱永（炯明），于1947年夏，从上海出发，经台湾，又一次赴香港作商情调查。这次刘国钧在香港，走访了在抗日战争期间使用安达纱厂“飞虎牌”棉纱的各家织布厂的老板们，与他们交谈了别后各情，唏嘘不已。叙说旧情，联络感情，又不失时机地拿出大成一厂的“六鹤牌”棉纱纱样，进行推销。并对各家织布厂的机器设备作通盘调研，并毫无保留地介绍了大成公司各厂掌握的织造关键技术问题，还用“六鹤纱”进行试织，以高质量的出品，有力地赢得了客户的信任。经过十多天的奔波，刘国钧不仅巩固了老客户，还发展了一批新客户，满载而归。

创设东南纺织公司，开拓海外实业

1948年的上海，形势剧变，国民党政府施行宪法，蒋介石当上了总统。

在经济方面，法币流通量已达到640万亿元，为抗战前夕的1937年6月发行时的45万倍。法币的滥发使整个中国经济走到总崩溃的绝路，国民党蒋介石立即进行币制改革，发行金圆券。

上海各商业银行被迫在9月10日左右，都将所存的黄金、白银、外币及其他外汇资产列表报告中央银行。

刘国钧眼睁睁地把大成公司在上海商业储蓄银行账户上和大成公司账面上的黄金、美钞，悉数上缴。

至此，物价批发指数比8月涨高35.6%。金圆券已经开始崩溃，上海、南京一带，到处发生抢购风潮。到了11月，当局只好又颁布“修正人民所有金银外汇处理办法”，准许人民持有金、银、外汇，并开放限价。

刘国钧趁此机会，大量转移资金，将10万匹棉布运往广州，所得售款转汇香港。又在美国购买10万美元政府公债，存放20万美元于纽约花旗银行、化学银行和世界公司。同时，他在英国伦敦汇丰银行、中国银行，都存有英镑。

他又赶往香港，约见从南洋考察归来的朱希武、吴达机、次子汉栋和常驻香港的长子汉堃。畅谈在海外拓展实业问题。

朱希武首先表示意见："南洋人口，除暹罗外，约7000余万人，暹罗仅1500万人，按人口配布，南洋市场仍视新加坡。同时，暹罗无公共货栈，每次去货均需于短时间内抛售，是以市场敏锐供应之影响，市面来去颇大。是以生意方式，新加坡可以大量运销，不至影响市面。曼谷只能陆续运销，每次数量不能太多。"

"你们三人考察南洋，对本公司各方面有何建议？"刘国钧以期待的神情，问道。

"鄙人以为公司首先需加强外销机构。"吴达机滔滔而论，"大孚商行设香港，主持公司之外销，今后需尽量发挥作用，能于固定原则下发展业务。同时，在上海总管理处应另设外销部，以对大孚商行取得更密切之联络，和对公司外销方式条例，一举一动，形形色色，随时采访，改良出品，配合外销市场之需要。大孚商行的外销来往信札，也应由外销部分析研究，无论可否，应予立即答复，以便夺取时机。其次，对外销方式之研讨。大孚商行特约新加坡益泰公司、曼谷南通公司，为本公司推销出品，均为代卖性质，从中获取佣金。唯特约公司故意廉价出售本公司之货物，借以推销自己存货；或视市价上涨作自己预先购入，从中获利。目下，本公司货物尚不能大量南运，自己设办事处作洋行性质，尚未其时，故此事之如何防止，须共策之。"

刘国钧慎重地说："外销机构与外销方式，事关重大，值得研讨。需安排时间与有关人员专题讨论，以臻完善。不过，我们一定要做到：产品要货真价实，经营要诚信待人，宣传要符合实际，人员要作风正派。只有这样，大成公司在海外市场才能立于不败之地。”

接着，朱希武报告说：“南洋考察发现本公司花色不多，立于竞争，应试做花色。大致有三者：新加坡、马来亚、暹罗，地处热带，人民只要备夏季衣服，但男子穿西装，内着衬衫或夏威夷衫，西装裤或短裤所用质料以棉织品为普遍，漂白、米色、草黄之卡其，或漂白斜纹、帆布、府绸、条子府绸、两面印花条呢。女子则穿印花布为大多数，蓝黑布次之。本公司出品征东白府绸全年有销路，可以不断地做。而美货布匹门幅36英寸阔，漂白卡其30码净重约18.5磅，销路颇巨。经纱是12支，纬纱16支，每码售价叻币1.2元，照蝶球细布价计高1倍，是可以试做花色者之一。”

刘国钧认真记录，不清楚之处，一再提问，直至完全明了，才请朱希武继续说下去。

“英货之杂色十字麻纱，幅阔36英寸，40码净重约计8磅，另经纱为32支，销路大，每码叻币1.25元至1.3元。白色所占成分可以到30%，是合算之点，染色方面所用之染料，大约非最贵不褪色者，有衣样带回，可以试验，此布为轻巧之品，非有纺织厂不易织造，是可以试做者二。”“印花布门幅以为普销，女子做二截衣裤，裤管大而长至地，因两条缝穿着舒服，是以门幅宽非36英寸者，即使花式及时，而销路不大。同是不褪色的印花麻纱，英国货门幅宽、花式新，每码售价叻币1.3元至1.8元。中纺公司之昌兴货身骨很好，门幅28英寸，则每码仅售0.7元，其价格相差程度如斯之巨。我公司将上列素色之麻纱坯做印花，则可以一坯两用，唯花色之设计，必须合于热带口味，热闹而新颖，奇特而艳丽，染料全用不褪色的；设计员应常驻香港，将花样计划妥帖后，再寄新加坡，由益泰公司斟酌后，从香港转上海照印；所有印花染料，宜早为购办，此事，高事恒君已经过数年以数次之努力，而未能有成。本公司如有出品为国货扬眉吐气，则实是国货之光，是可试做者三。其余如荷兰漂布、英国制泡泡纱、美国制印花布、漂白斜纹布等，都有样品带回，可作织制参考。”“你们也许还记得，我在十多年前四上日本后，就提出要经南洋调查，与日货在国际贸易中进行竞争。如何竞争取胜，值得吾辈三思而行。眼下，有件大事须同你们商榷。”刘国钧故意停顿一下，加重语气道，“国内局势剧变，陈光甫打算更加紧密地向欧美投靠，我们大成公司理应早作打算。从你们南洋考察情形看，更促使我考虑应加紧在香港创办新厂，这样，对南洋的出口贸易更有直接的关系。大家说说利弊如何？”

提出在香港办厂之前，刘国钧已作过缜密调查。香港的战后恢复，纺织原料及熟练工人均缺乏，而市场需求甚殷，尤其是南洋诸岛，多年无纺织品进口，需要量特大，能开工生产输往销售，即可获得厚利。于是，各厂相继复工。所需棉纱，由香港当局从上海及日本运入，配售给工厂。至今，全港复工的织布厂达269家，共有动力织机2666台，手工织机4120台。

其产品的90%以上销往南洋，大都是经纬稀疏、颜色不牢的粗劣产品，颇能适应当地的购买力。每月输出值约1000万港元。各织布厂及针织厂月需棉纱约6000件，当局配售只能满足70%。

常驻香港的刘汉堃，对香港创办新厂的可能性也作了周密调查。他抢先发言：“香港设厂利弊各具。先说弊端，一是地价昂贵，以同样资金在国内可事半功倍。二是气候潮湿，温度太高，影响纺纱质量，要改善须建造讲究厂房，并须装置调节温度设备，费用浩大。三是水量不多，香港的饮水用天落水，工厂用水势必就山水或开洋井，如设立染部，山水可能太硬，开洋井后之水分是否合用，尚需就地化验。”

“还有两个弊端。”刘汉栋有条不紊地道：“香港工资昂贵，成本增加，如国内外销不成问题，时局好转，竞争之下，决不能与国内厂家对抗。另外，香港女工不能作深夜班，机器功能仅及国内工厂之半，1万锭作5000锭用，太不合算。如做染部，工人人数不多，做日班即够，可免去此项顾虑。如纺织厂采用男工，管理方面除非较有把握，可以无事。”

刘汉堃继续说：“香港设厂有利方面是：香港政府之鼓励及支持，香港政府极想能增加生产，多加外销，以求大量出超，故对来港设立生产事业者，莫不表示欢迎，各方予以便利。同时，原料、染料之供应不成问题，原棉可由印度运来，物料及染料等因香港为自由港，可由多方运进，无国内之重重手续，新政若牛毛，做工厂横遭阻难。另外，销路广大，南洋、印度、澳洲、暹罗等地，自日本受美国统治后，均缺乏纱布，在世界纺织物普遍缺乏之情况，香港纱布事业，尚有多年生意好做；又因原料之不成问题，改变花色与外销配合，当较国内为易。”

“你们说得很有道理。”刘国钧不禁赞扬道：“在香港办厂，苟能适当地兴利除弊，香港设新厂未始无可能性，目下为止，据吾所知，每件纱可获利200余元港币。如自己织布，每件纱又可多获利50元港币。如做染色当更佳。若能利用香港现有布厂、纱厂，本公司开设染厂，专做适应外销之货品，及时仿造英国印花布匹，则比较轻而易举，而所费亦不至太多。南洋市场颇重视牌子，苟能及时做出，比将来从头争取容易得多，即使将来国内平静，亦可将本公司之出品，在香港整理染色，然后，运出销至英属各地，并可获优惠之权利。但在国内新经济管理政策下，我们在香港开创新厂，太露头目，如何决策，需就实际情形决定之。”

他们返回上海后，刘国钧见局势更加动荡，立即召集大成公司临时董事会，发出股息540万元，合棉纱达750件之多。并陈述在香港创办新厂的利弊得失，决议在香港创设东南纺织公司，开拓海外实业。

1948年11月，刘国钧在九龙荃湾开办东南纱厂，有纺锭5000枚，织机200台，任命次子刘汉栋任厂长，陆祖基、张留熙分别任纺部、织部主任，黄楚煌任总务主任。东南纺织公司事务所设在香港皇后大道，由刘汉堃任总经理兼任东南纱厂经理，林兆棠任事务所业务经理，计投资500万港元。同时，投资香港永生布厂12万港元，购买住房和其他投资港币68万元、美金4万元。嗣后，又投资巴西，经营种植橡胶园。以作退步之计。

何时能回内地去?

1949年初。隆冬时节，天空是灰色的，到处呈现着一种混混沌沌的气象。刘国钧已在香港安定下来。此时的香港，纺织工业发展很快，国际形势动乱，大量游资涌集香港。国内不少民族实业家在香港静观变化，他们既不把工厂迁移台湾，又怕留在大陆被共产党接收。加之，香港当局对发展纺织工业需求甚殷，采取支持措施，于是，大陆的许多民族纺织工业纷纷将资金、设备聚集香港，同时，带去许多技术人员和熟练工人。

刘国钧的许多熟人、同行在香港创办新厂，其中有江上达的上海纱厂、许冠芳的新异纱厂、唐星海的南海纱厂、严裕棠的华侨纱厂、李乃贞的大中纱布厂、王启宇的香港纱厂、胡文政的中央纱厂、李震之的大东纱厂、万春光的东方纱厂、王坤生的纬纶纱厂、沈海涛的联泰纱厂，还有九龙纱厂、南洋纱厂、宝星纱厂，等等。

其中，规模最大的香港纱厂，有纱锭3.7万枚，资本3000万港元。其次是南海纱厂，有纱锭3万枚，资本2400万港元；纬纶纱厂有纱锭2.5万枚，资本2000万港元；南洋纱厂有纱锭1.5万枚，资本2500万港元。全香港的纺纱、织布、染色、针织、制衣业等大小工厂已超过500家，工人共约2.5万人，占全港制造业的30%。

纺织厂雨后春笋般地涌现，原棉需要量骤增，棉花的供应，大多来自美国。随着上海临解放，香港当局规定，厂方主要人物返回内地，该厂就要列上黑名单，不配售给原棉，所产布匹也不准销往美国。同时，英国对香港属地的厂产布匹进口有特惠税，卖价也比其他地方进口的布匹要高，但有一定的限额，并可逐年放宽限额。香港当局把限额按比例分配到各个纺织厂。刘国钧的东南纱厂的配额越来越多，逐年增加配额，每匹布可多卖几角港元，一年下来总数就很可观了。

刘国钧在香港经营东南纱厂，除在管理和操作的方法上沿袭大成公司的整套之外，又从常州调去一部分得力的职员和技术精湛的工人，因此，经营得很发达。

随着香港纺织业的竞争加剧，刘国钧利用大孚商行在海外的经营销售网络，抓住了三条有效的措施：保持与国际纺织品市场的密切联系，广泛协作，运用最快的交通和通信工具，迅速传递行情信息；采取灵活的经营方法，按照客户要求和品种、规格、质量和数量、交货期，千方百计，组织生产，保证满足要求；力求取得更高的经济效益，购进近地的原料及初级产品，加工后转销南洋各地以及欧美各国，一般不在本港销售。

香港的东南纱厂生产经营已上轨道，刘国钧略作安排，于1949年4月13日，乘坐“盛京号”轮船，再次赴台湾视事……

当刘国钧从台湾返回香港，正是春光明媚的季节，沃土中已经有了许多嫩绿的新芽探出头来。鸟儿也唱出了嘹亮的歌。终于传来了上海解放的消息。

上海失守，对依附蒋介石的人来说，有切肤之痛，认为伤及国际观瞻，更毋论其经济地位。权衡世局，国民党的衰败，已成定局。

在严峻的局势下，蒋介石已众叛亲离，许多人既不留在大陆，也不去台湾，若即若离，延宕观望。有心奔香港的高官富贾极多，其中，有刘国钧的好友陈光甫、卢作孚；金融界头面人物张公权、钱新之、李馥荪、周作民、王孟钟等人；政界人物，曾任行政院院长的翁文灏，隐居在香港铜锣湾石油公司宿舍，匿不敢出。做过东北行辕主任的熊式辉、外交官员沈剑虹，滞留香江。当过台湾省主席的魏道明，寄居巴西。任过第一绥靖区司令的李默庵，避秦南美。刘国钧的另一位好友、经济部次长何淬廉赴美在耶鲁大学任教。

国民党分崩离析的局面，使蒋介石成了热锅上的蚂蚁，蒋经国在其父的授意下，再度登场亮相，在《中央日报》以复函披露的形式，妄图在舆论上挽回残局。刘国钧在香港寓所读到这样一段妙论：“……使得抱失败主义的人，更加倾向于失败；动摇分子，更加动摇；想靠拢的人，更是靠拢；甚至香港想来台湾的，也会不敢来了！是的，这些把不定方向，只顾现实而没有理想的人，最可耻的，就是这些拿不定主张为了苟且偷安而出卖灵魂的人，他们将来的结局恐怕将是最悲惨的。人各有路，那么最好还是想一想再走路。天下‘一失足而成千古恨’的人很多，时代是最残酷的，时间是最不留情的，总有一天，我们的战争将要胜利的结束，到那时候，一切自然都会水落石出的。总而言之，事在人为，今天的日子虽穷，生活虽苦，环境虽然险恶，人心虽然浮动，但是，只要有志气、有骨气的人，大家肯咬紧牙关，真正能够觉悟，并且体会到环境的危险和困难，一心一意来从事于反共抗俄的大业，我相信，不远的将来，台湾会有新的胜利环境和乐观现象产生出来。”文章最后说：“朋友！我们所争的不是一时的成败利钝，我们所争的是国家千秋万世的大业。”

刘国钧读后，和几位朋友议论纷纷，他们大部分人吃过蒋经国的苦头，想起1948年那场“经济戡乱”的情景，真使人直打抖颤，这篇文章无非是想拉拢他们去台湾，“敬而远之”成了他们共同的口头禅。

刘国钧说得更干脆：“眼下已是火烧眉毛的时刻，来日安危未卜，谁有心情谈什么‘千秋万世的大业’？小蒋真是满口胡言！”

大家都说，国内战争还在激烈进行，人民解放军在各个战线上继续扫除国民党残敌。大局虽定，滞留香港的人各自情形不同，大多数人还想观望一些时日，再作定夺。

面对严酷的现实，刘国钧内心矛盾重重：如果让他跟着失去民心的国民党政府跑，不仅政治上没有出路，经济上难免要被官僚资本吞并，这是他绝对不会走的路；如果让他长期流落国外做“白华”，这也不是他的意愿。他想到的是：自己的事业毕竟在内地，终究要走回去的那条路，但是，何时回去？这就有一个时机问题。因为，在香港他不是单独的，这里聚集着许多同病相怜的人，其中有自己相处几十年的挚友，有自己的同行和同乡，相互吸引，相互影响，相互制约，使他徘徊于十字路口，不得果断而行。

偕夫人赴港探亲考察

人生最忌三大悲剧：幼年丧母，中年丧妻，老年丧子。刘国钧的长子刘汉堃，因心脏病突然发作在香港去世，这是1958年的事情。家属恐刘国钧夫妇不堪承受此沉重打击，故未告之，一直隐瞒到1960年春天，在一个偶然的机会，刘汉堃病逝的噩耗才被刘国钧得知，使他悲痛异常。年逾七十又四的刘国钧绝对没有想到，自己一个白发苍苍的老人，却要为年富力强的儿子奔丧，在世上，白发人送黑发人，是何等悲惨！

刘国钧想到汉堃就食不甘味，夜不成眠，长子的身影常常浮现在脑际。

他想到长子汉堃从小虽有残疾，但求知意志坚定，人残心不残，终于成才。他在事业上，精明能干，一直是为父的得力助手，人们常常赞誉：“刘国钧有位金骆驼的宝贝儿子。”他常常为此而自慰。

刘汉堃在担任大成公司副总经理期间，尽心尽力，尤其对抗日战争胜利后的工厂恢复，谋划献策，周旋于政府要人、金融巨商和外国商人之间；调度资金，营造厂房，添置设备，招募员工，应酬政客，联络同业，十分得心应手，游刃有余，表现了非凡的经营才能。因此，刘国钧完全放心地把香港和国外的企业交付给他经营管理。

刘汉堃处事的果断、机智，也是作为父亲的刘国钧难以忘怀的。抗战胜利后的第二年，国民党江苏省省长王懋功派遣一个叫虞铭甫的人，持着王懋功的亲笔介绍信到大成公司找到刘国钧，命其给予安排为高级职员，从事大成公司的国民党党务工作。刘国钧知道来者不善，只得虚以委蛇。刘汉堃闻后，对父亲说："这事好办，交给我吧！"于是，刘汉堃分外热忱地接待虞铭甫，在会客室又是敬烟又是倒茶，还亲自领他在大成一厂转了一圈。虞铭甫自鸣得意，趁机提出："我的办公室安放在哪个写字间？"刘汉堃笑眯眯地说："虞先生，你刚才看到了，总经理室和厂务部写字间挤得满满的，可谓无插足之地。何况，我们特地为虞先生安排了一套硕大的红木办公桌椅，只能权且屈驾在会议室了。"就这样，刘汉堃把虞铭甫冷搁在会议室内，并暗示职员们不得擅自接近虞铭甫，让他每月干拿20万元的工薪，坐在沙发上喝喝茶，看看报，过无所事事的日子。虞铭甫身负国民党和三青团活动的重任，见刘氏父子冷淡自己，只得不告而别，到国民党武进县党部去就职了。

在解放前夕，大成公司何去何从，意见纷纭，在研究随机应变的决策时，刘汉堃力排众议，坚定地提出大成公司员工要留在祖国内地，提出四种处置办法，让职员们自行选择，以应付时局变化。一可以立即辞职，自觅出路；二可以商借疏散费两个月薪金，先将眷属自行设法迁至安全地带，本人专心致志留在公司工作；三可以将眷属安置到上海暂住，公司已在上海安排住处，是统敞大房间，双层木床，吃大锅饭，将眷属安排妥当后，职员仍回常州工作；四可以将眷属迁进厂内同住，与职员共同全力守护工厂，迁入工厂的时间在工厂不能正常生产停工后。同时，他提出，大成公司所属三家工厂都要分别研究加强自卫力量的措施，以防国民党撤退时的破坏活动。事后证明，刘汉堃的决策对稳定大成公司起到了良好作用，在人民解放军百万雄师横渡长江，国民党军队兵败如山倒的动荡时期，大成公司的生产没有停工一天。在1949年的战乱之中，尚能净盈原棉1000多担……

刘国钧为长子的英年过早去世，流下了悲伤的泪水。

鞠秀英听到汉堃的噩耗，忽然感到眼前的房子旋转了起来，一下子倒在了椅子里。

老夫妇在悲哀之余，相依相扶，却说不出一句相互安慰的话。任何一句话，任何一个字，都不能表达他们失去亲骨肉的悲痛之情。

刘国钧夫妇儿女情长，十分惦念汉堃的遗孀。于是，在1960年6月，约在香港的爱女璧如、快婿查济民，陪同大儿媳钱静愉同赴广州晤面。相隔十年后的重见，有说不尽的亲情，叙不完的情怀。刘国钧详细询问了汉堃去世情况和香港企业经营状况。查济民、刘璧如夫妇竭力邀请父母赴香港察访。刘国钧当即应允下来。

回到南京，刘国钧考虑到：目前国家正经历着经济困难时期，到香港去，可以想方设法筹集点资金，为国分忧；还能了解外部世界发展的情况；还可宣传人民政府的政策，介绍社会主义优越性和祖国经济建设的成就。于是，决定偕夫人赴香港察访，以争取有生之年再为国家作出有益的贡献。

刘国钧的想法，很快得到省委、省政府和中共中央统战部的批准。在中央有关部门的妥善安排下，1962年11月，刘国钧偕夫人鞠秀英赴香港探亲。

在香港，刘国钧夫妇视察了由次子刘汉栋主持的东南纱厂和由女婿查济民开创的中国染厂。见到两爿厂经营发达，他们由衷高兴。

这两爿厂有不少大成公司的老员工。他们见到久别重逢、德高望重的刘国钧夫妇尤为亲切，一再要求这位在内地任高职的著名实业家，介绍祖国内地的情况。

刘国钧当仁不让，介绍新中国的新面貌、新发展。他自己从小就崇拜民族英雄岳飞的爱国精神，企盼国家扬眉吐气，民族昂首阔步，讲到他经历了从清代到民国的几个政府，无不崇洋媚外，丧权辱国的历史悲剧。

再讲到他从香港回到祖国大陆后亲历了在共产党领导下，国家的欣欣向荣，他的企业实行公私合营后的发展情况，以及他自己思想演变的全部过程。然后，他如实地介绍了目前祖国大陆连续三年灾荒造成困难的情况。他说，现在最困难的时期已经基本度过了。在困难时期，全党全国人民经受了困难的考验，这在和平建设时期，是一件了不起的事情。他说，建设社会主义是个新鲜事物，缺乏经验，难免犯缺点、错误。现在已从正反面两方面初步总结了经验，农业生产大部分地区已开始回升，工业方面调整指标后正逐步掌握主动，逐步解决问题。他请大家放心，不久的将来，就会看到祖国大陆的新胜利！

在港员工听了刘国钧的讲话，无不喜笑颜开，解除了心头上许多疑虑。

刘国钧对原来的香港是很熟悉的，这次在香港住了个把月，对阔别十多年的香港，又有了新的观感。他觉得，眼前的香港是个不可思议的地方：百万富翁和赤贫，希望和绝望，同时并存着。他读到一位著名文人在文章中写道：香港，是珍馐和糟粕的杂拌，却以可口的形式端上桌子，让你品尝和享受，结果让人卡在喉咙口，上吐不能，下咽不得。

是的，刘国钧看到香港本身就是一种矛盾，它既是英国殖民地统治，而98%的中国居民利用中国古老的机智谋略，创造香港的奇迹——从第二次世界大战的废墟上把它建成了亚洲的商业中心。香港是个富庶的城市，然而，几百辆罗伊斯大型高级轿车与几千辆人力车并存着；摩天大楼、豪华公寓与简陋的山边小屋、成千上万贫民屋并存着。

香港是一个“1万名王子与300万贫民”的社会。正是今天，而不是昨天或明天，香港是充满大帮投机分子的乐园。在香港岛扯旗山1800英尺下的花岗岩峡谷，麇集着大班、银行家、金融商、股票经纪人、银行泰斗和其他实业家人士。不管他们信仰的是什么主义，都一样以你死我活，却又是温文尔雅的方式进行着竞争。香港，是世界各条航空线的主要交叉点，又是银行家、造船商、各种厂家、宝石和东方古董商的总汇。香港，以税率较低和英国当局控制不严而写成一篇篇惊人的发家史。

夜间的香港，成千上万座大楼上的霓虹灯一片辉煌。同时，繁忙的港口灯光，则与来往着的轮渡、货船的流光和舢板的桅灯，相映成趣。刘国钧了解到每年这里停泊的远洋轮船数逾5000艘，这个小小的23平方英里的港口，竟然能与悉尼、旧金山和里约热内卢媲美，跻身于世界最优良的港口行列。这里是世界贸易的亚洲枢纽，也是亚洲太平洋水域的地理中心。天星小轮公司邻接的大洋终端码头可以停泊4艘远洋邮船，“女王伊丽莎白第二号”和“堪培拉号”曾经同时在这里停泊；并有近20万平方英尺的裙状空间用来装卸货物。码头同时对开的轮渡，每年载乘客5000万人次。刘国钧不无感慨地知道，香港西南40海里的赌博圣地澳门，有定期班次的轮渡、水翼船和气垫船，每到周末，就有两三万个香港赌客到澳门去赌个痛快。而香港本地的赌风也很盛。这里有每周开彩两次的“六合奖”，这是一种数字搭配游戏；另一种是赛马。官方从这两项赌博中得到巨额的收入，使个人所得税率得以保持15%。

历经沧桑的香港居民，战胜了台风、洪水、霍乱、伤寒、鼠疫、火灾、日本人的炸弹和刺刀等浩劫，得以幸存下来，并创造了20世纪的奇迹。他们不会停步，还在创造下去。

刘国钧作为中国纺织工业的巨子，对香港纺织服装业尤为关心，这是他考察的重点。刘国钧记忆犹新：第二次世界大战以前，香港是商业中心，以转口贸易为主。纺织工业仅以织布业为主体，较长时间停留在半机械半手工状态。1941年至1945年，日军占领期间，贸易停顿，货币贬值，粮食缺乏，民不聊生。稍有规模的厂家陷于停顿，只有“山寨式”、家庭式的小厂搜罗劣质原料开工。战后，英国重新控制香港，社会经济秩序逐步恢复。纺织原料及熟练工人均很缺乏，而市场需求甚殷，尤其是南洋诸岛多年无纺织品进口，需要量特大，能开工生产输往销售，即可获得厚利。于是，各厂相继复工，所需棉纱，由香港当局从上海及日本运入，配售给工厂。至1947年8月，复工的织布厂达269家，共计有动力织机2616台，手工织机4120台。平均每厂有25台织机，拥有30台织机以上的工厂仅32家。其产品的90%以上销往南洋，大都是经纬稀疏、颜色易褪的粗劣产品，但颇能适应当地购买力。月输出价值约1000万港元。当时，各织布厂及针织厂，月需棉纱约6000件，当局配售只能满足70%，为此，内地及香港的纱商，在重重禁令之下，仍设法私运供应，从中获取暴利。那时的香港仅有织布厂、小型漂染厂40家，没有印花厂、毛织厂。这些小型漂染厂专为织布厂及针织厂漂染棉纱及针织品，完全手工操作。

解放战争期间，大陆局势动荡，通货恶性膨胀，定购国外机器不能进口，加之，香港对纺织品需求甚殷，港英当局采取支持措施等诸多因素的作用，自从1947年起，在香港陆续兴办了许多棉纺厂，其中大多为上海纺织企业家所投资兴办。例如，南国纺织厂有5000纱锭，日产10件纱，200个工人，资本额为400万港元；半岛纱厂有8000纱锭，日产量16件纱，400个工人，资本额500万港元；纬纶纱厂有25000纱锭，日产量50件纱，800个工人，资本额2000万港元；南洋纱厂有15000纱锭，日产量30件纱，600个工人，资本额为2500万港元；香港纱厂有37000纱锭，日产量74件纱，1200个工人，资本额为3000万港元；南海纱厂有30000纱锭，日产量60件纱，1000个工人，资本额为2400万港元。可以说，这些纱厂实际上是香港纺织工业开始走向现代化的嚆矢。迄至刘国钧在1950年返回内地时，香港的纺纱、织布、染色、针织、制衣等业的工厂超过500家，工人约2.5万名，占当时香港制造业的30%，其中制衣厂40家，规模甚小，工人共计不到2000名。战后至1950年，香港经济逐步得到恢复，并初步有所发展，但仍以转口贸易为主，加工制造业只占很小的份额。其中只有纺织工业开始趋于现代化。

1950年美国发动侵略朝鲜战争，随后美国第七舰队对中国沿海实行封锁，香港的转口贸易遭受打击，香港经济再度停滞，贸易一再衰落，促使香港部分商业界人士转向发展制造业。刘国钧考察后认为，香港经济结构的转变，是由于香港当时具备了五个有利条件：一是经过100多年的经营，其天然深水海港建成了一整套能适应现代经济发展的基础设施；二是劳动力较为低廉，并有部分未开发的土地；三是富有国际贸易经验，熟悉国际市场；四是从中国内地已流入一批上海纺织工业资金与企业管理经验，加速了经济结构的转变过程；五是发达国家纺织业开始急剧衰退，纺织生产力开始向工资较低、基础较好地区转移。刘国钧认为香港制造业的发展，特别是其中纺织工业的发展，使香港经济结构趋于合理化。50年代中期，香港棉纺织生产成倍增长，1956年有纺纱厂15家，共30余万纱锭，工人有1万余名，到1960年达到近50万纱锭。到了50年代后，香港纺织工业发展最快的是制衣业。1960年制衣工厂达689家，比1950年增长16倍，占工厂总数的12.9%，工人达4.2万人，占制造业工人的18.8%，比1950年增长20倍。在香港工业产品出口中，制衣业体系中享有举足轻重的地位。纺织品及制衣业所占全部制造业出口比重，1961年为52.1%。由此导致香港的建筑、五金、商业、银行信用水平的发展，推动了公路、海港、码头、电子工业的扩大。

刘国钧还了解到：香港经济结构的转变，以制造工业开始，以出口为目标。40年代香港仅有少量纺织工业，在整个经济中微不足道。50年代香港工业的发展过程，实际上就是香港轻纺工业出口的发展过程，也就是从转口贸易变为输入原料，加工成品，然后输往世界市场销售，从而赚取附加值。香港转口贸易值在出口总值中的比重，1950年为88.7%，1955年为60.5%，1960年为27.2%。这里，既可见其经济结构转变的迅速，也可见其制造业发展的迅速。1960年后，香港工业发展很快。当局制定法规，成立工业总会、科学管理协会，加强对工业发展环境的指导和研究，另外，成立了贸易发展局、生产力促进局、出口信用保险局三个半官方工商机构，对基层企业起到了重要支持作用。同时，还成立了三个技术中心，即标准及检定中心、工业设计中心和包装中心，使工业企业获得及时而有效的指导。

刘国钧还注意到，60年代大批外资涌入香港，加上本港私人固定投资增长也很快，每年私人投资占到生产总值的22%以上。在竞争和出口的推动下，香港的纺纱、织布、制衣业迅速成长。通过访问调查，刘国钧认为其发展有四大因素：一是交通及通信手段发达，信息快，与国际纺织品市场保持紧密联系与广泛的协作。二是以市场为导向，采取灵活的经营方式，千方百计按客户要求的品种、规格、质量和交货期组织生产，保证给予满足。三是低投入高产出，力求取得更高经济效益。香港纺织厂大多购进大陆和近东的原料和初级产品，加工后转销欧美、日本，一般不在本港销售。四是努力朝高质化方向发展，特别是制衣业，适应不断变化的潮流，趋向时代化，提高产品的附加值……

刘国钧意识到，香港纺织工业的发展历史，固然有其明显的特殊性，但是值得参考借鉴的：香港是一个点，内地是一大片，西方是一大片，香港可以用两条线与这两大片联系，发挥香港作用，既有利于中国内地的社会主义建设，也有利于香港的稳定和繁荣。从香港纺织工业发展历史中可以看到，无论40年代还是今天60年代，香港与大陆有着息息相关的血肉联系。历史是一面镜子，刘国钧以为应该从香港纺织工业发展史中吸取有益的东西，增强我们的全球意识，为增强整个中国的纺织工业在国际上的地位而不懈地努力。

在一个多月的探亲期间，刘国钧夫妇看到刘汉堃遗孀钱静愉尚能节哀保重，后事的处置又十分妥帖，他们非常放心。

刘国钧又经常与主持东南纱厂的次子刘汉栋、中国染厂的女婿查济民，畅谈国内的大好形势和社会主义制度的优越性，也许是他对香港的真实观感，使两代人相互倾吐，思想和谐，充满着天伦之乐。

他们最后商定：为国分忧，决定购买120万港元的化肥运回内地，支援祖国的农业生产，帮助国家渡过严重经济困难时期。同时，后辈们调集35万美金，参加国内华侨投资公司，支援国家建设事业。

临别时，刘国钧对子女谆谆教导，说："你们是中国人，不要忘记祖国，要经常回内地看看，为祖国的经济建设多出力，报效祖国！"

刘国钧夫妇去香港，探亲和考察后，回到常州就拜访了常州市市长于春开。老朋友见面分外亲切，他兴致勃勃地讲述在香港的见闻，以提供外部世界的发展情况。刘国钧认为常州目前的纺织工业与香港的纺织工业的水平不相上下，不过，要与国际上的水平接轨，他建议："常州要办两件事，一是要创办无纺织布厂；二是要推动服装制造业的发展。"

无疑这是高瞻远瞩的建设性意见，在刘国钧逝世五年之后，常州市在他创办的大明纺织厂，生产了无纺织布；服装制造业也蓬勃兴起，成为全国重要的生产基地。常州人民以此告慰刘国钧九泉之下的英灵。

宣传常州灯芯绒

刘国钧因为长子刘汉堃的去世，解放后曾赴香港两次，详察其后事的安排，第二次去香港是1963年3月，偕夫人鞠秀英、幼子刘汉良、媳王翠凤及孙儿刘学进5人。后来，又两次去广州约见其在香港的亲属，询问在港企业的经营状况。不论去香港还是去广州，他总是把常州九丰印染厂出品的灯芯绒样布，带在身上，逢人宣传，做义务广告员。特别是要亲属在香港进行国际贸易时，代为向外商介绍，以扩大对外贸易的影响，竭力要使常州灯芯绒成为对外贸易一枝花……

（原载于2002年第1—3期《龙城春秋》）

三下台湾

高进勇

抗日战争胜利后，国民党背信弃义，挑起内战，使全国人民重蹈战云烽火之中。

常州大成公司面临困难重重，美棉供应时断时续，原料不足；燃料采购艰难，器材难以补充；货币贬值，成本增高；民不聊生，销售困难。刘国钧自幼就具有与悖逆抗争的性格。虽时乖运蹇，时事艰难，他仍决心另觅出路。当他加深了对时局的认识，不得不审时度势，重新考虑他的发展计划，采取新的策略。他决定：巩固常州基地，伺机向香港、台湾和南洋群岛发展。于是，刘国钧就有了三下台湾的不平常经历。

拜祭民族英雄郑成功庙

刘国钧首次到台湾是在1947年夏。他偕夫人鞠秀英和挚友朱希武的长子朱炯明，从上海乘船，经台湾，赴香港。

海船离开吴淞口后，一望无际的海水，黄澄而浑浊的一片，看不到边缘。他们迎着凉爽的海风，凭栏远眺。

“炯明”，刘国钧瞧了一眼这位小青年，若有所思地说，“我想起你小辰光，常常踯躅街头，爱吃零食，不肯学好。我曾当你爹的面，骂你没出息。现在看来，你总算没有被我骂中，几年来，你学有所成，总算为你爹争了一口气。你被我骂了以后，怨恨我吗？”

朱炯明腼腆地说：“老伯，我感谢您还来不及呢，哪会怨恨呢！因为，您是为了我学好啊！”

“其实，一个人只要有志气，什么事都可以做得到。你看，我不是一个生祠堂的穷乡童吗？就是有那么一点志气。今天，我不是带你们坐洋船的头等舱，到外国去闯了吗？”刘国钧诚挚而自豪地说。

午间的阳光，强烈地照射着海水，映出如水银般耀眼的光芒。刘国钧、鞠秀英因多次乘海船出国，已很适应。但是，朱炯明感到有点头晕，想回到舱房去睡觉。

这时，刘国钧怂恿他说：“炯明，办实业一定要办大办强，要经常到外国市场去闯。今后你乘船出洋的机会很多，老是躺在船舱里睡觉怎么行？现在，你要在甲板上适应环境，练出胆略来！”

“好的，我听老伯的！”朱炯明咬咬牙，摇摇晃晃走在颠簸的甲板上。良久，他一不小心跌了一跤，重重地摔倒在甲板上。

刘国钧没有前去扶他，相反，偕着夫人鞠秀英，继续前行，边走边说：“任凭风浪大，跌倒自己爬。”说完，哈哈大笑。

这顺口溜和笑声，仿佛给他一股无形的鞭策，一股自信自强的千斤力量，使他猛然自己爬了起来，紧跟着刘国钧夫妇，徜徉在摇晃的甲板上。

在头等舱的套房里，为打发漫长的辰光，刘国钧邀朱炯明下象棋，鞠秀英在旁观战。

朱炯明年轻气盛，落子快捷，又常常后悔不已。有时，走了几步棋，眼看大局已定，乖乖认输。

刘国钧对此不以为然，数说朱炯明不认真。他固执地把朱炯明的每步输棋，重新摆出。然后，指着棋谱，谆谆而道：“俗话说：心慌吃不得热粥。尤其是下象棋，更要全神贯注，步步为营，来不得半点马虎。你看，你这只马不那么跳，棋势会不会变？你要好好想想！”

于是，朱炯明一反无所谓的态度，用手托着下颌，认真地望着棋盘，沉思良久。这样，居然让他想到一二着活棋来，他高兴得手舞足蹈。经过刘国钧几次三番的点拨，朱炯明的棋艺猛进，他们对弈的兴趣更加高涨。事后，刘国钧对朱炯明意味深长地说：“下象棋与做事业一样，在很多情况下，看看已是死而无疑。但是，只要用心去苦思冥想，十之八九是会找到活路的。”

船到台湾，歇在基隆港口码头，在此停靠一天时间。

刘国钧对夫人和朱炯明说：“听说，台湾的风景名胜众多，我不想游山玩水，只想去拜祭民族英雄郑成功庙。你们意下如何？”

他们都表同意。于是，雇车直驰台南市。

提起台湾的郑成功祠庙，全省不下五六十座，而以台南市东的郑成功庙的历史最早，祭礼最隆。因为，台南地区是民族英雄郑成功（1624—1662）家族经营的中心。台湾人民于清初在此即建“开山圣王庙”，或称“开台圣王庙”，纪念民族英雄郑成功收复台湾的盖世功绩。清乾隆时，“开台圣王庙”又扩建。清道光二十五年（1845）重建。清同治十三年（1874）福建船政大臣沈葆桢巡视台湾，建议清政府将此庙列为国家祭典。清光绪元年（1875），清廷赠郑成功延平郡王称号，此庙再行扩建，改称“延平郡王祠”。每年农历正月十六日举行祭礼。

台湾台南市郑成功庙门口，有一副楹联曰：“由秀才封王，为天下读书人别开生面；驱异族出境，语中国有志者再鼓雄风。”上联“由秀才封王”

指郑成功是南明弘光时的监生，永历帝封他为延平郡主。下联的“驱异族出境”指1662年驱逐荷兰殖民者出境。此联高度评价了郑成功收复国土的光辉业绩，表达了对这位民族英雄的崇敬。

庙中还有一联云：“开千古得未曾有之奇，洪荒留在山川，作亡民世界；际一生无可奈何之运，缺憾弥诸天地，是破格完人。”

刘国钧一行在庙内大殿拜谒了郑成功塑像。在肃穆氛围中，刘国钧对朱炯明严肃地说：“郑成功是民族英雄，他打败了占领台湾38年之久的荷兰侵略军，收复了祖国的疆土台湾。同时，我们不要忘记民族英雄岳飞，因为，我们是生祠堂人，我们的祖先是跟着岳飞从中原迁来的。”他们在殿后的庭院中参观了郑成功亲手种植的古梅一株，已是枯干苍古。而听导游介绍：古梅在早春时，疏影横斜，暗香浮动，烂烂漫漫地怒放起来，有枯木逢春之妙趣。

观后，刘国钧对他们说：“郑成功为何独植梅花？古人曾说：‘水陆草木之花，香而可爱者甚众，梅独先天下而春，故首及之。’郑成功先天下收复祖国宝岛台湾，就是他身为民族英雄的可贵可敬之处。”

在台南，他们午饭后，仍乘车返回基隆。看看天色尚早，刘国钧又带上他们去逛市场。在市场上，他让鞠秀英领着朱炯明去布摊了解大成公司出品的大成蓝布、阿尼林黑布的销售情况；他自己去调查台湾光复后，棉纱、棉布的生产、经营、原料等商情。

当朱炯明跟随鞠秀英在一家布摊，找到了大成蓝布、阿尼林黑布后，向摊主问了些情况后，他急匆匆跑去找正在调查商情的刘国钧，说：“老伯，有个布摊上，有我们厂出品的布卖的，他说，生意不错。”

这时，刘国钧刚巧完成了调查，合上笔记本，与兴冲冲的朱炯明一同跨出店堂，边走边说：“炯明，我们作商情调查，决不可听别人说了句好话后，就忘乎所以。你不要得意，要再去问问他们：我厂这些蓝布、黑布，有什么缺点？顾客有什么意见？还有，其他同类厂家出的布，有什么优点？有什么缺点？这些都得问问清楚。”

朱炯明笑了起来：“老伯，还有这么多讲究啊？！”

“是啊，知己知彼，百战百胜嘛！”

当他们来到布摊前，只见鞠秀英正在向摊主问长问短。刘国钧站在一旁，静心听着。接着，刘国钧又插话，问东问西，重要之处，他都一一作了笔记。

街道上，来来往往的行人很多，有许多人停步，好奇地观看这对老夫妇。有谁知道，眼前的这对老夫妇，就是功成名就的大成公司总经理刘国钧和夫人鞠秀英呢？

他们返回海轮后，继续航行，经过四五天的海上颠簸生活，终于到达了香港。

筹办庆泰染厂

1948年4月，刘国钧决定在台湾创办纺织厂。于是，召见意诚布厂厂长陶振熙，派他负责筹建。5月份，先由大成三厂的许永年和意诚布厂的杨明鑫，去台湾找落脚点。6月9日，又派副总经理朱希武赴台湾视事。8月3日，陶振熙、胡逸飞等人，携200台织机，此织机曾安装在大成三厂，被战火烧过的，租赁台北县板桥镇海山神社，约有百亩多地作厂房。另在台北市南阳街4号，成立“台安兴业公司纺织厂筹备处”，拟定资本为台币6000万元，运去2万匹布，变卖后作筹办费用。

接着，刘国钧亲临台湾作商情调查，发觉自甲午海战以来，直至抗日胜利，台湾被日本统治奴役整整有半个世纪。日本对台湾的殖民统治十分严酷，不论是政治、经济、教育都妄图使台湾日本化。台湾人只能学医术、农业方面的知识，其他学科是不准问津的，主要害怕威胁其统治地位。加上本地原料贫乏，依赖日本，日本又对台湾地方经济严加压制，因此，在台湾还谈不上有什么工业。

刘国钧参观了一家政府接收的日本纺织染厂，厂长是原常州民丰纱厂的祝子灏。这个厂的机器设备，比大成公司从常州运来的织机还陈旧。号称有1万纱锭、300台织机、10台染缸，工艺十分落后。

此时，上海、无锡、苏州、南通等地的民族纺织工业，都有部分纺织机器运到台湾筹办新厂。加之，大陆运去大量布匹，致使台湾的布价猛跌，差不多和纱的价格相等。

但是，刘国钧发现，台湾市场的色布价格比较稳定，赚头也多，染一匹元色布，可赚一元美金。50元美金就能买到一两黄金。鉴此，刘国钧委派陶振熙积极筹办染厂。

陶振熙全力以赴，他偶然在报纸的广告栏中，看到台北市双城街的一家造纸厂要出盘，这家厂的水电、锅炉、厂房齐全。于是，决定接盘下来，以台安兴业公司陶振熙的名义和上海实业公司的胡忠甫、靖江祝耀堂，三方面各出资1万元美金，合股3万元美金，开办“庆泰染厂”，由陶振熙任厂长。接着，在广州买进一爿染厂的6只染缸，1台烘干机；以常州大成公司调去的员工为主，招集在台湾的靖江人，并招收部分当地的台湾人，还写信给台湾工业专科学校，请来了4名专业学生。不到两个月时间，筹建就绪，开工生产。每天能染200多匹布，由于市场色布销路好，庆泰染厂很是赚钱。刘国钧与查济民、朱希武、刘汉栋到厂视察，甚为满意。

筹建台安兴业公司纺织厂，由于建筑材料严重短缺，于是，公开招标，投标投中者也没有货物供应，当筹到货源后，却发现木材大都是腐烂的，砖瓦仍无法筹集。

见此状况，刘国钧对陶振熙、胡逸飞指示：“你们在台湾看守，暂不进行基建，视情况的变化，再作决定。”

刘国钧觉得，当前台湾的条件甚差，市场有限，加之，内陆厂家多有迁台之意，势必造成众车拥狭路，进退维谷，难求生路。

刘国钧立即召见同在台湾的大成公司副总经理朱希武和次子刘汉栋，派他们两人先后赴香港，约齐香港大孚商行的吴达机经理，同飞南洋考察商情。并规定他们每到一处，以书面报告，用航空信函达上海，以便公司及时处置。

嗣后，刘国钧回到上海。

考察阿眉斯人的服装

1949年春，香港东南纱厂生产经营已上轨道，刘国钧略作安排，于4月13日，乘坐“盛京号”轮船，再次赴台湾视事。年初，吴达机代表大成公司在台湾向许金宽购得房屋一所，地址在台北市，作为刘国钧的私寓。他踏上台湾的土地，正是暮春辰光，感到眼下的台湾与一年前大不相同。国民党军队的总崩溃，由济南首开其端，然后，是解放大军进入关内，直迫平津。国民党军队徐蚌惨败，蒋介石嫡系部队被消灭大半，仅寄希望于长江天堑挡住人民解放军精锐，结果还是美梦一场。南京、苏南全境解放，上海的攻克迫在眉睫。蒋介石已命蒋经国在经营台湾，为其最后的根据地，并守住沿海岛屿，使与台湾相呼应，再作对峙。故此，台湾军政警宪似洪水涌至，税收敲诈频繁，台湾民众怨声载道。工商业者更是首当其冲，刘国钧也遭勒索，深感台湾不是立足之地。

他在考察中了解到，日本人在台湾经营的纺织厂，为台湾省政府接收后，在台湾工矿公司之下设立纺织分公司。其所属的纺织厂规模状况为：台北纱厂有纱锭8956枚，织机700台，漂染整理机一套；乌日纱厂有纱锭20208枚，织机498台；新丰布厂有织机243台；另有其他厂的麻纺锭5406枚，均先后开工生产。

台湾原先较有规模的民族纺织工业，有15360枚纱锭的元盛纱厂、12800枚纱锭的蓬莱纱厂、5740枚纱锭的高砂纱厂、5120枚纱锭的胜泰纱厂、4176枚纱锭的北港纱厂、2672枚纱锭的中央纱厂等，也陆续投产。从大陆搬迁到台湾的纺织厂为数不少，有华南纱厂、大秦纱厂、雍兴纱厂、申一纱厂、中纺公司等企业。因此，刘国钧感到厂满为患，不宜与世偃仰。

为了解剖台湾当地人对纱布的需求，刘国钧特地到台东县的高山族，对阿眉斯人的服装作了考察。阿眉斯男人穿长袖短襟的上衣和不及膝盖的男裙。男青年平时扎白头巾，左边打结。盛装时，老年人头缠黑头巾，下穿宽筒裤子。阿眉斯女人的装扮与男人相同，只是女裙过膝盖，内外两块方布。内裙由左至右，外裙由右至左围起来。女上衣也有斜下的大襟衣。中年妇女平时头缠黑头巾，少女头扎白巾后打结，夏天穿坎肩。服装一般都是黑颜色，也有少数是淡蓝色的。在日本人的生活习惯影响下，男青年戴便帽，穿制服；女青年穿裙子和连衣裙的也多起来了。

按当时社会消费需要，台湾应有15万纱锭，5000台织机，始能满足市场的纱布供应。刘国钧估计目前已近10万枚纱锭，3300台织机，大陆还有纺织厂陆续搬来，发展很快而将接近饱和状态。加之，台湾省内采棉季节每多台风，故不宜发展棉花生产，原料不能自给，需从外部调入，一旦情况有变，受制于人，纺织工业的发展，前景黯淡。

再从印染整理工业的状况看，台湾在光复初期，有小型漂染厂4家，1946年整染漂布、色布556万多米，预计今年将达1400万米。因此，在台湾新建印染厂，竞争非常激烈，风险颇大。

刘国钧通过对市场的全面调查后，感到台湾的投资环境远不如香港有利，迅速作出决定：继续办好庆泰染厂，200台织机暂且延搁，听候调遣。

当刘国钧从台湾返回香港，正是春光明媚的季节，沃土中已经有了许多嫩绿的新芽探出头来，鸟儿也唱出嘹亮的歌，传来了上海解放的消息。

（原载于2001年第3期《龙城春秋》）

第四章

初心不改：开厂是为多数人谋生计

扶危济困心系故园

陶振熙

1927年我经朱希武先生介绍进广益二厂，引见国钧先生后，承蒙留厂任织部主管工作。记得在一次午饭时，络纱工家属送饭，径自进厂，我未曾亲自为之传递，而遭到责怪。从其话中领会到必须防止厂中物件走失，他对经营管理的方法，从谈话中认为不同于大厂的围墙方式，而是采取盘香方式，由起点逐步向外围扩展。在1928年阴历正月初四晚，召集全厂职员在他家中举行开工宴时，晓谕大家在工作中必须注意事项，我乘机也提供了我的观点，认为工厂管理必须是科学和理智的结合，要使工人自觉地做好工作，爱护工厂，建立良好的劳资关系。

我早年身弱多病，当时工厂是9天工作才休1天，是每班工作12小时的二班制，在厂休日夜班工作延长3小时，接班提早3小时，实际厂休时间6小时。轮到我上夜班开始几夜还能支持，之后勉强到午夜后就要发病卧倒。因此，照顾我调到广丰布厂主管织部长日班。

1929年我申请辞职，他问我今后去向。我陈述回乡办厂的计划，他当即慨乎言之，认为生祠堂人心叵测，痛陈他当年在镇开办公裕土纱厂，亏蚀3万元的往事。并说："你应该知道，为什么回去再蹈覆辙。"我当即回答：

公裕土纱厂经办人当时对摇纱户也有欺骗行为，按手摇车每架发放花衣十两，实际每架多发二两，开始一二次，摇户虽复秤感觉，仍照数摇纱缴厂，其中有心怀不服者，认为历来最重每斤只有十七两三钱的秤，哪有十九两二钱的秤，就按每架扣下半两之数到厂缴纱。厂中管收发的秤纱时，感觉少缴半两，摇户提出要当面复秤，管秤的不予理置，仍扣除半两。摇户为了生活，只好忍气吞声。日久所有摇户多不服气，就设计对策：每架扣纱半两，将缴付的纱喷水用棉被热焐均匀，然后用布覆盖送厂缴货。此端一开，不久即遍及几千摇户，厂方感觉纱较潮湿，只好用竹竿晾干，但纱累积一多不及晾干，就打包成件，以致发热霉烂。国钧先生至此才恍然发问：真有其事吗？我说：你可以问在家乡的亲友。他说：这就要看你今后回去的施展了。这样，我就回到家乡，在亲友和同学们的协资下，于生祠镇东街头租赁徐姓及本家房屋10余间，成立生活合作社。到上海购进铁木混织布机12台，及手摇筒子纡子车和整经漂染等配套机械设备。成品布匹设门市部销售外，还批销靖城和各市镇布店。

1932年春，国钧先生返靖扫墓，乘便来到生活合作社工场参观，得到称许。表示要促成徐吟甫先生到家乡投资，扩充合作社生产规模。此时我姐夫刘鸣球谈到靖江孤山镇刘明甫先生之子刘文澜，毕业于南通纺织学院，拟在家乡开办织厂，明甫先生认为可先加入生活合作社，一俟取得治厂的经验后再行定夺。我为了发展本地工业，当即表示欢迎参加。并邀刘文澜先生到常州拜谒国钧先生、朱希武先生和徐吟甫先生等洽谈增资改组事宜。在谈妥的基础上，更名为善余染织厂，迁到生祠镇中街河南朱家旧屋，由刘文澜先生任经理，我任副经理。增添铁木混织机24台、手拉织机30台。但厂务扩充货运量随之增大，秋后河浅水运困难，陆运费昂，感到有必要将镇东面一条港沟通南起长江的岳前和上六圩港，北至界河的大靖港浚深拓宽，使之长年有水，便于船运。为此我曾专程自长江到界河实地步行测量，以一个铜元为百步，一个银币为十个铜元作为里程筹码，测得南北之间大概长度，再计算浚深拓宽将要挖掘的土方，包括按沿港两边田亩分派，隔港田亩一半分派所承担的任务，港南口和港北口两个大坝，以及贯串横港围河等小坝，计算出挖泥费，机船戽水费以及其他费用，共需13000元，记录在名片上，向当时五区区长缪庭锡商谈。他当时未曾明确表态，只是唯唯否否。

在1934年春，将此意图向西街张源泰盐栈提出，受到极度赞同。该盐栈亦深感秋后水浅无法航运，不得不改雇独轮车从上六圩港口运盐，要多花一二千元运费。为一劳永逸计，自愿承担浚河1/4的费用，本镇商店和居民为了饮用和运输的改善，亦同表踊跃捐助。为此我专程晋谒当地士绅杨名浩老师，汇报此事兼聘主持此项工程。他表示因年迈，只能担任佐理，还该另聘有名位者主其事。我当即提出靖江县长陈桂清、士绅刘沛霖任正副主任。他表示认可，即会同晋谒陈桂清县长提出浚河计划，在陈县长同意之下，即令县财政部门拨出公款以完成浚河工程。县长因为地方公款是存在庆余当铺，即召见该铺主刘达生到县府会谈，刘以当铺已停业，必须在当户取赎当件后才有款归还。县长当即令他积极筹措。同时接受浚河主任的请求，并同意任命杨名浩老先生、刘沛霖先生任副主任。全港工程划分上六圩段岳前段和大靖段，上六圩段由季兆陵区长任主任，罗仲培、杨名浩二位任副主任；岳前段黄济川任主任，华国望、张华动二位任副主任；大靖段由范循舆区长任主任，陶耀文、鞠芝兰二位老先生任副主任；陶季辑先生负责事务与文件，徐锦文先生负责会计，我负责综理事务。一切经过洽妥后，杨老先生为筹经费事，嘱我到常州和刘国钧先生徐吟甫先生处商谈。我到常州后，先通过朱希武先生取得他的赞同，然后会同见国钧先生，他很同意此举，表示捐助不少于徐吟甫先生。再会同见徐吟甫先生，他也同样征询国钧先生捐助之数，获悉国钧先生的表态后，慨然叙述当年他父亲徐筠老爹三次拟开此港，均因黄济川声誉和影响作罢，现在的人员组织已非曩昔，黄济川是会安分的，这样就此确定了经费。当即在常州租定戽水机船两只，分设于长江与界河两口，工程事务处设在生祠镇岳庙内，杨老先生将其印章交付嘱我代为执行。

浚河工程于此开始，所有南北大小河坝均已筑好，可是天不作美，连绵大雨，妨碍施工。因此地方不良分子即妖言惑众，从中捣蛋，杨老先生也认为天如不放晴只好停止施工。我回答是本星期雨不停止即结束浚河工程，已有耗费，由我个人负责。至星期五出现晴日晚照，朱希武先生从东街田培生家出来，沿路欢呼天已放晴，大无畏的精神可以干了，自此连续晴了一个多月，越过困难，真可谓人定胜天，工程圆满结束，当年农民受益欢呼不已。从此靖江所有通连源头活水的河港均一一次第疏浚。当年我年甫卅岁，相当于这港的南北里长度，虽年轻力强，但患有严重痔瘘，艰于步行，往往以独轮车代步，竟于浚河工程中，自始至终，整天南北奔走，处理事务，晚间还要准备明天工作，日夜不遑而无倦意，功成之日，痼疾痊愈。古谚“户枢不蠹，流水不腐”，健康在于劳动，从我身上得到应验。

港工完成收集捐款时，生祠镇张源泰盐栈竟违承担捐款1/4的诺言，只肯出1000元。我当即扬言如不履行前约，也不必捐款，今后如果航运，必须缴费。最后由该栈对外经理瞿武臣出面洽商，付款2000元了事。本镇商民旅外同乡捐款收集后，即向县府领取公款，陈县长以刘达生未将款交出作为借口，拒不执行。我即带着杨老先生的上控文晋省申请饬令县府拨给浚港公款。回靖后陈县长对我说：你晋省告我吗？我说：你离任在即，浚港已成，要结算费用吗。他最后拨给200元。我说也好，有此公款，名义名义。统计浚港费用共支11600元，盐栈少付1200余元，本镇商民及旅外同乡共捐1200余元。刘国钧先生、徐吟甫先生各捐4000余元。分付三段工程一应费用，顺利结束浚河工程。

综观浚港成就，应归功杨名浩老先生全力支持，刘国钧、徐吟甫二位先生的慨慷，朱希武先生热心援助。三段主任积极办事，沿港民众踊跃工作，生祠镇商民及旅外同乡的乐助，鼓励着我敢于能不计成败全力以赴所致。

国钧先生从此对家乡恢复热情，将童年故居拆建，计有四开间二层对楼，中设天棚，两边厢房，均有天井；沿河临街高筑围墙，中间设正门，东边设侧门，西边南北一顺锯齿形平房六间，二层带楼屋南面有庭院，庭院南面建高平房二层带各五间；在前楼东边侧门内齐楼房平房建一条走廊房屋，参差40余间，室内上下全部用玻璃门窗，地面铺设有青砖有水泥有地板；一座大厦矗立于生祠镇。从四面八方均可远远的看到，犹如鸡群之鹤，接着修建岳武穆王庙，修饰塑像，整理内园，筑固围墙。修理望岳桥更名为思岳桥，勒石“精忠报国”四个大字于岳庙门墙，八幅碑文嵌在两边墙内。同时修理西街万年桥和沿街镇内河的木桥，并将沿河棚屋拆迁至西街头另辟建新街。疏浚市河，整修东街石板路。资助贫苦子弟读书，赈济地方歉收困难户。每年陆续到家乡招收男女青年进入大成公司各厂工作，按知识差别分派作练习生、艺徒和养成工，并资助爱学青年进纺织染科技学校攻读。

善余染织厂经营三年，刘文澜先生动念将厂迁进靖城。我将此情告诉国钧先生，他微询我的看法，我的答复是：之所以毅然离常到家乡建厂，目的是发展和繁荣家乡，因此我决定不考虑迁城。国钧先生深表同情，并为筹划将厂分开，一部分由刘文澜迁城改名为善余昌。我们增资添机扩大为善余恒，迁厂至他所建造的新厦，一经确定，即在新厦后高平房南面添建锯齿形平房五间，三层带东边走廊以东租柳三奶家后南建厨房二间，车间外墙东建烘纱房，西建染灶三间，周围竹障内设晒纱场，新楼临河北楼下东边一间及毗连平屋一间设门市部，西楼下面二间设会计室，机物料及染料供应室毗连一间设办公会客室，南楼下为整经穿综筘成轴准备间，北楼职工宿舍及货房二间，南楼作家属宿舍和客房。拥有铁木脚踏织机46台、手拉打梭织布机24台、手摇筒子纡子车60余架。色织布用不褪色染料浸染纱线，产品包括提花素色和条格等布匹，门市规定不卖外货，不二价，不抹零，不欠账，不售次货，营业鼎盛，批发除销靖江县各镇外，还远销泰兴、泰州、南通、如皋、黄桥、姜埝、曲塘、海安等地。后来发展到常州、镇江等城市。运销成品后，随即购进纱线机物染化料，以每星期为周期，后来适应营业发展的需要，还购销大成公司的漂白染色印花等布，收到很好的效益。

1936年清明节前，国钧先生回靖住在自建的家中，兼是投资的善余恒厂内，巡视楼房上下的陈设和布置，工场机械排列，周围环境布置，生产质量和管理情况，职工人数，各工种每人每月的收入，深切关怀地了解和查询。深表满意地指着眼前的建筑说："昔年是灰堆和棚屋，可说是沧桑之变，但难保将来又是如何呢？"他回忆幼时父亲不理生事，多赖母亲耕作维持生活，甚至到舅家沾润度活，环境使我不懂事和不安心读书，甚至借口上学将书包放在东岳庙菩萨龛下，到处闲荡，一次塾师因我经常辍学，来我家了解金生不上学的原因，是否生病？回来母亲追问我，才道出逃学实情。我当时对读书不感兴趣，所以送我去学做道士，诵吟莫名其妙的道经，更感乏味。可是对于糊制灶神轿等玩意，倒很出色，不久，我又对此行当感到厌倦，不愿去做。母亲再央人荐到靖城姚家酱槽坊当学徒，做不多时又厌弃回家。适逢河对面柳秀方叔叔从江南回来扫墓，我母亲求他将我带往江南埠头谋生，柳叔叔慨允。我在起程前，也仿效人家来到东岳庙神前顶礼问卜，签上竟有"平地一声雷"字句，我很高兴，受到鼓舞。从此随柳叔到江南，经过常州到奔牛镇，住宿刘吉升京货店，明晨起身收拾床铺后，主动帮助店堂做一应打扫开店门工作，表现得满有精神，有鸦片癖的店主来到店堂见此情形很觉满意，当即询问柳叔有关我的去处，当他明了之后，表示愿意留做该店学徒。从此我开始走上事业发轫道路，悉心探求经营方法，积极做好本分工作。取得一定成就之后，转为和丰独自经营，逐步自商业转为工业，经办大纶、广丰、广益一、二织厂直至大成纺织染有限公司。回想过去，深感家乡太贫困，拟乘此时机在镇上创设纺织染厂，但必须把镇东的港进一步拓宽浚深，以便机轮通航。向南通唐家闸大生纱厂洽商供给电源，自费安装电路，厂址以镇东于家沟以南到团河，大靖港东到头圩港之间，比较便利交通。生祠镇扩充校舍，增办中学和幼儿班，作为发展生祠镇地方事业的初步进程。

我很兴奋地于翌晨邀集全镇父老和学校师生于东岳庙集合，由国钧先生向大家讲话，内容是要效法南通张謇状元，兴办地方工业，培育知识人才，使地方繁荣，人民生活改善。第一步兴建纺织染厂和扩大学校规模，以后就本地农业兼副产品改进耕作和养殖，作为加工制品，自用外销，达到人人有事做，有收益。

国钧先生回到常州后，即与朱希武、徐吟甫二位先生商妥，准备纺锭10000枚、织机200台和全套漂染设备。为此我即去南通拜会大生纱厂经理，终于在上海扬子饭店会见到，将接电源谈妥，又在泰兴口岸购进杉木13排，运放在本镇市河内。后于日军犯境，木料被匪劫走。

当时，国钧先生所经营的常州大成纺织染有限公司，计有大成一厂纱锭20500枚、织机604台；大成二厂布机732台、日产5000匹的漂染印整全套机器设备；大成三厂新厂房第一期纺部工程基本完成，最新式纱锭32000枚大部分到厂，陆续安装试车，织机1008台；武汉大成四厂系与震寰纱厂合营，纱锭26336枚、织机250台。对比1930年开办时，纱锭10000枚、织机260台，不到8年时间，资金增加8倍，平均每年递增相当于开始投资额一倍以上。是抗战前全国同行业厂发展最迅速的。谚云："业精于勤……荒于嬉"，"精诚所至，金石为开"。为了国货畅销，抵制日货，抱着发愤图强精神，曾四次赴日本到纺织染厂参观揣摩，回来改革创新。孟子有云：天将降大任于斯人也，必先苦其心志，劳其筋骨，饿其体肤，空乏其身。可是孟轲成就，得自孟母三迁，对照国钧先生的幼年，也是三度辍废学业，母亲丁太夫人为之三易环境，而后得遂志愿，锐意经营，勇往进取，从无到有，绝非侥幸能致，作为父母之于子女者，知所借鉴矣。

重视交友自奉省俭

蒋鸿文

国钧先生是在旧社会的“三座大山”隙缝中发芽、成长、发展起来的。他的一生始终贯穿着一种艰苦创业的精神。他真正是白手起家，披荆斩棘奋斗起来的，是极不平凡的一生。

国钧先生是我父亲的盟弟，也是我的老师，可称是世交。我在他创办大成不久进厂，从当练习生开始，前后达六年，直到抗日战争爆发，才离大成继承父业。当年的一个总的印象是创业难，守业也不易。在大成期间和在以后的日子里，我曾亲聆国钧先生许多教益，学习他经营管理上许多宝贵经验，至今记忆犹新。现在我谈谈几个主要的方面：

处事果断，接盘大纶久记

国钧先生目光敏锐，处事果断，接盘大纶久记即突出事例。当时的起因是，有一次他和顾吉生同车赴沪，两个人交谈中谈到大纶久记问题，顾表示自己已无意再继续经营，说如果有人接盘，他将愿意出让。国钧先生当即追问：

“是真的还是说说的？”顾答道：“当然是真的。”真是“言者无心，闻者有意”。他当时看出，作为大纶久记的负责人，是在对这个厂已经丧失经营信心的情况下才肯出让的。但他对经营并不抱这种看法，因而竭力争取接盘，这时显示出了他的宏伟气魄，开始积极奔走筹措，曾先后说服一些股东像刘叔裴、刘尧性、谢钟豪等先生不要提股，同时通过各种关系招募新的大股，像吴镜渊、徐吟甫、俞泽民等先生，最后终于取得成功，达到了接盘目的，开始成立大成纺织染公司。说明他在这种重大问题上，特别是在关键时刻，能够当机立断，看得准、抓得狠。我看到他以后在广益并入大成为二厂，创办三厂，以及与汉口震寰合作建立四厂等重大问题上，表现也都是如此。

我在大成时期，在和国钧先生接触中，看到他对企业内部情况能明察秋毫，遇到问题也总是有决断、有办法，而不是举棋不定，或者含糊了事。该办的就办，该自己办的就亲自办，并不把所有的事都委托下级。比如遇到市面萧条、产品呆滞时，他常常亲自出马，去内地各省了解情况，开拓市场。他说过“要吃龙肉自下海”，充分显示他办事的负责精神和宏伟气魄。

团结合作，互敬互让

国钧先生十分注意企业领导层之间的团结合作。大成在董事会成立后，决定国钧先生为经理，靖基先生为协理，两人作为核心领导可谓珠联璧合。领导班子中的其他成员有：事务长华笃安先生，稽查刘丕基先生，会计徐仲敏先生等。国钧先生在这个领导层中间，能十分注意团结合作，互敬互让。因此在广大职工中树立了威信，对生产和业务能够指挥自如，而把企业搞得有条不紊，生气勃勃。像国钧先生与靖基先生原为同乡，为了弄清辈分问题，国钧先生还曾亲自回靖江故里，查看刘氏家谱，了解到靖基先生比自己长一辈，回来后就开始对靖基、丕基两先生以阿叔相称，看起来这不过是一件小事情，但足以说明国钧先生的办事精细，重视团结工作。他认为领导层之间的紧密团结，是搞好企业的重要条件，否则如何谈得上通力合作？因此可以说这关系到企业的成败利钝，并不是一件小事情。

重视人才的使用和培养

国钧先生十分重视人才的使用和培养。国钧先生在最初阶段，几乎是单枪匹马，集大小事务于一身，到创办广益厂时，开始聘请朱希武、蒋少奎、高金鹏诸先生作为辅佐，以后又聘请查济民先生负责生产技术。之后，他进一步重视延揽人才，像在创办大成后不久，聘请了陆绍云工程师、何乃扬先生等，又聘用大专院校应届毕业生作为企业的新生力量。陆绍云工程师是国内有数的纺织专家，何乃扬先生也是本邑知名人士，他都愿以重金礼聘。陆工程师年俸为5000元，这在当时是不小的。应届生在到厂以后，有的还出资送往国外深造。这种为企业设想的远大目光和宏伟气魄，确是不简单的，也是其他企业所罕见。他曾经说过："宁可以100块月薪用一个能人，不愿以25块用四个庸人。"说明他重视人才和用人的一个原则。

另外，他积极培养和提拔厂里的青年职工，主要就是对练习生、艺徒，加强对他们的道德品质教育和业务技术训练。他对这方面的工作十分重视。在青年职工中凡是素质好、有才能的，不问亲疏，都能得到提拔重用。他认真注意选贤任能，常说要"举贤不避亲"。他的许多措施极大地鼓舞了青年职工的上进心和工作积极性。几年以后，大成终于培养出许多有用之才，建立起一支技管力量比较雄厚的职工队伍，在经营管理和企业发展上发挥了很大作用。

恩威并施，赏罚分明

国钧先生在管理上恩威并施，赏罚分明。国钧先生性格爽朗，在企业里看到出现浪费现象、歪风邪气或生产事故，他就要追究责任，严肃批评，严重的开除出厂，毫不客气。在当年接盘大纶久记时，与对手顾吉生订立协议，其中有一条，凡是原上海帮人员，除主要负责人撤走外，其余一律由大成新公司留用。国钧先生当然承担了这个义务，他对新老人员一律看待，好的同样重用提拔，但是差的也严格按厂规办事。记得在上海帮老职工中有一些所谓“翘裂西瓜子”，在年赏问题上想起哄，他们没有想到厂方早有戒备，不等到他们行动，很快就被识破，乘机把这帮人清除出厂，把培养出来的新人员顶替上去，借此并教育了全厂职工。

我在厂里和他是师生关系，对我也同样要求很严，不因为我父亲关系而对我有所放任。我曾吃过他一次严肃批评，但对我却又十分关心。

1935年间他亲口叫我赶快学日语，要把我送往日本学毛纺。说明他在管理上公私分明和对我的信任与爱护。他对所有其他因亲友关系进厂的也都一再说明，放在哪个部门就归哪个部门管，不要因为有关系而放松或包庇。这是他严肃认真执行管理责任制的例子。

另外，大成的工资奖励标准是高的，福利待遇也比其他厂好，因此职工的生产情绪高，思想稳定，很少有流动现象。而且在整个职工中逐步树立起一种认真工作、严守纪律、团结一致和朝气蓬勃的优良厂风。

锐意改革，精益求精

不断改革与创新精神。国钧先生有句办厂名言，叫“三个一点点”，这在常州纺织界流传比较广的，就是货色要比别人好一点点，成本要比别人低一点点，价钱要比别人高一点点。这是他办厂的经验总结，也是他在办厂中一贯努力追求的目标。他从搞手工织布开始，以后改铁木混，改动力织机，设备和产品几乎不断改进升级。在接办大纶久记以后，更从多方面对企业进行整顿改革，包括人事组织、设备条件、管理制度、职工教育、技术培训、工资奖励等，因而使大成能在短期内办得有声有色，产品在市场竞争中立于不败之地。有些办法如厂训、厂歌、“功德堂”、子女顶替等还都是他匠心独具的创举。为了降低生产成本而提出的要制服三只“老虎”——“白老虎”指用棉，“黑老虎”指煤，“花老虎”指机物料，也是他在管理中总结出的经验。

国钧先生早在1924年办理广益厂时，就首次访问日本，考察日本纺织工业先进设备技术，以后他曾多次出国考察，每次考察归来，都给自己的企业提出了改革方案，并且付诸实施，取得显著成效。这种锐意改革、精益求精的精神，是他经营上的一大特点，也是其他企业所罕见的。改革创新固然是为了自己企业的利益，但是他还包含着振兴实业、挽回利权的思想，在他倡订的厂歌中就有“提倡国货，对外竞争，出品力求精，成本力求轻，挽回利权，福国裕民”这样一些内容来提高职工的爱国心，来为厂工作。又像1935年，他在考察日本回国以后，把在日本看到的工业发达情况和侵略中国野心，对本市各界作了一次生动的演讲。他大声疾呼国人要“猛醒”，要积极提倡国货，努力生产，“倘使亡国以后才大彻大悟”，就为时晚了。这些话同样反映出他的振兴实业，挽回利权的爱国思想。他的讲稿至今还可以在档案中找到。

重视交友，自奉省俭

国钧先生的为人和个人生活。他一贯重视交友，早在奔牛时期，他就在常州结交了一些朋友，并选择志同道合的，包括我父亲在内和谢桂生、唐伍全、蒋荣荣、陆友仁等六人订为金兰之交。他们都能以义为重，互相帮助。当年国钧先生脱离奔牛来常州时，曾受到我父亲的鼓励和支持，使他铭记在心。因此在我父亲经营大纶纱厂由于当时形势和市场的动荡变化，而致被上海钱庄业银团以收回贷款的方法施加压力以后，经济陷入困境，被迫由上海帮顾吉生接收改名为大纶久记纱厂经营，国钧先生能够挺身而出，带头协助处理善后。之后我父亲重振旧业，回梅陇坝创办协源染织厂，我父亲对之也是很感激的。在旧社会，一般工商业者大都以利为重，而他们的金兰之交却能够以义为重，这是难能可贵的。在国钧先生接盘大纶久记创办大成时，我父亲也尽力支持，当时坚决表示说：“老弟如能接盘大纶久记，也就是为我出了口气，我无论如何要帮助你。”这话是我在电话机旁亲自听到的。在接盘以后，我父亲果真应邀作为顾问坐镇厂内将近一年，帮助他解决办厂初期的一些难题，主要排除地方环境上的阻力。因为大成工人大多是南门外人，我父亲在南门外有一定的信誉。这一段经过给我的印象很深，足以说明当年先辈之间的友谊是深的。后来在接触中知道，国钧先生在其他亲友方面，也有很多类似情况。

在个人生活方面，有一个特点是他自奉省俭。这在贫穷时是不足为奇的，而在富有以后，仍能始终保持那种俭朴的生活，不尚奢侈，不讲排场，这就很不容易。他曾经谈过有一副用来自己勉励的对子，说：“照如此已为过分，要怎样方算称心？”这正是他对待生活享受的态度。平时，他没有吃喝玩乐的不良习惯，记得有一次他在给张允溪同志的信中谈到，他以扩大企业生产为“嗜好”。这正说明他平日的爱好所在和为事业的孜孜不倦的精神。

以上是我对国钧先生的回忆片段，感受是十分深刻的。特别是他的关于经营管理方面的许多见解和经验，我还在后来经营自己的企业——协源染织厂（就是现在的常州第一织布厂）时运用了它，并在实践中取得了显著效果，所以格外感到亲切。

初心不变

缪甲三

一个实业家的心愿，可贵之处不在于盈利多少，追求的是祖国纺织事业的振兴和国家的繁荣富强。

我和刘国钧先生相识，始于1936年7月，我在南通纺织学院毕业后，由学校介绍至常州大成纱厂工作。在进厂的第一天，国钧先生接见了我，和我进行了一次相互介绍情况的谈话，实际上也是对我进行一次口试。他提出不少问题，大都是工厂生产实践中带有技术性的问题，如20支纱锭扯多少、一个细纱值车工能看管多少木杆等，要我一一回答，这对一个刚从学校出来的学生，只有书本上的理论知识而没有实际生产经验的我来说，无疑是一道道难题，所幸我在大学读书的时候，每年暑假都到工厂实习两个月，对实际生产方面的知识也学到了一些，所以我顺利通过了。这对我的一生产生了极为深刻的影响，不仅由于这是我从学校进入社会经受的一次严格的考试，更使我惊奇的是刘国钧先生，身为一个纱厂主，过去是经商出身，当时又综管全公司的生产经营方针大计的总经理，对纺织生产技术竟会如此内行，确是一位既懂经营又晓生产的实干企业家。

我进大成时，正是大成的鼎盛时期，它由一厂、二厂发展到三厂、四厂，由常州发展到武汉，内容包括纺织印染生产全能型的综合性企业，从原料收购到产成品销售，在全国一些大中城市设有分支机构，工商经营一体化，也正是最需要用人的时候。厂里大学生也不多，当时刘国钧先生在我进厂后并不马上分配工作，而安排我实习一个时期，他要我从纺到织，一个工序到一个工序，从最基层做起，与工人一起共同劳动，熟悉每台机器的性能，更好地掌握它、运用它。正由于这样的锤炼，使我在实际工作中增长了才干。1938年我在上海筹建安达纱厂工作中主要负责机器排列设计，设备安装，电气配套，试车生产，得以胜任愉快，用两个月的时间完成了万锭投产任务。

虽说新中国成立前我在大成系统工作过十几年，由于我处在生产第一线，和国钧先生在工作中的联系和接触交往的时间并不多，但也有朝夕相处，生活工作在一起的日子，那就是1944年底到1946年初国钧先生由重庆赴美考察的一段时间，我作为随行人员并负有选购纺织机器的使命一同前往。由于抗日战争大成公司在常的一、二、三厂遭受破坏，武汉的大成四厂已不复存在，仅存的上海安达厂由于日军进驻租界前途未卜，国钧先生为了能在战后迅速地恢复大成，决定利用公司在美的外汇存款抢先购买一批纺织机器，以便回国恢复生产。

我们抵美以后首先参观工厂，在美国南方新兴纺织工业地区，我们看了许多中小型纺织厂和较大规模的染整厂，对它们的生产特色进行了分析。如美国生产军用卡其的专业厂采用原棉染色，然后进行纺纱织布，用廉价染料生产出耐磨的高档产品；在我国曾经流行的罗斯福布在美国主要用于工作服，则是采用靛青浆染联合机来完成经纱染色的；一般色织厂大都采用盘头和筒子染色；染整厂多为大卷装和连续化生产。这些生产工艺水平当时都远远超过我国。在南方我们还参观美国最大的棉花交易中心，与经纪商进行了交谈，对美棉品级分类和价格交易方法有了一定的了解。在美国北方和加拿大我们参观了一些毛纺织厂和纺织机器制造厂，订购了一套新型粗毛纺设备作先锋试验之用。

在整个参观过程中我们都是走马观花，有的还受到冷眼对待，而国钧先生对每个厂生产过程和产品特色都用心观察，每晚回到旅馆都要记录笔记，看不懂的、记不清的都要打破砂锅璺（问）到底。他认为他山之石可资借鉴，事物总有短长，以他人之长补自己之短，因此，参观所得都要详加分析，国钧先生的钻研精神和科学态度对我有很深的感染。尤其是他年近花甲，一股旺盛的求知欲，更使我钦佩不已。

我们赴美的主要任务是订购纺织机器，而那时处在战争状态，美国纺织机器制造厂都转为军工生产，不承接纺机制造订单。国钧先生通过各方面的努力，随着时间的推移和战局的好转，终于与美国萨克洛威尔纺机制造厂签订一份3万锭细纱和5万锭前纺设备的订货合同。另有2万锭旧细纱机与之配套。具体的机器装备和规格的确定，根据产品需要和先进生产水平，都由我与美方代表研究商定。交货期在战争结束后一年，大成订单列于该厂所有订单之首。由于大成资金不足，美方同意货款于交货后分三年付清，条件要取得中国银行的担保，至此我们美国之行获得了圆满的成功。

在我们以前陆续来美为复兴实业进行活动的有四川民生实业公司卢作孚和南京永利宁公司范旭东等国内知名实业家。国钧先生经常与他们共同商谈对策和措施。他们相互勉励、相互支持，以实业救国为己任，都抱有十分信心。

当我国抗日战争取得胜利后，国钧先生归心似箭，于1946年初只身乘货轮返国，希望能在较短时间内取得中国银行的担保。不料事与愿违，国内官僚资本以插手打入大成公司为条件，国钧先生不愿卖身投靠，也不能忍受官僚资本的控制和摆布。一桩有利于我国经济复兴的贸易合同因而化成了泡影。大成正和所有民族资本家一样也逃不了骑在中国人民头上三座大山压迫的厄运。

国钧先生离美返国后，我继续留在美国办理一切未了事宜，并利用时机去各工厂实习和攻读深造，其中值得一提的有战后大成三厂装配的美国旧纺机的来历问题。那是在美国南方参观时一次偶然机会，一家纱厂有2万锭细纱机需要更新，旧机拍卖索价8万美元，国钧先生征求我的意见，我见其心有所动，乃提醒他纺纱机器是细货，非布机、染机等粗货可比，新旧生产效率和产品质量悬殊较大，要慎重考虑。他同意以不买为宜，遂用剁半价以回绝之，结果对方竟接受以4万美元成交（当时新细纱机2万锭约值50万美元）。事后我颇怏然，他安慰我此不过是过渡，我们可用前纺新机与之配套，两年后旧细纱机予以更新。这样可以做到少花钱，多办事，办好事，我也欣然乐从。后来我闻新机订单告吹，同时旧机又有人愿以8万美元转购，我以机不可失，乃电告国内可了此公案，不料国钧先生回电不卖，并命我立即办理装箱托运回国，并觅购旧前纺机器配套，决定大成三厂没有新机器也要用旧机器抢时间开工生产。并把我推上领导岗位，负责来完成这一任务。逼上梁山，我又一次经受严峻的考验。事实证明，旧机器通过技术改造，生产效率、产品质量也是可以提高的。

从以上情况来看，可以说刘国钧先生千变万变，一心扩大生产办厂的决心不变，体现出一个实业家的心愿，可贵之处不在于盈利多少，追求的是祖国纺织事业的振兴和国家的繁荣富强。所以新中国成立以后，他愉快地在中国共产党的领导下，坚决走社会主义道路，主要由于国钧先生有着深厚爱国主义的思想基础。

唯一的嗜好是办工厂

沈容宽

刘国钧常说："一个人总有嗜好，我别的嗜好没有，唯一的嗜好是办工厂。"

先生原籍江苏靖江，幼年家境贫困，常常是"一日三餐粥，夜眠一竹榻"，生活相当艰苦。但他从不怨天尤人，从不灰心丧气，而是满怀信心，坚持自力更生，勤奋工作，循此途径，百折不挠地迈步前进。结果"有志者事竟成"，果然成了我国一位有成就的民族工业家。先生为人敦厚朴实，严于律己，极爱以前人的格言来勉励自己，兼以告诫部属。大成厂内经常可看到先生亲自书写的先贤警句。如诸葛武侯语"人孰无私，要先公而后私"等格言张贴在车间办公室等显眼处所，使职工获得教益，自觉地为厂的发展努力工作，不犯错误，对于生产起到推动和促进的作用。同时，先生对工厂的规章制度率先遵守。处事大公无私、赏罚分明，所以工厂生产蒸蒸日上，范围逐年扩大，职工同心同德，上下一条心。在头脑里只有一个念头，就是如何把生产搞得好上加好。这些实例都是先生平常言教身授的结果，也是大成厂顺利发展的原因之一。

刘先生虽读书不多而勤于自学，聪明过人，善动脑筋，思考问题全面，分析问题透彻。深知一个军队想要打胜仗，首先必须有一个准确掌握战略战术英勇机智的指挥员，同时还要有意志统一、步调一致的战斗员，方能克敌制胜，治军如此，创办任何事业也应如此。所以刘先生十分重视用人之道，他知人善任，量才录用，一经选定，赋以重任就深信不疑了。大成系统各级领导干部都是刘先生亲自选拔出来的。他们不但在生产技术上和经营管理上全能胜任愉快，而且人人一心一意，勤勤恳恳，个个心悦诚服安心工作。这些工厂的领导干部大多数并非刘先生的亲朋好友，而刘先生的妻舅两个人却分别安置在大成二厂当工友和办公员，还有连襟一人也只安排在大成一厂为工友。不因亲戚关系就给予较好的位置。两相对证，正说明刘先生在用人方面确是知人善任、任人唯贤的。先生鉴于大成厂由纺织而染色再增加印花事业不断扩展，预见到原有技术干部力量的不足，必须积极培养人才来补充。因之，南通纺织学院在暑假来厂实习生中，刘先生先物色好适当人选，等他们毕业后，资助他们出国留学，学成回国，由厂聘用（比较突出的，例如缪甲三和陈钧，前者提任为大成三厂厂长，后者委任为大成二厂厂长）。他们进厂后，努力工作，创造发明，不遗余力地为工厂作出很多贡献，可见刘先生不仅善于用人，而且非常注意为企业培育人才，大成厂因此拥有足够的、同心同德的骨干力量，保证了企业的顺利发展。

先生平素待人以诚，平易近人，对人们疾苦处处关怀。当抗战深入时，我只身在后方工作，家属居常州，汇款遥遥无期，生活常受影响，而先生能在事务繁忙中还辗转派人到我家属处慰问和资助，使我全家感激不已。据闻先生对其他职工亦有同样情况。如此诚恳热情关怀部属，部属当然也乐于竭诚为厂工作了。

1937—1938年，我在汉口大成四厂工作。不久，上海沦陷，长江航运断绝，工厂生产上所需机物料逐渐供应不足。只得改道先由沪运港再转运到汉口。另外还有些进口物资需去港地采购，当时领导派我并联合汉口其他几家纱厂同往香港成立临时机构进行采办。但是，时隔不久，汉口战火逼近，日趋紧张，这时刘先生陪同刘师母由渝飞抵香港同我住在一起，朝夕相处，受到刘先生的谆谆教诲，得益匪浅。先生想起常州沦陷大成的房屋物资遭到炸毁，损失很大。而汉口的产业又将面临劫难，所以一到香港积极拜访早已在港的新老社会贤达、工商业巨子，千方百计地探索抗战信息，从而研讨对策来妥善布置汉口工厂的撤退和一切善后事宜。因此先生每天与汉口的函电往返十分频繁。有时深更半夜想到重要问题或什么关键良策即刻拟电发出；有时通宵写信，筹划具体措施，指导汉口工厂的应变办法。如是日夜操劳，遥远指挥，终于使大成四厂的设备物资、职工（常州支援四厂的职工）均安全而从容地撤离汉口，损失极少。“临危不乱，指挥若定”，刘先生是可以当之无愧的。

先生十分珍爱自己的事业。他常说：“一个人总有嗜好，我别的嗜好没有，唯一的嗜好是办工厂。”不管环境如何不利，他总勇往直前寻找新路子。留港时把大成四厂的撤退善后工作结束。在上海安达纱厂筹备就绪开工生产，所产“飞虎”牌棉纱运港销售。当时港九各织造厂所用纱支绝大部分从印度等处运来，对国产棉纱使用不多，性能不详悉，经过多次试销试用，织厂均认为用“飞虎”纱织造，产品质量上升，大家乐于购用。先生为使“飞虎”纱的销售进一步巩固，曾亲自到多家织厂询问生产上一些情况，并应厂方要求对技术上一些问题进行指导，大大密切了各厂的关系。刘先生又大力阐述自办织厂应该尽可能应用国产棉纱的道理，激发他们的爱国热情。各厂无不乐意接受。刘先生就是这样为事业的发展不懈地努力奋斗的。

刘先生被誉为爱国的实业家是当之无愧的。他举办工厂的主要目的之一在于“实业救国”。大成厂有一只商标，用的“征东”图案，寓意也在抵制东洋货，振兴国货。先生一生为事业奋斗，费尽心血，创造了丰硕成果，面对自己却是简单朴素，勤俭持家，不尚奢侈，不图享受的高尚品德是难能可贵的，是我们学习的楷模。

遭绑架临危不惧

谢承钴

刘国钧先生是国内著名的爱国实业家，出身贫苦，他有工业救国的雄心壮志，又有容人、用人的气度。有刻苦经营企业的决心，善于把握时机的敏感，所以创办了大成公司及所属各厂，均鼎盛发达，对国家经济及人才培养起了一定作用。

先父谢钟豪与国老相交多年，彼此均十分钦佩。平时在家中，常提及国老，故我从小即对国老有较深的印象。

1941年我在昆明同济大学毕业返沪探亲。4月途经香港，在港遇见国老及其长子汉堃先生。国老设宴相待，流露出拟邀我参加大成之意，我以尚未与家人见面，对我今后行止未便早定为辞。席间，国老曾发表他对人才的看法。他说人才有三等。第一等人才是精于管理又懂技术；第二等人才是精于管理而无技术；第三等人才是精于技术不会管理。他知道我在昆明曾经办过一个铸造厂，故要我向既会管理又懂技术的方向前进。他对人才分三等的论点，是我过去没有听到过的，所以给我印象很深。不久，我即进大成工作。

1942年秋，国老从上海到常州，住在大成一厂特辟的宿舍中，不幸当夜被匪徒绑架（10月12日刘国钧偕夫人鞠秀英赴常州，14日被绑架）。当时同被绑架的有华笃安、何乃扬、张一飞及我，华笃安、何乃扬在中途即被释放。经刘国老亲与匪徒谈判后，先释张一飞厂长出去与各方联系设法营救。留下我与国老作伴。当时的情景是我们身陷匪窟，前途吉凶莫卜，任何人身临此险境，总不能在精神上不感到压力。但国老处之泰然。一面安慰我一切由他承担，不要怕，两人处此情景是同生死的；一面又和我大谈如何发展大成公司，如何办一个铁工厂专做纺织印染机，如何广罗人才，打算重点培养多少骨干，要我介绍同学来大成工作。又大谈他去日本参观学习的情况，如何用拉刀一次来回即可拉削平面的工艺方法，等等。这些情景，至今回想起来仍历历在目。回想国老此举，固然是安慰我，但他虽身处危境，所考虑的，不是自身的安危，自己的出路，而仍旧是人才，是怎样发展企业，如何振兴祖国的实业。从这个事实可以看出他的抱负和他的为人。所以后来人民解放军解放苏南时，他正在香港就医，疗程一结束，就赶回大成，说明他是热爱自己办的实业，热爱祖国，热爱人才的一位爱国实业家。他赢得群众的敬重是不会无因的。

刘国老办厂特点之一是深入现场，到现场去发现问题，去解决问题，去考察问题的效果如何。刘国老往往能从印花布的质量问题指出这是染料与布坯的关系、布坯质量与棉纱织布工艺的关系、棉纱质量与棉花的关系等。这是他通过不断实践得出的感性认识，决不是夸夸其谈而又不切实际的高谈阔论。特别是他从产品方面发现问题解决问题的过程中，同时也发掘出各道环节里隐藏的各个岗位上的职工的思想感情问题，也给他提供各自不同的想法和看法，促使他采取措施去克服困难解决问题。所以常常听到职工中传言的刘国老知人善任的例子，这是有它的原因的。

刘国老这一办厂的特点也是深深地影响着大成公司及各厂的同事们。他们学他的样，面对事实，深入实际去办事。给我印象较深的是在大成一厂时，各科室和车间均有一本工作日记。这工作日记是各科室和车间的主管人员记着各部门间的日常工作，供厂长查阅。厂长从这些日记里可以发现问题，可以在批阅日记时把解决问题的意图办法贯彻下去，也可以按日记整理出一件事情的始末。这套办法，就把车间里发生的问题与主管人员的措施与厂部的处理意见，很快就上下交流，得到解决了。另外当时纺部、织部对纺、织及保全工作均有一套成熟的经验可以掌握。后勤与机修方面也在认真对待估工和记录的基础上，逐步摸索出一套适合大成一厂水平的修机估工标准。使大成一厂机修部门的工作能够适应不断进步的多样化要求。

所有这些都是大成一厂的同事们学习刘国老办厂特点的实绩，今天回忆起来，还是感到有意义的。

刘老伯给我的教育

朱 永

我自从11岁（按：1929年）到刘氏家塾附读以来，50多年间，经常有机会在老伯身旁，但受教育最深的是1947年老伯带我去香港的那次。老伯、伯母和我三个乘船从上海经台湾到香港，有四五天在一起。

船离开上海后，老伯带我凭栏远望，过了一会儿，他说："炯明，你总算没有被我骂中。我看到你小时候不肯学好，在街上吃零食，骂你没出息；几年来总算你给你爸爸争了一口气，其实一个人只要有志气，什么事都可以做得到。你看，我不是一个生祠堂的放牛娃娃吗？就是有那么一点志气，今天我不是带你们坐洋船的头等舱到外国去闯了吗？"

船出吴淞口后，我有点晕船。老伯要我在甲板上走走。一不当心，我跌了一跤。老伯要我自己爬起来，并且一边走一边说"任凭风浪大，跌倒自己爬"，说完就哈哈大笑。我在他笑声中体会到这两句话的千斤重量。老伯要我和他下棋，我下下便认输，他要我再仔细想想，有时也居然能够想到一二着活棋来。这时，他才意味深长地说，在很多情况下，看看是死了，但是只要用心去苦思冥想，十之八九是会找到活路的。

船到基隆，将停一天，老伯带我上岸。他不去游山玩水，第一个去参观的是台南的郑成功庙。他拜谒了郑成功塑像后对我说：“郑成功是民族英雄，不要忘记，我们是生祠堂人，我们的祖先是跟着岳飞从中原来的。”由于他讲话的时候非常严肃，我印象极深，后来我在1951年被美国政府扣留的时候也经常想起老伯这段教导。

吃过饭后，老伯带我仍旧回到基隆。他要去布摊上摸摸大成蓝布和阿尼林黑布的情况。伯母和我在找到了这些布以后，很高兴地跑过去告诉他。他却说：“不要得意，再去问问他们，这些蓝布、黑布有什么缺点，顾客有什么意见？其他厂家同类布有什么优点？有什么缺点？”在摊贩主讲话的时候，老伯经常把他们的话记在他的日记本上。当时路上行人很多，有的人停下来看看老伯。有谁知道，他就是实业上已经取得惊人成就的大成公司总经理刘国老呢？

疾风知劲草

陶振椿

刘国钧一再强调："开厂不是为少数人安富尊荣的享受，而是为了多数人，甚至延及后世子孙的生活来源。"

国钧先生是在动乱的时代出生在靖江县的小镇上。一个农村的孩子，经过百折不挠的艰苦创业，成为著名的民族工业家，犹如岩石缝中的幼苗，在不充分的阳光雨露的培育下，逐渐茁壮成长为参天大树。他的发轫之始，虽然从商业着手，但在取得成就的基础上，即改弦易辙，从事工业。从广丰扩充至广益织染厂，遂至合并大纶纱厂，扩充成为大成纺织印染公司，再从大成一、二、三厂，发展到武昌大成四厂。根据记载：大成公司开始定资为50万元，8年之间猛增到400万元，平均年增长率为29.7%。当时有不少纺织业亏损，濒于破产，而大成业务蒸蒸日上，说明国钧先生具有非常人所及的经营管理才能。

1939年初，我初到重庆，协助朱希武先生校写大明厂公司章程和营业概算书。此时查济民先生担任经理（按：应为厂长），我常到大明办事处看望老上司和老同事，遇到刘汉堃先生，他欣然地告诉我："名经济学家马寅初曾告诉他，据统计，在抗战前的几年，国内民族工业的大成公司发展最速，如果不是战争，大成公司将发展成抗衡日本纺织业的强大对手。”于此可见，国钧先生不单是以经营管理著称于国内，更重要的是他所办企业的成功为爱国同胞所共庆，意义是巨大的。我在回忆国钧先生生平的同时，联想到过去也有不少民族工业家，对国家工业建设作出一定贡献。但是至今只有少数如国钧先生依然被人怀念、被人景仰。生命是短促的，唯有终身有益于国家和人民的美德，才能传之于遥远的后世。据我所知：有关国钧先生的传记不少，对于他的爱国主义精神，经营方面高瞻远瞩，运筹决策，管理方面明察秋毫，防微杜渐。对待职工本着敬业乐群精神，以教育为主，制度为辅的方法。我不做过多的重复，我认为他的一生所以能获致昭重后世的业绩，上述因素固然是其荦荦大者。我很熟知国钧先生为人旷爽，谈论不尚虚饰，他常津津乐道童年生活，由于当时贫穷落后的农村，使他体会很深，对广大穷苦人民寄予同情。后来造就成为坚毅勤奋而又体谅人情的风格，此与他早年生活不无影响，国钧先生既然在事业上取得成就，他的高尚品质的发挥，结合我所知的片段，就足以提供作为评价的依据。

首先是国钧先生的创业精神：主要表现在工效高，成本低，产品质量精。当年曾制作厂歌，以鼓励全体职工，作为奋斗目标，本着这一目标，规模迅速发展，包含着培植很多纺织和其他工业人才，以及民族工业基础，其影响所及，直至新中国成立后常州等地工业城市的建设。记得我在1939年进重庆农本局的花纱布公司当技术员时，负责人吴味经先生表示，你是大成出来的人，我们是欢迎的。当时使我感到荣幸。在1938年武汉沦陷前，我们负责将大成四厂（武汉震寰纱厂）一万纱锭迁运至陕西宝鸡，我们数人再由宝鸡转道入川，沿途均看到大成生产的花布。尤其是在川北广元的布店里看到不少大成蓝布。该布是大成公司独创，色泽牢度高，价格低，穿的人很多，所以能遍及遥远偏僻的山城，这可说是抵制日货，挽回利权在起作用，由于大成公司声誉久著，大概是1962年江苏省委书记江渭清同志来到大成二厂，勉励负责同志：要求做到人少工精，发扬大成优良传统。1985年江渭清同志又亲自为靖江国钧先生故居门额题字，说明他的事业对时代具有继承和发扬的星火精神。

其次是他的言行的一致性。我是大成二厂练习生出身，感受较深。厂规制度严明，但很公正。公司有不少是他故乡亲友子弟，甚至是骨肉至亲，但在制度执行方面，绝无亲疏之分，量才施用。对练习生和艺徒，着重于知识教育和技术培训，使人如置身于技术学校。我对此体会很深，厂中有女职工和养成工宿舍，均聘用具有师范水平的中年女舍监，加上女教师对养成工的辅导。此与当时沪地某些厂对女徒工采用“包身工”制，一任流氓式把头凌辱，与大成公司对养成工的人道待遇，形成鲜明对照。国钧先生治厂以教育为主，平时善于与职工直接对话，对待管理人员，常用诸葛亮治蜀时的名言：“开诚心，布公道，尽忠益时者，虽仇必赏，犯法怠慢者，虽亲必戮……”相诫勉；对待职工大众，则援用范仲淹的“先天下之忧而忧”的名言，以相鼓励。他总是一再强调：“开厂不是为了少数人安富尊荣的享受，而是为了多数人，甚至延及后世子孙的生活来源。”当时大家都乐于听到国钧先生通俗动人的语言。从他深入了解下情方面，使我回忆起，有一次午夜后2时左右，他来到车间对我说：你所管的烧毛练漂工程，是棉布脱胎换骨的过程，一有失误，即会使纺织前功尽弃，酿成暴殄天物的损失。他为了改进生产，曾亲自赴日参观，后来又派查济民先生赴日学习。回来后使漂染工效明显提高，健全印花车间生产，征东图商标的色布畅销全国。鉴于灯芯绒产品是国内缺门，首先延聘日本技师教授挑绒技术，并准备灯芯绒生产。抗战开始后不久，大成二厂首先遭到轰炸，国钧先生考虑抗战发展趋势，将印染设备拆除装箱，作内迁打算，并在四川重庆猫儿石购买基地，定名为复大，其含义是恢复大成。我当时负责灯芯绒设备的拆装工作。他对我说：

"靖江地处较偏，那里已有基业，你可以到家乡开办灯芯绒厂，改善乡里人们的生活。"当时，由于日军由金山卫登陆，所有设备未能运出，均遭兵燹。后来我在重庆大明办事处，遇到大成四厂高层人员叙谈，都认为当前世乱，还是商运比较妥当，慨叹我们刘总经理老是念念不忘开办工厂。那时我在猫儿石陆绍云先生开办的维昌纺织厂工作，所以不止一次地看见国钧先生来到复大基地。大概是1945年，一位著名人士来猫儿石，为了开办劳工福利社，召集各厂负责人会议，拟租用复大基地，我出席此次会议。会后不久，国钧先生来到基地楼屋休息，我向他报道此事，他很感慨地说："我年纪未满六旬，难道就此罢了不成。"充分显示出不甘伏枥的雄心壮志。

最后是他的一生大节是如何体现出来的，我认为是在艰苦曲折历程中，坚持不渝保持原来的意志，所谓"疾风知劲草"。国钧先生就是从未在艰危中背离造福人民的意志，常州沦陷后，他不能不来到当时许多人赖以生活的大成一厂，致遭匪徒绑架；也曾关山跋涉，冒着敌人蹓踞的险阻，来到抗战时的重庆；在胜利前积极进行大成二、三厂恢复的准备，包括人才培育的准备，曾亲自赴美购置纺锭，所以在胜利后，大成二、三厂立即恢复生产。充分体现出他对工业的开拓精神。新中国成立前夕，他因胆石病在港治疗，因为一生精力灌注和精神寄托的事业，绝大部分在国内。所以一俟健康稍为恢复，宁愿放弃在港颐养，老夫妇二人毅然回国，在党和政府领导下，积极搞好企业。1950年他在电话中告诉我，灯芯绒我们搞得最早，服用性能好，销路广，虽然利归国家，我们还是要尽快恢复生产。于是在大成一、二厂合作下，生产了灯芯绒，1956年在政府统一调度下，改由常州灯芯绒厂专门生产，组成一条龙生产线，成为国内外畅销产品，国钧先生实际是肇始人。1954年大成公司最早公私合营，此与他对党的真诚拥护的态度是主要原因。不久，他晋省当江苏省副省长。在他身后百岁诞辰，得到隆重的纪念，正是国钧先生奋斗终生，高风亮节最恰当的评定。回忆数十年前，大成厂风之淳朴，生产秩序之良好，人员配备之简练，工作效率之高，至今使我留下深刻的印象。我在数十年的岁月中，身受国钧先生无数教益。1975年我拜访国钧先生于南京寓所，和国老夫妇欢谈，他还一再叮嘱靖江岳庙修整事宜，从此竟成永诀。我唯有尽此余年，勉励自己，以有利于国家和人民为准则，才不负国钧先生的教导。

刘国钧与生祠堂的建设

徐　泰

刘国钧先生生于生祠堂。他15岁去江南，艰苦创业，成为著名的爱国民族实业家。但他一生不忘故土，不忘邻里乡亲，为家乡人民办了不少好事。

一、创办“善余恒”布厂

1932年清明节，刘国钧和朱希武由常州返乡扫墓，参观了陶振熙先生创办的生活合作社，很感兴趣，心里产生了办厂的念头。

这之前，刘国钧在常州曾接待过数以千计的生祠、靖城，乃至泰兴一些地方的人安排就业。他想，如果能在家乡办厂，他们就可以就近做工，于是，他回到常州后，便与陶振熙等有关人士商量，从振兴家乡发展慈善事业出发，在生活合作社的基础上，建办善余恒布厂，由刘文澜先生任经理，陶振熙任副经理。

善余恒布厂总集资12000元，添置脚踏木机24台，手拉木机20台，加原有12台，总计织机56台，职工100余人，厂房改迁于朱房桥河南的西南首，计20

余间。产品品种有提花及条格府绸等，而士林染料的采用更可与江阴的染织老厂相竞争。善余恒厂的产品在苏北很快赢得了信誉，在苏南也产生一定影响。

1934年，刘文澜离厂，善余恒由陶振熙管理。刘国钧在柳家桥河南本宅空地（灰场）建造楼房及平房20余间，添作工场及营业部之用。该厂工人织一匹布（40码）可得工资一块半大洋。一般工人一天可织半匹，有的可织一匹。织布用的棉纱，一部分由常州运来，另一部分是将原料分散各农家代纺，一斤棉纱加工费10个铜板。农户利用农余代厂加工棉纱，增加了收入。

后来，刘国钧先生正准备扩建"善余恒"布厂并新办一座5000锭纱厂时，日本侵略者的铁蹄踏进了中国国土，1938年，布厂毁于日军的炮火之中。

二、疏浚大靖港

大靖港是生祠堂东首的一条南北大港，因多年得不到治理，泥沙淤积，河床增高。每到夏季，洪水猛涨，淹没农田，造成水患；冬季，河水干涸，百姓饮水用水发生困难，船只运输也随之中断。1932年，刘国钧回乡委请陶振熙先生找当时五区区长范靖瑜，商请治港事宜，范一推了事，又找县知事陈桂清，也遭推托。一次次冷遇，并未使他灰心，他又约请陶振熙、杨名浩、华国望等人商量，由民间组织集资疏浚。刘国钧慷慨地对大家说："你们负责动员民工，铜钱由我刘金生承当。"谈妥后，他即回常州找同乡徐吟甫先生。徐在常州任纺织及银行经理，资本比刘雄厚。但徐态度暧昧，经反复协商，并在筹备工作有了眉目后方表同意资助。共计筹得资金13000元，其中刘国钧10000元、徐吟甫2000元、生祠各业各界1000元。

疏浚工程即将开工时，又生枝节。横行生祠堂的恶棍黄济川跳出来作梗并大敲竹杠。刘国钧对黄济川的卑劣行径，气愤之极，但又无可奈何，于是便请陶振熙出面打招呼，登门赔礼，并让他挂名参与负责工程，才算了事。

大靖港，南起长江，北至界河，全长30华里。开工后，万余乡民情绪甚高，踊跃参加，沿港群众有的几乎整圩出动。工程进展很快，只花了不到30个晴天就疏浚结束。危及沿港两岸人民的水患得到治理，靖、泰两县的船只运输畅通无阻。

组织这项工程施工的是：杨名浩（举人）负责长江口至横港段，黄济川负责横港至生祠段，鞠芝兰（乡中名士）负责生祠至界河段，陶振熙负总责。

工程结束后，刘国钧又委托陶振熙主办开挖横贯生祠堂东西的团河工程，修建生祠堂南北、东西街道，敷设条石路面，使生祠堂的面貌为之一新。

三、修建中、小学

生祠堂原有小学一所，设在东岳殿。1946年搞坚壁清野，东岳殿被拆，小学化整为零。中学本没有固定校址，一直是流动办学。新中国成立初，我和鞠思郎（刘国钧的二舅子）即去上海，找刘商谈办学之事。他立即表示：小学要赶紧开办。要把坚壁的材料拿出来，不够由常州运回。后来由生祠小学校长鞠奇贤经手，到常州采办材料，并在生祠西街原址盖起12间平房、3间楼房，学校迁回原址复学。

中学校长朱一凡，听说刘国钧慷慨解囊，资助小学，也请我去上海找刘国钧。刘拿出20000元，并建议中学和小学靠在一起。后在小学西边新建校舍26间，使中学有了固定的校址。

1956年，已经当选为江苏省副省长的刘国钧回靖视察工作。他一到生祠，就深入中、小学了解情况。他见小学教室缺少，中学校舍拥挤，又资助20000

元扩建校舍。他语重心长地对学校负责人说："学校是培育人才之所，务必讲求文明教化，多为学生创造幽静舒适的学习环境，不能让飞机、坦克（指蚊蝇、臭虫）妨碍大家的学业。"他还特意向师生代表赠送了赤金钢笔，上面刻着"刻苦学习，开创大业"，勉励学生成为建设祖国的有用人才。

四、购赠拖拉机

1972年，已经85岁高龄的刘国钧仍念念不忘他的故乡——生祠堂。当时，手扶拖拉机比较紧缺，为支援家乡发展农业生产，他曾拟从香港购买一种能耕、能耙、能脱粒、能运输的配套拖拉机，赠给家乡，由于某种原因未曾办成。之后，他与常州柴油机厂协商购买，结果又未如愿。刘国钧支援家乡不遗余力，他特地从国外进口了一台瑞士出品、价值60万港元的恒温坐标搪床，送给武进湖塘桥柴油机厂，请该厂工人加班加点，于计划外多生产10台手扶拖拉机。后几经周折，他只好将此事向周总理作了汇报。在得到总理的赞许后，他才将拖拉机运到生祠堂，赠送了家乡人民。

五、三造岳王庙

岳王庙，始建于南宋年间，初名"岳忠武穆生祠堂"。据传，岳飞抗金曾将大批难民安顿于此。人民为了表达感怀之情，在他去后修建了祠堂，因系岳飞在世时所建，故名生祠。

刘国钧十分敬仰岳飞，逢人必讲岳飞对生祠人民的恩德。他常说，岳王庙是祖先纪念岳飞的心意，保护和修复岳庙是生祠后裔子孙热爱家乡、不忘祖宗的表现。他见岳庙残破，文物散失，十分痛心。1932年他决心重修岳王庙。

经过重修的岳王庙，耗资5000元，建有正殿5间，塑岳飞全身像于其中，旁侧有岳云、张宪、牛皋、汤怀、王贵、张显、张保、王横八员武将。殿内设有香案、香鼎，8块长条碑石上刻生祠镇志，12块小碑刻有韩世忠文。正门石刻横匾题有“岳忠武穆生祠堂”。正门围墙上嵌有“精忠报国”方块石刻。大殿后辟有花园。

修复后的岳王庙，香火旺盛，带来生祠堂的市井繁荣。痛惜的是，战乱频仍，文物多有散失，而岳王庙也在1938年毁于日军炮火之中。1949年，中华人民共和国成立，刘国钧托我收集岳王庙散失之文物，终于出资从民间收集了正门石刻，“精忠报国”石刻及8块条碑。1961年我又专程去南京向刘国钧汇报了此事。

1962年，刘国钧回到故乡，为再修岳王庙选定庙址，由大靖港“思岳桥”西首旧址迁建到大会堂东首（大会堂始建于1956年，亦为刘国钧出资修建，时名俱乐部，为刘先生所定名）。修建工程由刘国钧委派常州唐瑞生主持，本县工商联史耀先协助，我为协理。

重建之岳王庙，分前后两进。前进为正厅，立岳飞石刻像碑，碑身高约2米，宽约1米。碑身正面所刻石像为栖霞岭祠裔所藏之真传忠武王遗像。碑身反面刻有黄炎培先生所题《七绝》二首：

其一

忠邪倒置史奇闻，
浩气危襟自不群。
祠宇废兴遗爱在，
江城长念岳家军。

其二

八百年来兴灭惨，

几番争鼎沸中华。

相携社会光明道，

民族于今合一家。

四周内壁仍嵌有8块条碑。

后进厅屋设有神龛、岳飞整身像。龛上有横匾，上书“还我河山”。

楹联是：

武穆移吾祖，昔属并蒙存老岸；

子遗众子民，今复馨香荐新祠。

后进内堂，置有红木太师椅8张、沙发8张及茶几香案等摆设，供观瞻者小憩之便。

正门的修复亦如旧观，石匾石字悉依原样。四周植以松柏、花卉。整体布局典雅而秀静，庄重而雄健，占地面积2800平方米。

十年浩劫，岳王庙首当其难，文物复遭毁坏和散失。党的十一届三中全会后，已经桑榆之年的刘国钧又一次托人搜集整理岳王庙文物，准备再度重修。可是，他没有来得及这么做，便与世长辞了。

1978年，刘国钧垂危之际，仍嘱咐身边子女：家乡的岳王庙要修好。

后人曾作诗称颂刘老先生：

心香常拜岳王前，

梓里阑怀老益坚。

匡饰江山欣伟业，

一般芳泽留人间。

1985年3月12日，靖江县人民政府作出修建岳王庙，同时为刘国钧修建故居的决定，表达了生祠人民怀念国钧先生的心意，实现了他生前的夙愿。

第五章

顺应时势：拥抱新生的共和国

公而忘私国而忘家

高进勇

捐献南京毛纺织厂

刘国钧身为民族资产阶级上层代表人物，加之，大成公司在“五反”运动中被认定为守法户，人们逐渐认识其努力生产经营，与共产党同心同德的真心实意，从而赢得了人民政府的信任。

中共苏南区党委统战部召集协商参加全国工商联筹备会议代表的名单，经行署工商处的提名和无锡、常州、苏州、镇江四市工商联代表的协商，一致推荐刘国钧为苏南区的私营企业代表。

1952年6月，他赴北京出席全国工商界的这次盛会，他的老友、政务院副总理黄炎培为了让刘国钧更加明确共产党对民族资产阶级的看法和态度，特地推荐周恩来总理在全国政协的一次讲话要点让他阅读。当新的思想、新的理论、新的责任向他拥抱时，他全身心地投入了，而且是那么的真挚、那么的执着、那么的崇敬。他把在会议期间看到的、听到的、读到的、想到的，全部融化为自己的体会，用自己的语言，在大会上作了长篇发言。他热烈的情感，质朴的表达，真诚的追求，受到了与会的中共中央、中央人民政府、政务院的领导人和全体代表的热情欢迎。在选举领导机构时，刘国钧当选为中华全国工商业联合会筹备委员会委员。这位驰名中华的富豪，开始步入领导全国工商业者走社会主义道路的行列。

刘国钧为了支援国家第一个五年计划的经济建设，冒着倾盆大雨，从常州乘火车到无锡，向苏南行署管文蔚主任递上一份书面报告，自愿捐赠一套从加拿大进口的毛纺设备；提议恢复生产灯芯绒，试制费用全部由自己提供，争取出口换外汇。

管文蔚思考后说："谢谢您对人民政府经济建设的支持。有关试制灯芯绒的事好办，我给常州的领导同志打个招呼，请他们具体落实。至于您贡献毛纺设备的事，不好办，因为，人民政府不可轻易接受工商业者馈赠的。"

刘国钧诚心诚意地道："我是特殊情况，应该特殊处理。抗战前，我打算将大成公司从全能棉纺企业，再向毛纺发展，办成一个综合性的大型纺织集团。可是，日本鬼子打破了我的理想。抗战胜利后，我从加拿大购置了8台毛纺机、2000枚粗毛纱锭和4台筒子车配套设备，准备创办毛纺厂。可是，国民党的倒行逆施，使我的宏愿破灭。解放了，我一定要为共产党办成一家毛纺厂。"

忠诚恳切的话语，深深地打动了管文蔚的心，他破例地接受了刘国钧的请求。并问："您看，这套毛纺设备，放在哪个城市合适？"

刘国钧早有打算："依我之见，常州、无锡、苏州都有毛纺厂了，放到南京最合适。因为，一是南京历来是帝王之都，纯粹是个消费城市，工业基础薄弱。解放之后，人民政府理应重点建设，改变其面貌，使中外人士看到，在共产党领导下的新中国，把国民党首都这个破破烂烂的消费城市，改造成工业门类齐全的生产城市，无须烦言，证明共产党的英明伟大！"

管文蔚想不到刘国钧身为巨商，竟然有如此的高明见解，心里由衷地佩服。

“二是南京早先有爿毛纺厂，是英国人办的，有5000枚毛纺锭子，后来，英国人办不下去了，改办蛋厂。我看，把我的这一套设备调过去，合二为一，就成了一爿理想的大中型毛纺厂了。只要领导有方，很快就能投产的。”

以前，管文蔚听人说刘国钧办实业卓有成就，被经济学家誉为“罕见的奇迹”，今朝，他实实在在地领教了。暗忖：这是一位不可多得的人才！我们党就是要与这样的党外人士合作共事，要创造给他施展才能的机会，为新中国建设事业服务。

嗣后，历经周折，终于办成南京毛纺厂。刘国钧被任命为筹备委员会主任，他走马上任，与何厂长携手合作，很快使1000枚毛纺纱锭投入生产，生产日趋扩大，运转正常。刘国钧眼看企业的党政领导已经到位，就放心地向省政府移交，并书面呈报：自己在南京毛纺厂的投资和定息，全部无偿捐赠给国家。

1952年11月15日，中央人民政府委员会第十九次会议由周恩来总理提名，毛泽东主席批准：任命刘国钧为江苏省人民政府委员。

主动申请公私合营

1953年初，刘国钧被选为江苏省工商联筹备委员会委员、常州市工商联第一届主任委员。

9月7日，毛主席邀请各民主党派和工商界中代表人物谈话，谈“实行国家资本主义，不但要根据需要和可能，而且要出于资本家自愿”的问题。刘国钧亲聆教诲，他是第一次这么亲近见到毛主席，他仔细地打量毛主席，尽情地欣赏这位伟人的风采。

毛主席最后说：在我们现在的条件下，私营工商业基本上是为国计民生服务的（就利润分配上说，约占四分之三左右），因此可以而且应当说服工人，和国营企业一样，实行增产节约，劳动竞赛，提高劳动生产率，降低成本，提高数量质量，这样对公私劳资都有利。[①]这一番话，说得刘国钧的眼睛发亮，红红的脸膛闪着青春的光辉。

刘国钧参加毛主席召集的座谈会后，在北京滞留了几天。挚友黄炎培找他促膝谈心，话题仍是毛主席讲的“改造资本主义工商业的必经之路”。黄炎培受中共中央和毛主席的委托，利用与工商界的特殊关系，积极引导工商界接受社会主义改造。

中共中央统战部部长李维汉再次接见刘国钧，对他提出了殷切的期望。

返回常州后，刘国钧开始在大成公司内部酝酿申请公私合营。10月，他参加中华全国工商业联合会会员代表大会，在大会发言中，他表示要积极争取大成公司早日公私合营。并被大会一致推选为全国工商联执行委员。

他为了大成公司争取早日实行公私合营，不顾年老体衰，不顾疲惫乏力，穿梭般来往于上海、常州之间，与大成公司每位董事、监察人进行磋商。

刘国钧眼看各方面的条件已经成熟，与几位常务董事磋商后，决定于12月15日上午举行大成公司第18届第9次董事、监察人联席会议。会议自始至终在热烈、和谐的气氛中进行着。最后，一致决议：大成公司向人民政府申请公私合营。推选刘国钧、谢钟豪、何乃扬、朱希武四人为代表，具体实施。并在刘国钧亲自主持下，起草了“公私合营书”，呈送常州市人民政府。

从此，刘国钧天天盼，夜夜望，可是申请报告似石沉大海，无声无息。过了春节，他再也忍不住了，赶往南京，找省委统战部宫维桢、吕炳奎部长询问。同时，找到在常州视察工作的省委书记江渭清催批。还去上海找视察工作的黄炎培副总理，请转告中共中央统战部早日批准大成公司实行公私合营。

---

① 《改造资本主义工商业的必经之路》，《毛泽东选集》第五卷，人民出版社1977年版，第111页。

排除合营的“拦路虎”

1954年2月底，刘国钧被邀参加江苏省人民政府召开的公私合营座谈会。在会上，宫维桢宣布核准大成公司及三个工厂为全省首批公私合营单位。

但是，落实公私合营出现了一只“拦路虎”。按政策规定，公私合营时公股的比例，不能低于15%，这一条硬杠杠一定要达到。

于是，人民政府考虑向大成公司投资250万元，以取得公股比例占15%。但这笔钱需由中央和华东局加拨，否则，大成公司的公私合营就会推迟和落空。

在此关键时刻，刘国钧挺身而出，向江苏省委表示：不需要国家一分钱投资，用我自己的私股与南通大生公司的公股调换一下，大成公司的公股比例就解决了。

刘国钧冒着鹅毛大雪，从常州赶往南通，与好友张敬礼商洽换股之事。当即，他们就以私营大成公司总经理刘国钧与公私合营南通大生公司总经理张敬礼的名义，向省委呈送一份联合申请报告，其中提出：由大生纺织公司（公股占40%以上）公股中提出9%，80万元，与大成纺织染公司私股相等价值的股票对调。这个方法我们主动提出，公私双方均不吃亏。这样，大成公司加上原来的代管股3.44%，公股比例可占15%左右，达到公私合营的基本条件。

中共江苏省委接到刘国钧、张敬礼的呈文，对这个建议非常重视，认为，这是加速公私合营的一个好方法。因此，中共江苏省委在向华东局、中共中央的报告中，提出：“如这一方法尚属可行，还可再由大生纺织公司公股中提出15%左右，与无锡市的庆丰、丽新等厂对调，如无锡资方也愿意，则今年计划内的几个纺织厂，就可以大体上解决合营的方法问题了。”并在报告中指出：“常州三个厂（资产净值2500万元）经与南通大生纱厂换股票可减少国家投资250万元。”刘国钧、张敬礼这对忘年之交的挚友，珠联璧合，对推动对私改造，功不可没。

3月，江苏工商业者首届会员代表大会在南京召开，正式成立江苏省工商联合会。在第一次委员会议上，刘国钧被推选为江苏省工商联副主任委员。

6月1日，在常州市人民政府礼堂，举行大成公司公私合营协议签订仪式。从此，大成公司及三爿工厂正式公私合营，刘国钧担任副董事长兼总经理。他兴奋不已，彻夜未眠。

1954年7月19日，中共中央华东局在上海召开华东区公私合营工业工作座谈会，陈毅副总理邀请刘国钧在会上作典型发言。他的发言讲了三点：为什么要争取公私合营？合营进程中经过些什么？合营后有些什么成就？刘国钧的典型发言，表达了私营企业走国家资本主义道路的必然性，工商业者应该坚决地走这条最好的道路。刘国钧的大成公司无疑是一个先进的范例。刘国钧的顺应形势，敢为人先的独创精神，在江苏，在华东，乃至在全国，引起强烈的反响。

刘国钧是个言必行，行必果的人。要脱胎换骨的思想改造，首先表现在对待财富的态度上。大成公司批准公私合营后，首当其冲的是清产定股，这牵涉到公方、私方、劳方的利益。其中，清股的重点是查清私股的历史身份。例如，刘国钧在旧社会被国民党官僚敲诈去的私股，加之馈赠给达官要人的私股，总数时值在四五百万元之谱。解放后，大成公司财务处仍按新过户的办法，物归原主，重新列到刘国钧的户下。在清产定股时，刘国钧全部拨乱反正。这样，大成公司原先私股约2500万元，清产定股资产总额减至2171万元。尚有461万元作为待处理资产，这主要是刘国钧移赠的私股资产。因此，他的许多部属和友人无不感慨万千，说：“国老真有气度，凡事都为国家着想，很少为自己着想，有时根本不考虑自己的利益，无私才无畏，我从心底里敬佩他！”

“我们之间更靠拢了”

1955年初，刘国钧被选为民建常州分会主任委员。4月1日，民建召开首次全国代表大会，刘国钧出席会议，并以自己的切身体会真切地说明完全拥护国家在过渡时期的总任务并接受社会主义改造的原因和理由。他的大会发言，确实是肺腑之言，受到与会代表的热烈欢迎。大会通过协商提名，采用无记名投票，刘国钧被选为中央委员。他深感自己“贡献甚少，地位太高”，决心今后唯应以茑萝之附乔松，跟着共产党走，一心一意走社会主义道路。

下半年，刘国钧赴北京出席全国人大首届二次会议。接着，又参加全国工商联召开的中央执行委员全体会议。会议期间，刘国钧与全国工商界的部分头面人物，被毛主席再次邀请到中南海参加座谈会。

毛主席的教导给工商界代表人物极大的鼓舞。毛主席要求大家眼光放远一点，不要怕社会主义，要自己掌握自己的命运。并发人深思地说：民族资产阶级改造好的，将来一定可以加入到工人阶级的行列。毛主席对他们说了许多勉励的话，刘国钧印象最深的是这么几句话：只要为人民做好事，好事做得越多，前途就越好，这是成正比例的。不要像十五个吊桶打水，七上八下。可以放心，改造中遇到的问题，可以经过商量、考虑、研究，实事求是地求得解决。这番话，给刘国钧更增添了积极参加社会主义改造工作的信心。

刘国钧、陆小波、张敬礼从北京回到江苏，三位工商界的巨头，分别在全省各地传达毛主席在座谈会上的讲话，职工群众和资本家都轰动起来了。

人们非常明了：毛主席在加快农业合作化的步伐之后，资本主义工商业的社会主义改造工作，各行各行掀起实现公私合营高潮的时刻，已经来到了！

翌年初，刘国钧参加江苏省工商联执委扩大会议期间，又一次受到毛主席的亲切接见。在南京市人民政府大院宽阔的草坪上，毛主席在陈毅、罗瑞卿的陪同下，与冷御秋、钱孙卿、刘国钧、陆小波、张敬礼等人一一握手。

刘国钧睁大眼睛，以喜悦的目光，一眼不眨地注视着毛主席。他紧握着伸向自己的大手，答道："主席好！"毛主席说了"我们之间更熟悉了，更加靠拢了"，一种幸福感，使他的胸间涌动起了阵阵抑制不住的暖流。

6月，全国人大首届三次会议在北京中南海怀仁堂召开，刘国钧赴京出席。在会议期间，经过多日的思考，他已谋略在胸，从容不迫地走上讲台，发表自己的意见。

刘国钧在全国人大的发言，受到毛主席、周总理的高度重视，他们要求中央纺织工业部予以考虑。因此，中央纺织工业部的领导人，专程登门拜访刘国钧，听取他的真知灼见，作为制订第二个五年计划时的参考。

做"钻钱眼"的副省长

江苏省人大一届第四次会议在1956年8月15日在南京召开，刘国钧被全体代表一致选举担任江苏省人民政府副省长。

当记者采访他，问及"对江苏的经济建设有何意见和设想"时，他快人快语地："我以为，我省1955年决算的计划中所规定的金额没有用完，1956年上半年预算支出部分执行情况也不够好，这是一个很大的缺点。近来在上海看到在原有空余的厂房里，增添了22万纱锭。这样要比开办新厂投资少，利润多，成效快。我们江苏省原有纱锭70余万枚，我以为增加一倍，不为过分。因此，事半功倍，以江苏纺织业的以往经验论，不是虚言，而是事实。”

在回答“全省纺织行业的前景”时，他说：“我省如能有计划扩展到150万纱锭，以本省产的棉花，由自己的工厂纺纱织布，印染成棉织品，除本省人民自用以外，尚有三分之一左右的出口可供外销。如以这个工业的利润来说，连税在内，每年有4亿元以上的收获，这是值得我们大家注意的努力的方向。”

翌日，《新华日报》刊登了刘国钧的文章。有人读了文章后，很不理解，说：“刘国钧作为副省长，还是没有摆脱资本家的唯利是图，开口利润，闭口税收，钻到钱眼里去了！”

这些议论传到刘国钧的耳朵里，他泰然自若，理直气壮地说：“搞经济建设应该有经济头脑，我们办实业的人，不讲经济效益怎么行呢？我是个资本家，过去是为我自己赚钞票。可是，现在我的企业和国家合营了，图利的目的是为国家积累资金，支持重工业建设和发展，支持国防建设和发展，这有什么错呢？难道可以不讲经济效益吗？”他的爱国之心，溢于言表；他的一席诤语，一言可尽。

自降高薪放弃定息

中国民主建国会于1956年11月下旬，举行一届二中全会，刘国钧赴京参加会议。接着，他又出席全国工商联第二届会员代表大会。当选为全国工商联执委会常务委员。

在这“两会”期间，毛主席在12月5日、7日、8日，花三个晚上的时间，分别找陈叔通、全国工商联副主任委员、各省、市工商界代表谈话。刘国钧有幸又一次见到毛主席，亲聆毛主席对中国社会主义建设道路的探索。

刘国钧参加座谈会的那天，当毛主席听到工商业人士的提问时，总是以商量的口吻，与他们讨论，询问他们对这个问题的自己的看法，气氛十分融洽，座谈会的形式是问答式的，即毛主席提问，大家回答。有时，大家答不上来，他也并不介意，只是抿一抿嘴，再换一个问题。毛主席在提问时，态度非常随和，就像和大家聊天一样。

关于定息，毛主席说：现在资本家当中大体有70%左右对定息没有兴趣。一个月拿几毛钱，他们要求放弃定息，摘帽入工会，享受劳保待遇。我看也可以放弃吧！

毛主席高瞻远瞩地分析说：全行业公私合营，谁也没有料到这样快，下一步的国有化就不要这样快了，快了，对国家对民族都不利。大资本家拿了定息，也是“楚弓楚得”，“肥水不落外人田”，资本家也可以把定息作投资，继续开工厂。这叫新经济政策。毛主席说：现在我国的自由市场，基本性质仍是资本主义的，虽然已经没有资本家。它与国家市场成双成对。上海地下工厂同合营企业也是对立物。……还可以考虑，只要社会需要，地下工厂还可以增加。可以开私营大厂，订条约，十年、二十年不没收。华侨投资的，二十年、一百年不要没收。可以开投资公司，还本付息。可以搞国营，也可以搞私营。可以消灭资本主义，又搞资本主义。当然要看条件，只要有原料，有销路，就可以搞……这样定息也有出路。

陈叔通接着汇报说：有人怀疑工商联是否长期共存，有人认为工商联可以不要了。

毛主席说，谁说的工商联不要了？也是长期共存的。都摘了帽子怎么办呢？那时候变成第二工会。还是思想改造，还要你陈叔通来管。听了毛主席回答的这番话，陈叔通笑了，全体工商业者的代表人物笑了，刘国钧笑了，他们笑得何等舒心！

毛主席诙谐、生动、意味深长的谈话，给刘国钧深刻的教诲，终身难忘。

刘国钧的职位步步高升，在他的好友钱孙卿划为“右派”后，由他担任江苏省工商联主任委员。而他脱胎换骨的自我改造的决心也日趋坚定。不论在庄严的全国人大会上发言，或是在报刊上发表文章，他紧紧地围绕《一个工商业者的切身体会》《工商业者要通过实践改造思想》《争取早日做一个自食其力的劳动者》等，袒露心意。

他公开表示：我们敬爱的领袖毛主席，日理万机，为全国人民的幸福生活操劳，而每个月的工资是404.8元钱。我刘国钧的工资却有800元。是毛主席工资的1倍，我拿这么高的工资，实在感到惭愧。因此，从1958年1月起，我自愿把每月工资降为300元。同时，凡以我名义投资在各企业的定息一律放弃！每年的定息是30余万元。同时，将珍藏的48幅与179幅古今名家字画，分别无偿地捐赠给南京博物院和常州博物馆。这是刘国钧通过整风学习，认识到剥削可耻，再继续进行剥削，享受特殊生活，对自己的改造也不利。因此，毅然决然地把定息、高薪放弃。受到了人们的赞扬。

（原载于2009年9月1日《常州日报》）

中国共产党的挚友

叶胥朝

新中国成立后，我大部分时间从事党的统一战线工作和人民政协工作，接触和熟悉了许多党外人士，并同他们建立了友谊。在众多的党外朋友中，刘国钧先生给了我比较深的印象。

刘国钧先生是我国著名的爱国实业家。在旧中国，他主张“实业救国”并身体力行，在纺织业方面取得令人瞩目的成就。但在“三座大山”压迫下，他的事业连遭挫折，他的“实业救国”愿望也始终难以实现。新中国成立前夕，他不得不赴香港办企业。新中国成立后，他看到共产党的确是为了救国，为了生产，于是在1950年毅然决定偕夫人一起返回内地，参加新中国的建设事业。他在常州创办的大成纺织公司，在党和国家的扶持下，生产得到了发展，从而更加激发了爱国热情。他慷慨支援抗美援朝战争，率先在自己的企业实行公私合营，并多次调回在香港的设备和资金，支援社会主义建设。他还热心公益事业，曾捐资30万元办学，在经济困难时期，他想方设法为国分忧。

1962年1月10日，在由惠浴宇省长主持的一次会议上，他恳切陈词，建议农村发展养兔业。他说，养兔成本低，收益大，不需要粮食作饲料，而有利于粮食生产，兔肉可食用，可出口创汇，兔皮、兔毛是皮革、毛纺工业原料，兔粪沤瓜田，肥效比猪粪还高，因此大力发展养兔业是发展经济克服困难的一个好办法。他的建议得到惠省长赞赏，并得到政府采纳。之后，江苏的养兔业确有相当的发展。刘国钧先生在1962年和1963年曾两次赴香港，向亲友和各界人士介绍国内形势，宣传政府的政策，在东南纱厂职工大会上讲社会主义优越性和祖国经济建设成就。回归内地之前，他携回巨额外汇购置化肥支援农业生产。刘国钧先生对农业的发展充满信心，并看得很远。1962年6月11日，他在省政协一次会议上说，中国实现现代化，农业生产发展后，农村大批劳动力会转移到工业和其他行业，从事农业生产只需一亿人即可。党的十一届三中全会以来的情况证明刘国钧先生这个预见是有道理的。

刘国钧先生动员他在香港的子女也要经常回内地看看，为内地的经济建设出力。有一次（1965年9月中旬），他的大女儿刘璧如女士回来探亲，满怀深情地对我说，她父亲由香港回内地的路是走对了。刘璧如女士有这样的认识，与刘国钧先生的影响是分不开的。“文革”十年浩劫，刘国钧先生虽身处逆境，但仍坚信党的领导，亲笔书写了“人老心不老，永远跟党跑”的对联，悬挂客堂，以明心志。粉碎“四人帮”后，他衷心拥护党的十一届三中全会的路线方针和政策，对党对社会主义的信念至死不渝。作为共产党的亲密朋友，他真正做到了同党肝胆相照，荣辱与共，越是在党遇到困难时刻，越是与党团结得紧，真是危难见知己。刘国钧先生不愧是中国共产党的挚友。

刘国钧先生从一名主张“实业救国”的爱国实业家走上社会主义道路，坚持同共产党合作，这一事实有力地证明了中国共产党的统一战线政策和“长期共存，互相监督”，“肝胆相照，荣辱与共”的方针是完全正确的。

抱定实业救国信念

胡厥文

刘国钧先生是我国现代杰出的爱国实业家。他幼年家境窘迫，15岁便离开老家江苏靖江到常州学徒经商。后与人合开小店经营布匹，稍有积蓄即投身纺织业，创办了著名的大成纺织染公司，成为民族纺织工业的巨子，为我国民族工业的发展作出了积极的贡献。我与国钧先生早年结识，引他为一知己、学长。在他诞辰百周年的时候，我想起国钧先生在近百年的生涯中，呕心沥血，献身实业，他的高度的爱国热情和创业精神，堪为后人风范。

国钧先生生前把富国强民作为自己立身宗旨和理想抱负，这同我们民族近百年社会历史的演进有密切关系。他的前半生，正是我国民族受帝国主义、封建主义、官僚资本主义压迫最深，人民追求独立、民主、富强的斗争最激烈的时候。国钧先生初时抱定“实业救国”的信念，在辛亥革命后不久，始投身工业。他一心要发展我们自己的纺织工业，以同帝国主义在中国的势力抗衡，打破列强垄断我国纺织品市场的企图。为此，他曾四赴日本，了解情况，学习和引进技术。

在那里，他碰过许多次壁，遭到不少白眼与嘲弄，却毫不气馁，终于有所得而归，打开了我国自己的生产丝绒、灯芯绒之路。我听人说过，国钧先生为了学习英国人的浆纱技术，曾经穿上号衣，乔装成英商纱厂工人去偷学技术，未几被人察觉，只得逾墙而逃。国钧先生的真诚感动了几位浆纱师傅，在他们的帮助下，解决了难题。在国钧先生的努力下，他的企业最早成立纺织染的全能厂，有力地推动了民族纺织工业的发展。当然，在“三座大山”的压迫下，“实业救国”的要求是不可能实现的。新中国成立，使国钧先生找到了实现理想抱负的道路。他看到，要救国，只有发展社会主义的生产。1950年，国钧先生毅然离开香港返回故乡，决心跟着共产党，为新中华的崛起贡献余年。他积极组织恢复大成厂的生产，他慷慨支援抗美援朝战争，他率先在自己的企业实行公私合营，并几次调回在香港的设备和资金支援社会主义建设。以后，他被选为人民代表，还担任了江苏省副省长，为发展江苏省和全国的纺织工业提出了许多好的建议，做了许多有益的工作。熟识他的人都感到，年逾花甲的国钧先生反而比过去更活跃、更年轻了。使他返老还童的正是祖国欣欣向荣的建设事业和他对社会主义前景的坚定信心。国钧先生的路是我国民族工商界的共同道路，他的爱国精神也是民族工商界的共同思想感情。

国钧先生从事纺织业成就斐然，他和刘靖基等人合作创办的大成公司1930年时只有40万元资金、1万枚纱锭，到1949年已拥有3000万元资金、7万多枚纱锭，在实业界享有盛名。他的成功是他为实现富国强民的抱负而一丝不苟艰苦创业的结果。国钧先生有一种脚踏实地、不畏艰难、顽强进取的精神。为使大成厂成为纺织染的全能企业，以便立稳脚跟同外商抗争，他致力于改革经营管理和陈旧技术设备，吃过不少苦头。第三次访日归来，国钧先生带回几台印花车，却无人会操作，连从上海请来的工程师和外国技师都无能为力，他就亲自到车间和工人一起试验，他常常晚上也不回家，有时忙得连饭都忘了吃。经过七个多月的努力，终于取得成功。上了年纪的人都清楚，中国的民族工业是怎样在帝国主义、封建主义和官僚资本主义的夹缝中生存的。那时，做生意提心吊胆，一不小心便有被吃掉或被扼杀的危险。可以想见，国钧先生经营大成公司是何等苦心孤诣了。解放后，中国共产党和人民政府保护和扶持私人企业，国钧先生得以潜心发展生产，再无为人吞并之忧。他曾对我说过，那是他一生心情最为舒畅的几年。如果说国钧先生的成功有什么秘诀的话，那就是振兴民族工业的决心和百折不回、巧干实干的精神。

患难出真情

施宪章

1953年9月，党颁布了国家在过渡时期的总路线。国钧先生经过学习认识到，实行公私合营是私营企业的光明大道。当即写了要求合营的报告，向有关部门申请。1954年4月常州大成纺织染公司被政府批准为江苏省第一批合营企业。他看到合营后职工积极性空前高涨，生产质量明显提高，经营管理得到改善，他感到自己这条路走对了。他便到处宣传党对私营工商业采取和平改造方针的正确、伟大，以及公私合营的优越性，为我省全行业公私合营高潮的到来，起了积极的推动作用。

三年困难期间，刘国钧先生放弃了香港优裕的生活（按：此处所云“放弃了香港优裕的生活”，是指党和政府允许刘国钧先生可以在香港探亲的时间长一点，享受优裕的物资供应），自觉为国分忧，经常向政府陈述经济建设、发展外贸、克服困难的建议。1962年国内困难基本好转，刘老对共产党更加信服，认为这样大的全国性困难，在共产党领导下得到克服，确是史无前例的，特别对党的“调整、巩固、充实、提高”赞扬备至。同年下半年，刘国钧先生赴港，他利用各种机会，介绍国内大好形势，大讲社会主义的优越性。在回归之前，携回巨额外汇，购买化肥，支援农业。

1978年1月，刘老先生不慎骨折并引起并发症，被送进南京鼓楼医院抢救。省委得悉病情后，十分重视，指示全力抢救，并组织了全市著名医生进行会诊，制定医疗方案。工人医院高干病房三楼八个房间全部为刘老先生服务。住院期间，中共江苏省委书记许家屯、副书记包厚昌、省长惠浴宇以及管文蔚等负责同志到医院探望，对他表示极大的关怀。海外及港澳回来的子女看到这种情况，都很感动。他们说，这次我们才真正体会到社会主义国家人与人之间的关系是团结友爱的，是互相关心体贴的。可见共产党实行的社会主义制度好，给民主人士带来了无限的温暖。

在重病期间，还经常对回来探病的子女再三叮嘱："不要忘了祖国，你们要为祖国四化多作贡献。"嗣后，刘老先生子婿也确为家乡、为祖国的建设和教育事业作出不少贡献。

现在刘国钧虽然已经离我们远去，但他那爱国爱人民、爱党、爱社会主义的业绩，将彪炳史册；他同党风雨同舟、荣辱与共、肝胆相照的精神，值得我们永远效法、学习。

爱国工商界的杰出典范

江子砺

国钧先生是一位著名的实业家。国钧先生生于靖江，而他一生的业绩主要在常州，先生自1914年由奔牛来常从事纺织工业，特别是1930年创办大成纺织染公司后，由于高瞻远瞩，经营得法，在不到8年的时间里，资金即从50万元增至400万元，纱锭由1万枚增至8万枚，工厂由一个发展到四个，当时曾被经济学家马寅初先生赞誉为“罕见的奇迹”。至新中国成立时，常州的大成纺织染公司拥有纱锭44300枚、布机1080台和成套印染设备，成为常州市最大的纺织印染联合企业，并在国内纺织行业中具有较大的影响。国钧先生在事业上所以能取得如此巨大成就，在于先生审时度势之远见，艰苦创业之毅力，勤奋好学之精神，处事果断之魄力，知人善任之气度，经营管理之得法。

国钧先生是一位爱国的民族工商界人士。先生在青年时代，深受三座大山压迫下的苦难，因而激发了实业救国之强烈愿望，立志致力于发展民族工业，他为了表达提倡国货，抵制外货的心意，在产品上使用了“蝶球”“征东”等商标，寓意“无敌于全球”和“征服东洋”。先生四次东渡赴日本学习和多次至欧美各国考察，无一不为学习和借鉴国外先进经验，振兴民族纺织工业。新中国成立后，先生即于1950年9月毅然由港返常，受到党和政府的热烈欢迎，使先生深受感动，决心留在国内，为新中国的纺织工业作出贡献。国钧先生在担任常州市民建会和工商联负责人以后，积极响应党和政府的号召，开展增产节约运动，捐献飞机大炮，支援抗美援朝，并团结和带领工商界接受中国共产党的领导，走社会主义道路。1953年国家提出了过渡时期的总路线以后，国钧先生即在全联召开的会员代表大会上表示争取公私合营的决心，回常后又向政府提出了申请，终于在1954年4月获得批准，成为国内最早实现公私合营的企业之一，在工商界中产生了极大的影响。1956年国钧先生荣任江苏省副省长和不久担任省民建、工商联主委、全国工商联副主委后，更是怀着满腔的爱国热忱，对国家的经济建设，纺织工业的发展，提出了许多积极的建设性意见，同时推动工商业者热爱党，热爱新中国，热爱社会主义，并时时刻刻关心四化建设和祖国统一大业，关心家乡事业，造福桑梓。充分说明国钧先生是爱国民族工商界中的杰出典范。

聆听老红军讲长征

高进勇

南京的暑热，实在让人受不了，尤其是天上的云彩密聚，没有风丝的时候，真像在蒸笼里闷着一般，使人喘不出气来。马路上的沥青被太阳烤得烫脚，散发出来的焦味，使行人几乎昏眩。不知谁家养的小狗，躺在墙角的阴处，伸出长舌，不停地在喘息。

刘国钧在省政府的办公室和住宅虽则都装有电风扇，但吹出来的风也是热辣辣的，没有凉意。这是1965年的盛夏，省委、省政府为照顾刘国钧的身体健康，特许他偕同夫人回常州小住。

中共常州市委统战部主持工作的副部长李玉闻讯后，派笔者到市政府车队调车前往火车站迎候。到了小营前招待所，只见有三辆轿车：一辆是美国的黑色福特，一辆是美国的天蓝色道奇，都是40年代后期的产品，相当陈旧了。还有一辆是苏联产的伏尔加，是新配的，还带有空调。我要了伏尔加，由司机老钱驾驶，直奔车站。将刘国钧夫妇从列车上接下后，伏尔加将他们送至青果巷私寓，此时，李玉已经在刘宅客厅迎候了。寒暄几句后，李玉诚挚地说："国老，市领导有很大变动，市委书记韩本初调任徐州市委书记，市长于春开调去北京市社教工作团。新任市委书记章德、市长申云章，听说国老回到常州，明天晚上要为您接风洗尘。请您不要推辞。”

刘国钧开朗地笑道：“其实，我是常州的主人，应尽地主之谊，为新上任的父母官接风才行。这也好，他们先请我，我再回请他们。一切请你们两位代办。”

翌日午后，市政府办公室的卞愉清、市委统战部的邵益民和笔者，就在小营前招待所忙开了，从参加宴请的人员名单，座位的排列到菜单、酒类，无不精心筹划。

小营前招待所是常州市最高级的宾馆，这里有法国式的小白楼、意大利罗马式的主楼，淹没在高大苍绿的树丛中。曲径幽道上立着葡萄架，一串串晶莹的奶子葡萄悬在上空，让人垂涎欲滴。院落的绿地上盛开着凤仙花，深红、浅红、纯白、浅绿、青莲、玫瑰紫，色色俱备，蔚为大观。还有一茎盛开的是五色，更为斑斓、娇艳。我记得小时候，看到乡下的女孩们常常将红色的凤仙花瓣采摘下来，剔除白络，加上一些明矾，把它捣烂，染在十个指甲上，用绢包裹，时隔一夜，每个指甲上便染成猩红色了，替代了城里女人的蔻丹，满足了女孩爱美的天性。所以，我们家乡又把凤仙花称为指甲花。

时钟敲了四下，我又用伏尔加将刘国钧从青果巷接到小营前招待所。这时，市委书记章德，市长申云章，副市长汤永安、胡仰德、金德培、池道生、宋鲁峰已在会客室迎候。

他们一一握手、寒暄，李玉将新到任的章德、申云章、宋鲁峰，介绍给刘国钧，他分外热忱。

大家坐定后，倒茶、敬烟完毕。章德自报家门，说到曾在省委组织部、省政府人事厅任职，当市委书记是学习来的。他身材魁梧，气质高雅，为人坦诚，举手投足之间显示出受过良好的教育。

刘国钧对章德颇有好感，诚恳地说：“章书记年轻有为，是省级机关有名的秀才，难得，难得。”

章德谦逊地摇了摇手，说：“不敢当，刘省长过誉了！”

在与申云章交谈时，刘国钧谈笑风生，说道：“申市长在无锡很有政绩，我听说，你对旧城改造有一套办法，采取‘拔牙齿’的策略，很见成效，你很有魄力，常州是个旧城市，也要大刀阔斧地整治才好。”

他们就这样，无拘无束地交谈着。

刘国钧感到有点冷淡了紧挨着自己坐的副市长池道生了，随意地问：“池市长，你是老革命、老红军，我一直有个问题闷在肚皮里，就是红军二万五千里长征，这个二万五千里究竟是怎样计算出来的？你能告诉我吗？”

“说来话长喽。”池道生沉思一下，答道，“我们红军长征从一开始就不是走直路、大路，部队的行军路线迂回曲折，经常改变。因此，按照地图标识来计算红军长征的实际行程是不准确的。我们红一方面军实际走了一万八千零八十八公里，走得最远的部队，走了二万五千里。那时，邓华、萧华、萧锋都是我们红一方面军的秀才，都有记日记的习惯，正是有了这些日记，才推算出长征里程的。”

“噢，明白了。”刘国钧真诚地说，“听说，你们红军吃过树皮、草根和皮带，战斗生活极其艰苦。”

池道生坦诚而言：“是有这种情况。不过，各个部队情况不同。我是在红一方面军直属支队给首长当小通信员，看到领导干部为红军能吃饱饭，做了许多艰苦工作。因为粮食要靠打土豪或向当地群众购买，所以，每天快天黑到了宿营地才埋锅烧饭，吃掉了带来的粮食，如果不立即筹措，第二天就会断粮饿肚子。为这件事，领导同志付出了很艰苦的努力和组织工作，勉强能不饿肚子。有时饭不多，直属支队的首长故意不吃饱，让给我们这些十四五岁、十六七岁的娃子吃，我们不肯吃，首长说：‘你们正在发育长身体的时候，一定要吃得饱饱的。’我们只得含着眼泪把饭吃下去。”

“提到吃饭的事，我们工农红军有个坏毛病，因为进入藏族同胞地区之后，没有油吃，不管你吃多少粮食，总觉得肚子空空的。于是，只要有了东西成天嘴巴不停地吃，坐也吃，睡也吃，行军也吃，甚至上厕所还在吃，就是吃不饱。这样，吃炒粉的人弄得满嘴白胡子，吃炒青稞麦的弄得满脸乌黑。后来，我们进了延安，才慢慢地改了这个坏习气。”

刘国钧进一步问道：“你们过草地时，吃过皮带吗？”

池道生回答：“我们直属支队各人背着几个炒熟了的青稞麦子或青稞粉。过草地时每天下午都会遭到雨水淋洗，结果背在身上的青稞粉成了粢团，结成一块；炒青稞的情况更糟，被水泅了软纽纽地像橡皮胶。到了宿营地，将结成块的青稞粉往茶盅里放，再用开水一冲，当成水糊喝下去。炒青稞似橡皮胶的东西，就很难下口，牙齿弄疲，也吃不下四两东西。草地上不能睡觉，第二天要行军七八十里，每天拂晓出发，因为没有柴火，就无法烧开水喝，只得喝一点不致送命的冰水，吃一点青稞麦或青稞粉，咬着牙关，迈开双腿，大踏步向前走。有的战友不小心摔倒了，把背着的青稞粉或青稞麦掉到有颜色的污水里，这水是有毒的，捡起来吃吧，肚皮会发胀发痛，痛得你叫爷叫娘；不捡吧，肚皮会饿得哇哇叫。如果发生这种情况，只好自认倒霉，忍痛割爱，再厚着脸皮，伸出双手，向战友们哀求说：‘同志，阶级友爱唷！’因为红军都懂有苦同吃，有难共当，阶级同情，互相友爱。大家会齐声答应：‘好啊！’每个人自动地分出一点粮食来解决这位战友的无粮之苦。”

在座的人都感叹着这种阶级友爱之情。

“那么，红军的穿衣问题怎么解决的呢？”刘国钧关切地问。

池道生认真地答：“我们从江西瑞金红色根据地出发时，每个指战员的装备都很整齐的，每人发两套新衣服，背包的颜色是一律的，胸前挂两个或四个手榴弹，三双新草鞋捆在背包上，头上戴着用树枝伪装的防空帽，十天的粮食、一支步枪扛在肩上，雄赳赳地迈着大步走向抗日前线。当我们离开了毛儿盖，深入到草地，已经行军十个月了，衣服都破烂了，气候奇寒，有些人就穿上各种野兽皮，有羊皮、虎皮、驼皮、狗皮，真是五光十色；还有的用羊毛放进布里，随意缕在身上御寒。苦得很！”

“在草地里，因为白天行军的疲劳，夜晚又不能睡觉，打起瞌睡来，只得两人或三人背靠背地打盹，不管谁动一下大家都醒了。有的人由于过度疲劳，就躺在草地睡着了，衣服被草地上的水湿透了，半夜狂风挟着雪花吹来，冻醒后没有取暖的柴火，只得不停地发抖，血脉越来越少，一停就一命呜呼。我们眼望着战友倒下去，内心非常痛苦和难过。但是，我们谁都没有悲观失望，反而异口同声对死难烈士说：‘同志，你已经为独立、自由、幸福的中国尽了最后的一口气。’旁边的战友插上一句，说：‘不要紧，你安息吧，你的任务我们来完成！’……”池道生说到这里呜咽了，再也讲不下去了。全场沉默了，仿佛能听到每个人激烈跳动的心声，大家都在默默地为倒在万水千山的红军指战员致哀！

池道生停歇一会儿又深沉地说：“过草地十分艰难，爬雪山也极其艰苦。我们工农红军在雪山地区的行程约一个月，以里程计算有2700多里。我们是从云南转入四川的，是暑热的夏天，每人只穿一套单衣，加上红军指战员大多是南方人，突然进入雪山地区，要补充棉衣已经来不及了。雪山叫夹金山，人迹罕至，高耸入云，经常看不到山峰。在爬雪山前，红军领导机关命令各连队准备瓶子装上酒，每人再发一两个辣椒，以备上山时御寒。可是，山脚下有个镇子只有百户人家，哪有这许多酒和辣椒哪，各个连队只得烧了辣椒开水，大家喝上一碗，再带几瓶上路。夹金山确实很怪，每天午后就大雪纷飞，严寒笼罩着整个山巅，雾蒙蒙的，真有乌烟瘴气的味道。本来以为只要上山爬快一点身上就不会冷，不料山上空气稀薄，呼吸困难就爬不快，只得慢慢地一步步地爬，爬得越高，身上越冷。大家就喝起辣椒水来，这对体质好的人起了作用，对体质弱的人一点没作用，把他们冻得牙齿‘咯咯’地打颤，脸色变得黑黝黝的。然而，我们红军战士死都不怕还怕冷？我们在心中燃烧着高度的革命热情，把夹金山的奇冷都融化了。在最艰难的山顶上，同志们发扬了革命友爱，相互照料，不遗余力，救助病员，除个别战友牺牲外，竟都平安地爬过了夹金山。”

刘国钧赞叹道：“池市长，你讲得很生动，很受教育，真如毛主席写的，‘红军不怕远征难，万水千山只等闲’啊！”

他不好意思地说：“我说得太多了，影响了刘省长和章书记、申市长的交谈。”

章德笑吟吟地道：“温故知新，忘记了过去，就意味着背叛。革命传统应该多讲，不是讲多了，而是讲得太少了。”

申云章也怂恿地说道：“离开饭还有一段时间嘛，你继续讲下去吧！”“好吧，我再讲一点。”池道生抹了一把汗，喝了一口茶，继续说，“我们从俄界向莫牙寺进军中，要走栈道，的确有‘蜀道难难于上青天’的感觉。所谓栈道，是在白龙河道上面，危崖山边，借用崖下之力，以木桩钉在人工打成的石孔中，在木桩上再铺木板，就成了特殊的道路——栈道。我们到来之前，国民党当局就欺骗和胁迫少数藏民对栈道进行破坏，在许多地方把木板卸去，把木桩拔去。我们行军到这个地段就插翅难飞了，只得停止前进，向后传达，在有树木的地方，砍了再一个人一个人地传递上来，修好了栈道再继续前进。可是，被破坏的栈道很多，只得走走停停，修好再走。时间一长，有的战士打盹了，前面传下来的话，迷迷糊糊地信口开河，把命令传个牛头不对马嘴，常常闹出笑话，耽误时间。因为栈道狭窄，只能容一人，整个部队成了一路纵队，连绵几十里，前进不能，后退不得。这时，少数藏民就在对岸的山林里放冷枪，在山顶上滚石块，许多红军战士被击中牺牲了。栈道下面的白龙河，水流湍急，波涛之声，响如雷电。两岸悬崖峭壁，河面宽处达数十丈，狭的不及一丈；栈道离水面一二十丈高，俯视河面，使人毛骨悚然，一般人简直不敢左顾右盼，行走在栈道上，提心吊胆。尤其是红军中的女同志，她们的胆子更小，一面自己咬紧牙关，使发抖的双腿镇定下来；一面在男同志的救助下，勇敢地通过险恶艰难的栈道。这段行程约有125里路程，我们却足足走了三天三夜。”……

这是吃树皮，咽草根，爬雪山，过草地，走栈道，辉煌折射的一页；这是小米加步枪，血与火，灵与肉，渲染功成的一页！

这时，落地座钟清脆地敲了五下。章德从沙发上站了起来，敬重地向刘国钧抬了抬手，热情地说：“刘省长，请！”

“请，请！”大家异口同声地说，然后簇拥着刘国钧进入宴会厅。

席间，敬酒、夹菜、碰杯、聊谈，气氛十分热忱而融洽。

今天他们喝的是茅台酒。茅台酒是国产名酒，产于贵州省仁怀县茅台镇，历史悠久，工艺独特，早已驰名中外，曾在1915年巴拿马国际博览会荣获奖章奖状。茅台酒具有酱香突出、幽雅细腻、酒体醇厚、回味悠长的特点。虽则今天喝的两瓶茅台酒的酒龄均是十年以上的陈货，喝起来特别纯真爽口。但是，他们都很节制，喝得很少，没有贪杯。

池道生喝了一小杯茅台酒，情绪激越而亢奋，他举着酒杯，对坐在对面的刘国钧兴奋地说：“刘省长，这个茅台酒哪，我在长征时喝过，味道比这个要浓，要凶。”

在座的人很惊讶，每个人脑海里出现了大问号：红军长征时连饭都没得吃，还能喝上茅台酒?

刘国钧也不例外，探询地问：“真的？”

“当然是真的！”池道生认真地说：“我们从仁怀县城出发，大约走了三四十里路，到了茅台镇，镇在山脚下，对面也是山，中间是一条曲曲折折的清水河，宽约十多米，不可徒步。河上有简易的木桥，人马走过去，木桥会吱吱作响。那时正值初秋，四面是一丛丛的青绿色山林，还夹杂着鲜艳的红色、白色的花朵，甚为美丽。镇上有稀稀拉拉的十多个人家，大多是茅草房子。村旁有一家酒厂，这就是闻名世界的茅台酒产地。为了防止红军侵占群众利益，领导机关派人加以控制，不许随便出入厂房。我跟随首长前去酒家参观，还未进入酒厂，一股浓郁的酒香扑鼻而来。进入酒厂，香喷喷的酒味充满空间。厂里的管理人员递给我们每人一小杯酒尝尝，往鼻子底下一嗅，那股甘香而淳厚的酒香直钻五脏六腑，沁人心脾。喝一口酒，真是玉液琼浆。在长征艰苦的环境下，竟有如此的意外享受，不能不说是苦极甘来。次日，我们别了茅台镇，临走时，老乡坚送首长几瓶茅台酒，推辞不了，只得放到马袋里，在必要时可给首长解解馋。茅台镇的人民群众对红军的深情厚谊在温暖着我们的心，激励着我们去奋勇杀敌！”

刘国钧感觉到，这次参加新任市委书记、市长的宴请，有幸听到一位老红军战士的战斗历程。他深深地体会到：十月开始的二万五千里长征，是走出来的，苦出来的，打出来的。长征似盛开的花朵，飘逸着馨香；长征似缤纷的云景，飞映着红霞。自此，中华大地天高地阔，冰雪解冻，昔日农奴，翻身成主人，在自由天地里纵情歌唱，为耕耘金秋的果实，征途漫漫；十月阳光又铸造共和国的辉煌。人们怀念十月，敬仰十月，歌唱十月，遐想十月！

宴会之后，刘国钧紧紧地握着池道生的手，久久没有放开，诚挚地说：“每一个红军战士都为国家为民族作出了特殊贡献，你要多多保重。再次谢谢你！”

（原载于《从资本家到副省长——刘国钧的后半生》，有删节）

附　录

在大成一厂开国一周年庆祝大会上的讲话

主席、各位首长、各位来宾、各位职工同志们：

我是9月20日回到上海的，我乘火车从广州北上，一路就已看到新中国进步的气象，修建的工作，到处在进行着。例如：各处修铁路、造桥、造水闸，常州也在修街道，这种种方面使我觉得非常的愉快。到了上海，又看到一切的一切都在向良好的健康的方面转变，使我非常佩服，使我觉得人民政府的的确确处处是为着人民的。

今天来到厂里，恰巧逢到我们中华人民共和国开国一周年的国庆纪念日。我们大家来开会庆祝这个国庆佳节，同时又是一二三厂的劳动模范给奖，一厂生产竞赛开始动员大会的一天，真是锦上添花。所以我在上海虽然非常忙，也是要特地赶回来参加的。今天看到大家喜气洋洋，相聚一堂，真不知道用什么话来表示我衷心的愉快和兴奋。同时本厂以前生产的质量，受过批评的，现在已经逐步改进，都是各位职工同志们虚心接受地方当局的指导和努力的成就，这是真正值得佩服的。但进步是无限量的，目的是无止境的，仍希望继续不断的改进，搞好生产。我最近的一场大病，可以说是九死一生，在病重的时候，真想不到还有回到厂同诸位欢聚一室的一天。

我和各位职工同志们，过去相处真好像是兄弟姊妹们一样，现在分别已有一年了。在解放以前，我为什么要离开这里？惭愧得很，是因为我那时还没有见到共产党这样好的政策，同时又受了反动派恶意宣传及恶性通货膨胀的缘故。但我身体虽然不在这里，我的心志仍在这里。我又要感谢国内许多朋友写信给我报告许多好消息，同时我还仔细阅读各种进步的报纸和刊物，并听了国内人民的召唤，就早想回来。可是不幸得很，在去年10月刚想动身去华北的时候，我旧有的胆病忽然大大地发作了。从此生了几个月的病，身体一天一天地衰弱，我想这次恐怕真的不行了。后来决定请医生动手术，开了刀，在胆里拿出四颗石子，总算起死回生，接着再休养一个时期，才能勉强动身回来。在我个人虽是庆幸得到重生，但是对于我所负责的事业，我总觉得十分抱歉，这是要请各位职工同志加以原谅的。从今天起，在我没有死以前，我都要尽我的责任。

我看到各位精神饱满，看到厂房机器依然很好，自然觉得高兴。不过我觉得最高兴的地方，还是在于人民政府重视纺织工业的政策。诸位都知道，我们大成厂自从民国19年开办以来，是经过多次的波折和摧残的。因为我们始终抱定实事求是的精神，不投机、不取巧，专门在生产上用功夫，所以就是在极不利、极凶险的环境中，都能够挣扎过来。我办大成厂最初只由6000元的本钱起手办广益，在民国18年底，约累积资金到20万元办大成；大成在抗战时期中装纱布至重庆汇款到上海，开办安达；可以说安达是我们发展出来的。在分厂的时候，安达分得花衣48000担，条子500多根，纱2000件，大成只分得花衣28000担，布1万多匹；至今日正起造了水泥建筑2000多平方米厂房，添了2000多千瓦的发电设备，以及增办纱锭等等。现在安达只剩花衣几千担，而大成现却有花衣2万担，布8万余匹。现在人民政府是要我们搞好生产的政府，人民政府正在努力为我们创造有利的条件，新民主主义还要我们的工厂大大地发展一下。同时各位职工同志已经有了高度的政治认识，能够自发自觉地努力工作，在这样各种条件都具备的环境下，还有什么事情可以阻碍我们纺织工厂的发展呢？还有什么事情足以使我们害怕，使我们顾虑呢？我敢说，一点也没有了！我并且可以郑重地告诉诸位，原来我们三个厂，早已被炸坏了，好容易成功到这样，这固然是大家的功劳，假使日本不来侵略我们，大成厂可以发展到怎么样了！诸位，就我们大成现有的各种条件，只要我们劳资双方，团结一致，好好地干，我们非但能恢复原有的生产，而且也一定能够大大地发展的。关于这一点，不但我个人如此想法，我相信在座各位也一定如此想法的。

重工业发展起来，是消费的居多，必须发展轻工业来养重工业，重工业才可以高度发展，故轻工业可以说是一个基础。中国棉花出了很多，除纺织轻工业自用外，将来还可以做到出口。纺织业基础是建筑在工人群众身上，要大家努力。

我在纺织业工作已经30多年，就是在本厂担任经理的职务，亦有20年的历史。在旧社会办工厂，我自信有相当的经验和几分把握的。不过在新社会里边，搞好生产的方法，已经不再是从前的那一套。我已经懂得要用民主式的管理，不能用命令主义，要向群众们多多商量，方可得到最大的效果，我相信群众的力量是最伟大的，群众的智慧是最聪明的，要搞好生产，一定要依靠群众的力量，依靠群众的智慧的。但是我刚从外边回来，我应当怎样学习，才能把新的思想贯彻到实际工作中去，而不犯错误，这确是我最注意的一件事。我看到好多位工业界的朋友，和好多的老先生，都已经学习得很好。只要虚心接受客观的分析，虽然已经上了一些年纪，我相信我还是可以得到进步的。我要在未来的工作中学到新知识，来运用我从前的老经验。所以我在这里说几句，除了表示极度的高兴外，还希望各位多多帮助我学习，使我能够在新民主主义下完成我所应完成的任务。

今天是国庆纪念日，在这里参加庆祝大会，有说不出的愉快，我希望，我并且决定，明年今日、后年今日，以及年年今日，都来参加这个庆祝——当然，我平时也预备多来常州，以老兵姿态来共同努力生产。今天又是劳模给奖的一天，我希望已做劳模的能够一直保持这个光荣，并且更进一层。同时希望未做劳模的也向劳模们看齐，大家做劳模，我们的厂不就要成为模范厂了吗?

今天同时又是生产竞赛开幕的一天，我相信这生产竞赛，确是一种很好的办法，有了竞赛才有发展，一定可以做到质量俱佳，胜利完成。这里面尤其值得注意的，便是工人阶级政治认识的表现，而是我们这班老头子以往所意想不到的。

今天看了济济一堂，洋洋的喜气，以及大家对于我的热情，还有昨天并且承蒙一二三厂办事处好多职工同志，到车站来迎接我，今天又蒙各位首长光临指导，这种美意使我非常感动。最后，恭祝大家健康!

（1950年10月1日）

刘国钧致黄炎培的信

一

任老赐鉴：

此次出席总会汇报会议，见到我公精神饱满、丰采奕奕，已经恢复健康，万分愉快。我们各地来的代表们都感佩总会的领导，加以招待周到，尤深感奋。弟更荷宠召，赴邸餐谈，殷殷勖勉，指导有加，盛意拳拳，至今感不绝怀。惜以匆匆返常，未克投前话别，良用怅惘。回常后，即将总会这次会议的成果和实心实力服务的精神详以传达，各方一致欢跃，尤堪告慰。会后来沪就医，拔废牙，割疝气，住院旬日，于上月杪返寓调养。此次弟鼓着勇气，决心根治宿疾，意在杜绝后患，将病体治好后，在此大建设时代中，可以耐得起劳，吃得起苦，多替人民和工商业服务，多做些社会工作，以完成弟应尽的各项任务，想吾公亦乐于赞同。经过状况，托福良好，堪释远念。承公面嘱，将我国纺织业今后在国家经济上有多大贡献，详述实际情况，写就专册，以供参考一节，因病未克迅速完成，有累锦注，万分负疚。日来脑力、精神已逐步恢复，正在积极起草，拟将初稿完成寄呈教正。我公夙知弟家贫，早年失学，根基浅薄，所见甚狭，听陈管见，恐无当于大雅。唯念30年老友，爱护素深，亦自忘其鄙陋，谨贡一得之愚，以备采择。

幸吾公进而教之，先此函渎，余候续陈。手致

敬意！

维钧师母前致敬！

卫老、寰老、起公均此致敬！

教弟刘国钧

1953年6月17日

二

任老赐鉴：

接奉上月20日所赐手札，敬聆一是。棉纺织一业对国家有特殊贡献，重承吾公谆嘱，拟具书面意见，蓄意甚多，已在养病中勉力缀集，兹已写成初稿，约近万言（此指《重视棉纺织工业，来配合重工业建设的建议》一文）。内容冗长，未必中肯，已经打成印本，特呈上10份，敬求指谬。此文概要约有三点：

1. 中国工业化以重工业为主，轻工业为辅，但重工业需轻工业养育，轻工业赖重工业发展，二者相互生养。在重工业进行建设时，建议对主要轻工业确立目标、计划，棉纺织工业关系国计民生，作为配合对象，最为适宜。

2. 棉纺织一业在1500万锭建设完成之后，对国家贡献：（1）花纱布公司直接利润及有关税收45万亿；（2）1/3产品可以输出，交换物资进口，价值30万亿；（3）新增锭子1000万枚，将有100万工人可使就业，每年发出工资一项，比目前将增加20万亿。此项现金流入市面，大可活跃地方经济。

3. 组织公私合营棉纺织工业投资公司，吸收人民游资，主要对象为海外华侨。如政府能以保本、保息为号召，敞开这个大门，使侨富及逃避出国

资金，均有归国自效机会，对经建、政治似有良好收获。但不知这保本、保息与新政策有违反否？

以上刍荛之见，是否足录，尚乞吾公多加斧削，借免贻讥，实为厚幸。弟拟明日回常料理厂务，全国工商联开会在迩，当北上出席，届时定可奉谒起居，先此奉陈。敬祝

健康！

刘国钧

1953年7月1日

附奉旧拙著《扩充纱锭计划刍议》五份，以贡这次建议，不足参考资料。又启。

（信中所述均为旧人民币）

刘国钧致陈维稷的信

陈部长维稷同志：

上次在京领教甚多，关于毛纺织工业的制造中心地点问题，承您征询到我的意见。兹大略写出，贡献给您参考。

毛纺织工业的原料大批出产在西北，西北地区是不是应该选择为毛纺织工业的中心地点呢？我的考虑，认为并不适宜。

毛纺织工业和棉纺织工业不甚相同。毛纺织工业设厂范围，不能像棉纺织工业那样大，而成品价格高，制造考究，技术研究要比棉纺织工业费工而复杂。因此，原料虽属企业骨干，能就地取材固然便宜，但并不是唯一的条件。更重要的，在织造、染色、整理技术等方面，要出品花式适宜合乎市场需要，要创造新花式考究出品，以销定产，这些在经营毛纺织企业中特别需要牢牢掌握。毛织品组织花式，必须注意社会所流行，随时翻新改良，工厂离开市场太远，实在不相宜。而且，为了毛织物大众化，将来必须采用棉麻、人造丝等原料做交织物，增加销路。如果偏在西北设厂，原料问题还是没有全部解决。

我的意见：天津和北京将来可以成为毛纺织工业中心地点。除原料外，各种设厂条件都比西北优越；且接近市场，交通便利，在购用原料、采仿花式上都无困难。将来，洗毛工场和军需呢绒可设西北，而精纺织造宜设京津。生产企业必须各种条件美满配合，才能健康发展；否则，有骨干而无血肉，亦难作为健康标准。

毛纺织工业，在中国工业化建设中有其远大前程，而制造中心地点之决定，如不审慎选择，则失之毫厘，谬以千里。个人所见如此，不知有当否？

此致

敬礼！

弟刘国钧谨启

1953年6月29日

刘国钧致张允溪的信

一

允溪同志赐鉴：

前天又奉手书，敬悉一切。和香港来信一为对比，各谈各的理由都对，但因香港迭次联系成熟，在港交款、大陆交货，又快又便，成交了若干台拖拉机。香港大众动力机械进出口公司将所得外汇，可买钢材进口增加生产，这件事亦请不要对外说起，事因拖拉机需要太多，宣传出去，哪能供应得起呢？反使我多遭麻烦，且无法解决，谅在洞鉴也。

至论湖塘桥进口母机、钢材等的办法，也在联系中，尚未得到回音。在我不成熟的意见，可由湖塘桥出面，说香港有华侨愿出港币20万元，协助湖塘桥买些必需的东西，增加生产拖拉机，请政府介绍大众进出口公司，由湖塘桥直接同大众公司联系，香港交款，合作办理。若不可能，只有等香港回音后再想办法。我相信，为了增加生产国家需要的拖拉机，是符合人民愿望的，总有办法的。

最后请我公注意以上的这些事情，再也不要被别人知道，如有人谈起，务请回答他们不知道，更不能说第一年第二年助买若干，陆续不断的。做这些事，我认为现在像我这样年老的人，只能活一天尽一天的心，不能够将大话说在前。例如近来很多不认识的人来信，要这样那样的帮助，也有人来要代他购买拖拉机，搞得我不安之至。请老朋友多多照顾，为祷为感。专复，并致

敬意。

刘国钧谨启

（1972年）9月19日

我又感到以上两件事，分两地办理，这一点点绵薄贡献不会满意的。如以国家需要拖拉机的量来说，进口10万台不嫌多，但这是做不到的事。

二

允溪同志：

本月19日上复草函谅已收到。湖塘桥的事很复杂，附上香港来的消息，和南京机械工程师的谈话及西德车床能否进口等三种情况，请台察。我预留的港元除已付拖拉机货款大陆交货之用以外，剩下的湖塘桥需要的东西这种复杂的事情我无能为力，只有预备20万港币在香港，作为贡献湖塘桥增加拖拉机生产支援农业，暂时不作别用。并请坚守秘密，作为华侨无名氏支农之款，静候湖塘桥办好手续，请你和他们用书面通知我将款送交何处是也。此复，并致敬意。

刘国钧

（1972年）9月20日

三

允溪同志：

前日又奉大函，敬悉湖塘桥负责人在镇开会。我近来又同机械技术人员研究，他们说，你以前所指出的外国母机国内都已能够自造了，但产量供不应求。如在香港交款，可以进口钢材增加生产。我早已知道这些道理，就不断与香港联系，向爱国同胞们建议，与其每月汇款给家属生活费，不如将汇款买钢材，给工农业增加生产，既能进口钢材，增加生产，就有需要增加工徒，扩大范围。因此，他们首先买进拖拉机，香港交款、内地交货，同当地公社秘密协商拖拉机作为赠送，要求在可能范围内，请县社方面设法代香港家属或亲友方面，安排青年子女进企业当学徒。人数多少，按地方工业和业务需要，不能硬塞而妨碍业务，只能实事求是，不能斤斤计较。但人与人在可能范围内都应相互照顾，港方在这次成交的拖拉机不是现货，已经分派完结，你要的，待湖塘桥办通后谅可办到的。再以援助湖塘桥发展拖拉机增加生产来说，准备港币20万元，静候办好手续，由常地革委会出证明书，就可在港交款，内地交货。至论香港帮助湖塘桥增加生产，希望湖塘桥在扩大生产的范围内安放几个学徒学习技术为人民服务，也就是该厂为地方培养技术人才，并不是什么报答的要求。将来有超额的拖拉机，听凭湖塘桥通知，由香港介绍去购买。以上情况是香港方面的意见，是否有当，请在口头声明，湖塘桥如何态度，望示悉，以便回复香港。以我的体会来说，香港并无什么坚持要求，听湖塘桥负责人决定可也。专此再复，并祝我公身体康健。

刘国钧谨启

1972年9月30日

四

允溪同志：

迭接手书，敬悉湖塘桥拖拉机制造厂，成绩好，要扩大，限于社办工厂，不在中央投资额定之内，要自力更生，而你热诚帮助，争取发展，增加生产支农，无任感佩。近因中央不时电话来宁，迎送又无定时，而须等候，要想离开南京来面商一切又不可能，更兼早有约定，香港忙于调查进口拖拉机手续。近来初步接到通知，只可在港向中国进出口公司购买国货，由香港华侨交款，大陆交货。他们推想香港交款也同样是买进钢材，或需要新式母机进口仿造，和湖塘桥计划的目的相等。我以前不知这些情况，是得到你的指示，买进口拖拉机，不如协助自己增产为良，便随即函港叫他们停止在港调查进口手续。去信后还没有得到实在情况，以致迟迟上复，歉甚歉甚。我想国家正在发展农业生产，要求极多的拖拉机应用。我国地大物博，农产、矿藏甲于全球，今后将更多地大力发展生产。我听说常州西门外拖拉机厂能年产1万台以上，去年也因原料不足只制成8000多台，是否正确待考。我因为你听虞效宗说拖拉机一事，想略表一点点个人微小的心意，所以早就声明不足为外人道也。因个人力量有限，以免被人讥笑我们有风无雨。我相信10天以后香港将来信决定，即使办法、手续不同，其目的仍是相同的。但我个人的主张与你是一致的。特此上复，余言面详，并致敬意。

刘国钧谨启

1972年10月10日

五

允溪同志：

你对增加拖拉机生产更比我热心，佩甚佩甚。我在伟大的社会主义祖国、毛主席领导的幸福时代，安度晚年，已没有劳动力，承党对我无微不至地照顾，实在感到不安，总想在力所能及的方面，作一点微薄贡献，了了自己的心愿。不知道要经过省革委会这些麻烦，深感抱歉。而我自己所谓心之所愿，无所谓麻烦。我已向香港要回了很多机器图本，想近日来常交湖塘桥研究，大约在五六天以后即将前来一叙。前几天，由彭书记主持招待香港同胞时，他对我说，有件事要和我谈谈，没有说什么事情，是不是湖塘的事情，尚未清楚。我们所商办的事，总必要经过党允许然后由我们遵照办理。如同意这样做，在湖塘桥20万港元不敷的话，多几万元亦可。如领导上不允许这样做，但港方预备的港元决不收回，可把此款仍用在祖国需要的方面去。以我个人的体会来说，在国家工农业双丰收、国民经济大发展的情况下，何在乎人民币几十万元的贡献呢？但在人民方面，在大海洋中加一滴水，是人民的一点心愿。我相信人同此心，心同此理，都能谅解的也。余言面罄。此复，并致

敬意。

国钧谨启

（1972年）10月21日

刘国钧年谱

光绪十三年（1887）　1岁

刘国钧生于农历三月初九（4月2日），籍贯江苏省常州府靖江县生祠堂，取名金生，字国钧，号丽川。

其曾祖父刘功良原在靖江城，后迁生祠堂行医兼营国药。祖父刘品荣字文照，在生祠堂经营小布庄，后娶泰兴赵氏为妻，置屋2间，田3分。父亲刘黼堂名昇官，号达孝。生于清咸丰十一年（1861）。在乡间任塾师。母亲丁孺人，生于清同治二年（1863），因母亲跟随父亲在潘家埭设馆授教，故刘国钧诞生于潘家埭私塾内。

光绪十四至十九年（1888—1893）　2—7岁

父亲在离家一里余的潘家埭坐塾，授课之余，常教刘国钧读书习文，母亲教其唱儿歌。丁氏出身书香门第，父丁万春系塾师，她未出嫁时，一面摇纱，一面由父亲口授，能背诵《大学》，但只字不识。在刘国钧5岁那年，她生一女，旋殇。

祖父因病去世，年仅44岁，布庄关闭。

鞠秀英诞生于光绪十八年三月十八日（1892年4月14日）生祠堂鞠家埭。

刘国钧7岁时，与父亲同赴常州，准备到一家私塾任教，父亲突然旧病复发，只得返乡。经过江阴时，已无盘缠，只得沿途乞讨回到家中。父亲因科举失意，名落孙山而患精神病，失去塾师职业，时年31岁（1892），靠母亲帮佣维持生活。

光绪二十年（1894）　8岁

刘国钧因生活所迫，被送至外婆家寄养。

光绪二十一年（1895）　9岁

母亲以纺土纱、织土布度日，刘国钧帮助母亲做辅助工作。

光绪二十二年（1896）　10岁

刘国钧自制纸钱出卖挣钱糊口，有时挎着小竹篮卖水果、酒酿、炒货等。父亲的病时好时坏，好时为人代写书信。

光绪二十三年（1897）　11岁

年初，从华云良塾师求学，因故在中秋节后辍学，入学仅八个月。年终，刘国钧为杂货店折纸轿收入一千多文，补交八百文学费。

光绪二十四年（1898）　12岁

母亲托人为刘国钧找个学徒的店铺，生祠堂镇的盐站、布庄、油饼坊，都嫌他身材矮小而拒收。仍以折纸锭或提篮小卖，补贴家用。

光绪二十五年（1899）　13岁

受到民间传说和神怪、武侠故事的影响，刘国钧执意到当地缪家埭道院拜高志培道长为师，坐禅学道，打杂诵经，修炼气功。因道院生活无保障，半年后而离去。

光绪二十六年（1900） 14岁

经邑人柳秀方的推荐，刘国钧进靖江城姚公盛酱油店当学徒。工作条件十分艰苦，冬天有冻疮的双脚浸入盐水中，彻骨疼痛。坚持一年，不堪忍受，逃离到外婆家躲藏。

光绪二十七年（1901） 15岁

刘国钧经柳秀方再次推荐，于清明节后至常州府武进县埠头镇柳永丰京货店学徒，因身材矮小，未被录用。

借生祠堂赵老板10元银洋已用去大半，暂留埠头镇3个月，以卖麻糕、五毒布、水果，还为典当撑过钱船、染坊晒布、油坊喂牛为生。并结识了蒋盘发、陆友仁等工商界人士。

7月，偶然机遇，刘国钧进入武进县奔牛镇刘吉升京货店学徒。

光绪二十八年（1902） 16岁

刘吉升京货店的刘老板因贩卖黄金失利而倒闭。

中秋节后，由刘老板力荐转至同镇元泰京货店做过堂学徒。

光绪二十九至三十年（1903—1904） 17—18岁

刘国钧在元泰京货店学徒期间，悉心钻研生意经，主动担着货郎担，走村串巷，生意兴隆，深得老板的信任，开始让他学做跑街，进出货物。

光绪三十一年（1905） 19岁

学徒期满，刘国钧带回18块银圆，还清借款、为父治病、周济道长、探望外婆、礼谢柳秀方、华云良，深受乡邻的好评。

光绪三十二年（1906） 20岁

在跑街中，刘国钧渐谙经商之道，遂萌创业之心，开始积累资金。一面扩大生意，多获佣金；一面让妻母编织辫须，从中盈利。同时，以搭会筹集资金。

光绪三十三年（1907） 21岁

刘国钧赴常州会见蒋盘发，畅谈办织布厂、纺纱厂的宏愿，了解蒋盘发从无锡业勤纱厂进洋纱，贩运到武进农村换取土布，再到江阴销售，从中牟利的情况。萌发创办实业的理想。

刘国钧与鞠秀英订婚。

光绪三十四年（1908） 22岁

辞去元泰京货店跑街之职，刘国钧被聘为奔牛镇源昌布庄经理。经营有方，年终结算，获利颇丰。得到一笔优厚的分红和腊月双薪。已积累七八百元银洋。

刘国钧与鞠秀英喜结良缘。

宣统元年（1909） 23岁

与同邑华渭川在奔牛镇合资开办和丰京广洋货店。各出资600元银洋，前店后染坊，经营棉花、百货、土布、花布、绸缎、呢绒。营业额居全镇同行之首，股金各增至1000元银洋。

宣统二年（1910）　24岁

华渭川因吸毒、赌博而负债累累，让出和丰京广洋货店股权，由刘国钧垫资后，独资经营。

刘国钧将父、母、妻三人接到奔牛镇，由自己总揽店务和染坊，父亲坐账，妻子门市，母亲家务。精简人员，减少支出，增加盈利。

宣统三年（1911）　25岁

辛亥革命的战火波及常州，奔牛镇商铺大都关闭逃逸。刘国钧预见因时局动乱，急促举办婚礼的人家一定很多，于是，坚持冒险营业。结果，娶媳嫁女的生意都涌到和丰京广洋货店办货，财源茂盛。

常州天丰泰商号将存放在刘国钧店内的货物全部折价售给他，按时价是稻贱银贵，因此，折成白银，分期支付。刘国钧预测到时局稳定后，必将稻贵银贱，于是，大量收进稻谷。辛亥革命成功，果然不出所料，售稻还银，从中获得巨额差价，年终决算，净利达5000余元银洋。

1912年（民国元年）　26岁

奔牛镇有家同业无力复业，刘国钧盘买下来，开设同丰京广洋货店。父亲刘黼堂为和丰、同丰两店，手书“和以为贵、同而不流”的对联，以为勖勉。

长子刘汉堃于农历四月二十二日（6月7日）诞生在生祠堂私宅。

1913年　27岁

因商务关系，刘国钧经常出入纺纱织布工厂，对创办实业的兴趣越来越浓。加之，蒋盘发在宣统三年（1911）与人合资创办常州历史上第二家织布厂——裕纶布厂，3年内已获利4万多元银洋，丰厚的利润吸引着刘国钧弃商从工。

和丰、同丰两店营业发达，刘国钧已积聚3万多元银洋作流动资金，成为奔牛镇首富。

刘国钧关心国家大事，开始订阅《民立报》。

1914年　28岁

刘国钧与常州工商界人士蒋盘发、谢桂生、唐伍全、蒋荣荣、陆友仁共六人结为金兰之交。

因地方势力的敲诈勒索，刘国钧不堪忍受，将奔牛镇的两爿店全部盘出，决定迁居常州，发展实业。并将和丰京广洋货店优价盘还给改邪归正的华渭川，让其重振家业。

女婿查济民于农历三月十五日（4月10日）诞生于浙江省海宁县袁花镇。

1915年　29岁

蒋盘发、刘国钧、刘柏森等十余人，集资9万元银洋，在常州成立大纶织布股份有限公司。刘国钧出资6000元银洋。蒋盘发任公司经理，刘国钧任协理。蒋盘发赴日本考察纺织工业，购置织布机器。刘国钧担负工厂筹建重任。

父亲刘黼堂因病在武进奔牛镇去世，享年54岁，葬于靖江生祠堂祖坟。

1916年　30岁

3月，大纶机器织布厂在常州东下塘正式开工生产，有蒋盘发从日本买回的旧动力大英车织机10台和浆纱机1台，铁木混织机10台；另有木机160台，共有织机280台，员工600余人。是常州地区第一家机器动力织布厂。

刘国钧主管工厂生产。所用原料为德大宝塔牌20及24支纱；木机年产布1.5万匹，铁机年产布5万匹；行销本地、上海和南京。全年略有亏蚀。

刘国钧苦心孤诣为提高斜纹布质量，解决了浆纱机烘不干纱的故障。

1917年　31岁

为解决大纶机器织布厂浆纱技术和配方，刘国钧冒名顶替，潜入上海英商怡和纱厂，险遭毒手。怡和纱厂工人有感于刘国钧待人厚道，帮助闯过难关。大纶机器织布厂产品质量大有提高，年终除弥补上年亏蚀，尚盈利3000余元。

1918年　32岁

刘国钧为改进设备与股东刘柏森发生激烈争执，进而单独拆出投资股金，辞去协理之职，盈利部分仍留大纶机器织布厂作为股资。大纶机器织布厂年盈余1万多元。

刘国钧、华渭川等人合资，在常州新坊桥附近创办广丰布厂，置有80台手拉织机。一年之间，盈利万元之多。

刘国钧、徐品章、陆友仁各出资1万元大洋，于靖江生祠堂镇创办公裕土纱布厂，由于代理人经营管理失策，3万元资金全部亏蚀，致使工厂倒闭。

1919年　33岁

秋，刘国钧把广丰布厂全权交给凌于卿管理。自己在新坊桥投资6000元，创办广益布厂，有织机50台。由其母亲丁氏管理摇纱，妻子鞠秀英管理织机，自己总其成，一家人胼手胝足，勤俭经营，仅开办一个季度，盈利3000余元。

蒋盘发招股集资62万元，在德安桥堍筹办大纶纱厂。曾多次邀刘国钧入股，但刘国钧考虑到人际关系的复杂，没有投资。

这一年，大纶机器织布厂创办四年，获利20万元。

长女刘璧如于农历五月初四日（6月3日）诞生于常州，乳名联弟。

1920年 34岁

刘国钧开办的广丰、广益布厂，十分发达，决定扩大生产规模。为快上马，少投资，多织布，赚大钱，他采用在湖塘桥委托姚廷桢组织农户代纺代织，生产条漂、条斜，把住质量关节，获得了丰厚的盈利。

次子刘汉栋于农历十一月十八日（12月27日）诞生于常州。

1921年 35岁

蒋盘发创办的大纶纱厂8月竣工，11月正式开工。刘国钧的广丰布厂和广益布厂，开始用“六鹤牌”棉纱织布，并经常到大纶纱厂参观，与技术人员交谈，深得开办纱厂之道，暗下决心日后也要开办纱厂。

1922年 36岁

刘国钧以广丰、广益两布厂历年利润5万元，在东门外直街创设广益染织厂。前店后厂，有手拉织机180台，并陆续增添铁木混合动力织机36台、浆纱机1台、锅炉、柴油发电机等设备，雇用员工200余名，成为常州地区最大的一家染织厂。聘请朱希武负责生产经营。

1923年 37岁

刘国钧聘请上海锦昌铁工厂陈清鉴，把广益染织厂手拉织机改成脚踏织机，生产效率增长二成；同时，又将女工改收男工，男工体力强，产量高，又获厚利。

1924年 38岁

刘国钧初渡东洋，赴日本考察织布业，由上海东赉五金公司陈清培和华洋布厂的严光第同行，注重吸收日本企业管理经验，解开日货成本较低的原因。以为注重科学管理、注重实效、精简工序、节约物料等四项是关键。

回国后，刘国钧与蒋盘发联手率先在中国民族纺织企业内开创使用筒子纱的先河。

1925年　39岁

大纶纱厂因战乱停产，蒋盘发也因投机失败而负债，刘国钧以金兰之谊，帮助蒋盘发料理债务，蒋盘发后在梅陇坝创办协源浆纱轧布加工厂。

刘国钧将广益染织厂的手动筒子、纡子车改为电动车，提高产品质量和产量。

1926年　40岁

刘国钧添置铁木混合织机36台，扩大广益布厂的生产规模。

1927年　41岁

刘国钧将广丰布厂关歇。又因广益布厂女工为天气寒冷向厂方提出加薪要求，刘国钧趁机也将其收歇。集中精力，集中财力，扩展广益染织厂，添盖厂房20余间，购置织机、装纱机、染缸、熔烘机、检幅机等设备40多台。

幼子刘汉良于农历四月十七日（5月17日）诞生在常州，乳名鸿海。

1928年　42岁

山东济南发生“五三惨案”，全国民众掀起反日高潮。常州爱国学生把广益染织厂所购的英国棉纱误为日本棉纱而扣留。经过一番波折，刘国钧最终以诚恳态度向反日运动委员会道歉，在《中山日报》刊登声明，由商会与总工会调解，得以平息。

刘国钧结识中华职业教育社黄炎培、杨卫玉、潘仰尧、姚惠泉等人，成为莫逆之交。

1929年　43岁

广益染织厂的产品在南京举办的“中华国货展览会”上获得优等奖。

为扩充生产能力，又添置电动织机48台。

刘国钧被武进县商会国货推广委员会推选为股长，决心带动同仁与日货竞争。

1930年　44岁

2月6日，大纶久记纱厂股东议决将全部生财资产，让渡于刘国钧承盘。

2月15日，刘国钧克服种种困难，集资50万元（实收40万元）接盘已停产的大纶久记纱厂，创立大成纺织染公司。吴镜渊为董事长；刘国钧出资15万元，自任经理；刘靖基为协理；蒋盘发为顾问。其中，刘叔裴投资10万元，各布庄投资5万元，徐吟甫垫款10万元，常州各钱庄贷款10万元。

刘国钧重视企业文化，到处张贴标语：“厂家厂家，家即是厂，厂即是家，工厂是工人的”；“日日行不怕千万里，常常做不怕千万事”；“每日勤学一小时，积五年虽愚亦智”；“人孰无私，要先公而后私”等等。

大成纺织染公司有员工1200人，纱锭1万枚，织机260台，原动力500匹，用棉2.05万担，出纱5850件。将原来20支锭扯0.8磅提高到1磅以上；织机台扯亦比原来提高20%。工人大部分实行计时工资，后改为细纱工“论磅给资”工资制。年终盈利10万元。

广益染织厂的固定资产已达30余万元，流动资金达20余万元。

刘国钧结识江浙财阀代表人物陈光甫，两人一见如故。刘国钧以厂基为抵押，向上海商业储蓄银行借贷40万元，作生产流动资金。

陈光甫平生最钦佩的实业家是张謇、范旭东、卢作孚和刘国钧。

1931年　45岁

刘国钧建立大成纺织染公司管理制度，提出“工管工自治化，工教工互助化，工资等级化，华厂日厂化，出品日货化”的企业目标。并以年薪5000元的重金礼聘纺织专家陆绍云任工务长，聘任教育家顾峤若为训育主任。企业生产经营蒸蒸日上，年终获纯利50万元。两年共获利60万元，注册登记为100万元。

刘国钧偕同朱希武、陆绍云等人再次访问日本，考察日本纺织厂的管理和技术方面的经验。深感要与日货抗衡，必须形成纺织染于一体的联合企业。回国后，刘国钧毅然决然将十分兴旺发达的独资广益染织厂以24万元资产股额，并入大成纺织染公司。将原大成纺织染公司改名为大成一厂；广益染织厂为大成二厂。

刘国钧在《武进商报》发表《土纱救国计划书》，提出“恢复和发展土纱业，以为御日绝交之后盾，救济民生之根本办法”。同时，在公司内部发起救灾捐款和支援抗日部队捐款，提倡永不购置日货，实行中日经济绝交，努力生产，实业救国。

1932年　46岁

1月，刘国钧独资开创的广益染织厂正式并入大成公司。

刘国钧为扩大生产，提高质量，为大成一厂增加纱锭1.05万枚，线锭4800枚，加装提花龙头，增加坯布生产，以供应大成二厂需要；又为大成二厂增添丝光车、封闭式煮布锅、烘燥机、染缸、拉幅机、轧光机等设备20余台。日产量达500—800匹。年盈利率极厚，净余50万元。公司注册资金增加为140万元。

刘国钧重视提高员工素质，在大成一厂设立工人补习学校；并为员工子弟小学新建一幢三层楼房作校舍。

惠及桑梓，刘国钧资助陶振熙在家乡开办善余恒染织厂；出资重修岳庙；疏浚河港；捐资修建靖江旅常同乡会会馆。

中华工业总联合会在武进县筹建分会，刘国钧被聘为筹备委员。

1933年　47岁

刘国钧继续为大成二厂添置煮布锅、染色机、浆纱机、织布机等设备；大成一厂经营十分发达。增添织机200台。计有纱锭20500枚，线锭4800枚，织机460台。公司又增资80万元，注册资金为220万元。

武进工业联合会鉴于刘国钧努力提倡国货，坚决抵制日货有显著成绩，被推选为常务委员。

在刘国钧的提议下，大成公司创办《励进月刊》，借以宣扬“实业救国”，寻求富民强国道路，促进大成公司的生产发展。他亲自撰写和刊载《利用棉麦借款于生产之意见》一文，一针见血地指出：当局“借人棉麦，救我之急者不得已之举，亦耻辱之事”。

5月，刘国钧赴南通大生一厂参观，吸取张謇创办实业的有益经验。南通县教育局局长管劲丞请刘国钧介绍大成公司实行“工教工，工管工”经验。恰遇大生一厂发生工潮，刘国钧遂致函管劲丞，谈对工潮的看法，南通各报刊载。

这一年，查济民从上海到大成二厂染部任技师。

1934年　48岁

春，刘国钧偕夫人鞠秀英和长子刘汉堃和查济民以及陆绍云、华笃安等六人同赴东瀛，作第三次考察日本之行。重点考察日本的平绒、灯芯绒生产，购回有关机械设备，开始试制。

在日本，刘国钧为大成二厂添置印染设备和印花设备。回国后，他亲自进行安装、校验旧印花设备成功，为开创常州印花业作出贡献。

刘国钧继续热心于社会公益事业。捐资4000元，疏浚故乡大靖港；将生祠堂的私宅20余间，让给善余恒染织厂作厂房、营业部；为发祥地奔牛镇树人中学捐资15000元，建造20间教室，添置仪器室，扩建食堂，被聘为校董。

1935年　49岁

春节放假期间，刘国钧发表《停工期内经理告同仁书》，以自编《格言联璧》教育员工："正心、修身、为学、齐家、敬业、乐群、从政、治国。"并发自行编写的《养生保命》一书。

刘国钧为实现"华厂日厂化"目标，聘请日籍金泽伦为织部技师。大成一厂因织布间领班吴国良粗暴虐待艺徒而引起罢工4小时，经刘国钧的刚柔相济的处置，而得以平息。

5月，刘国钧偕同陆绍云、谢钟豪、谢澄沧等人组成"武进县工业联合会赴日本考察团"，第四次东渡扶桑，历经两个月。《武进商报》连续六天刊载其讲演稿。

8月，刘国钧带领刘丕基、金纬镛赴四川成都、重庆，湖北武汉等地寻求工厂扩展。在重庆猫儿石购置厂基百亩；遂与武昌震寰纱厂资方商谈合作事宜。

这一年，查济民任大成二厂染部主任。

这一年，大成一厂又扩充织机260台，计有织机720台。

这一年，大成公司共发售706000匹布，获毛利226万元。

1936年 50岁

聘请日籍技师高原教练平绒、灯芯绒挑割技术，大成公司试制平绒、灯芯绒成功，开创全国先河。

7月26日，大成公司与震寰公司正式签订合资经营大成四厂的合同，期限六年，股本60万元。刘国钧任总经理。他运用以老带新，一帮一的方法，使大成四厂变成第二家大成一厂，10月正式开工，每月平均获利达10万元之巨。

12月，刘国钧的爱女刘璧如与大成二厂染部主任查济民结秦晋之好。

年终，刘国钧决定在常州创办大成三厂，订购最先进的瑞士利妥纺织设备3.2万枚，织机1008台，任命陆绍云为厂长。

大成公司又增资180万元，注册资金登记为400万元。

1937年 51岁

4月21日，刘国钧母亲丁氏因病逝世，享年75岁。

刘国钧经营大成公司兴旺发达，规模扩大：大成一厂拥有纱锭2.05万枚，线锭4800枚，织机720台，月产20支纱1200余件；大成二厂有织机729台，日产5000匹色布的全套漂染设备，扩地建房如期完成；大成三厂首期工程基本完成，有纱锭32000枚，织机1008台，部分纱锭安装就绪，开始试车；大成四厂有纱锭26363枚，织机250台，开工仅九个月，利润已达100万元。

7月，大成公司共有四家工厂，合计有纱锭78863枚，织机2707台，线锭4800枚，日产5000匹色布的全套漂染设备。

“七七”事变爆发，日寇发动全面侵华战争。“八一三”淞沪之战后，日军大举入侵我国，常州受到威胁。

同月，大成一厂因迟迟不发工资而发生罢工1小时。事后，厂方即发工资平息工潮。

8月28日深夜起，敌机空袭常州。大成公司在常州的三家工厂先后被炸，及沦陷后的物资损失，十分惨重，依1937年的时值，直接损失约有513.9万元。间接损失1277.6万元。

11月27日，刘国钧携带账册、眷属等乘汽车离常州赴镇江，转道武汉。

同月29日，日军占领常州市区，大成一厂被炸，大成三厂为日军养马场，大成二厂被烧毁。

1938年　52岁

刘国钧在武汉安置后撤的员工进入大成四厂。

上半年，刘国钧为黄炎培、冷御秋筹建的“难民纺织厂”添置铁木织机120台，以及纺织、浆纱、经纱等设备，供抗日生产自救。

6月，刘国钧冒着生命危险，经湖南衡阳、广东汕头等地，辗转到达上海，与吴镜渊、刘靖基等人筹建安达纱厂，安装纱锭1.48万枚。由刘国钧担任总经理、刘靖基担任经理、朱如堂、蒋尉仙、谢钟豪三人担任董事。9月开始生产，资金额为法币150万元。有1.5万枚纱锭，生产“飞虎牌”棉纱。

8月底，因日寇逼近武汉，刘国钧在香港与震寰纱厂代表刘笃生签订提前解除合作合同。历时22个月的合营，大成公司盈余200余万元。年底，刘国钧与民生公司卢作孚、隆昌染厂倪麒时，在重庆筹建大明染织厂，卢作孚任董事长，刘国钧任经理，查济民任厂长。股金为40万元，有纱锭5000枚，织机250台。年销售布6.72万匹。

日寇宣布大成一厂为“军管理”，移交给日本丰田株式会社代为经营。

这一年，大成公司因战乱而亏损12256.45元。

1939年　53岁

刘国钧在香港设立大孚商行，为将来复业筹措资金。并在河内、仰光、曼谷等地派驻人员，推销产品。他奔波于沪、渝、港之间，指挥生产经营。

大明染织厂在刘国钧、查济民的努力下，年盈利达35万元。

刘国钧恪守信用，全额归还上海商业储蓄银行的战前贷款，深受陈光甫的赞赏，结为至好知交。

这一年，大成公司盈余409363.23元。

1940年　54岁

年初，刘国钧在上海会见义兄蒋盘发、陆友仁，畅叙别情。这次晤谈，竟成永诀。蒋盘发于次年1月病逝常州。

刘国钧、刘靖基将经营安达纱厂的盈利，在苏州购置耦园及200余间房产和100多亩土地的厂基，作为安达纱厂的迁移、拓展和员工宿舍及大成公司职员休养所。

刘国钧对大成一厂留守人员实行米贴制和物价津贴，员工多得工资之40%。大成二厂着手修理机器设备，建立临时厂房。

这一年，大成公司盈余444816.91元。

1941年　55岁

5月，刘国钧亲赴越南海防、河内、谅山、同登，考察商情。

日寇宣布大成一厂解除“军管理”后，刘国钧指示修复部分厂房，整修好2000多枚纱锭，即先行开工生产。后逐步恢复3000枚纱锭和150台织机。

8月，刘国钧又赴缅甸仰光等地考察商情。

秋，上海安达纱厂发生工人罢工一周事件，在刘国钧的调停下，复工生产。

刘国钧在香港成立广益企业公司，总公司由其长子刘汉堃主持。下设香港、昆明、上海、重庆办事处，由刘丕基协调联络。各方配合密切，获利颇丰。

年底，太平洋战争爆发，日军占领上海公共租界，以英商名义登记的安达纱厂被迫关闭。部分员工返回常州大成一厂。

刘国钧组建合兴公司。将大成公司的主要资金转向经营，利用大成四厂分拆的纯利及大成、安达两公司的拨款，做证券、黄金、外汇、房地产等贸易和进行其他投资。合兴公司的盈利为股东的股息、红利的主要来源，又为战后恢复生产准备了资金。

这一年，大成公司盈余2083604.22元。

1942年　56岁

因太平洋战争爆发，刘国钧父子滞留香港，日寇占领香港后，他们与何淬廉等人步行去广州途经九龙新界元朗的南园酒家，在店门前留影，以防不测。途中，他与长子汉堃险遭毒手，劫后余生，于4月15日回到上海。

5月，日军将查封半年之久的安达纱厂发还刘国钧、刘靖基经营，棉纱上涨，库存颇多，因祸得福，净得利润4倍以上。

夏，刘国钧担任私立上海纺织专科学校董事。

10月12日，刘国钧获悉大成一厂已开出纱锭万枚，偕夫人鞠秀英到常州视察。14日被国民党忠义救国军薛仁芳等人绑架，后以500件棉纱的代价“赎票”。

刘国钧在重庆设立大成公司办事处，任命长子刘汉堃为主任。

这一年，大成公司盈余2818086.60元。

1943年　57岁

大成公司宣布股票升值四倍，总资金达2500余万元。

刘国钧在沪期间，常去拜会清末“江左三大儒”之一的钱名山，求教字画收藏，成为忘年之交。钱名山翌年去世，他甚感悲痛。

这一年，大成公司盈余3438310.86元。

1944年　58岁

7月，刘国钧所著《扩充纱锭计划刍议》一书出版发行。《西南实业月刊》《中国纺织年刊》及《国讯》382期附册，均全文刊登。风行海内，不数月而告罄。

中国棉纺织学会成立，刘国钧被推举为候补监事。

重庆大明染织厂逐步更新设备，生产经营可与战前大成公司媲美，注册资金达法币1000万元。

刘国钧在重庆创办大成染料制造厂，任命朱希武为经理，王世勋为厂长。

大成一厂实行计件工资制。

大成公司在重庆注册登记资本为法币1500万元。

年底，刘国钧偕同缪甲三从重庆取道印度，赴美国、加拿大考察。

这一年，大成公司盈余2927133.30元。

1945年　59岁

刘国钧在美国、加拿大订购纺织、毛纺设备，为战后恢复和发展大成公司的实业作充分准备。

4月，重庆大成染料制造厂因硫化之染料滞销，原料缺乏而停产。

8月15日，日本无条件投降。刘国钧在加拿大旅馆通宵达旦欢庆抗日胜利。并任命长子刘汉堃为大成公司副总经理，负责国内各厂的恢复事宜。

刘汉堃向经济部特派员呈文称：“大成一厂修复纱锭32100枚，先开2万枚；织机260台，需电14.4万度。”大成二厂委托建筑设计师华国英设计，并由上海国泰营造厂承建印染车间。至年底，大成一厂完成新建筑463平方米，修建房屋1449平方米，开出纱锭25102枚，织机356台。9月，大成公司有固定资产14675300元，原物料及制品12788000元，流动资金4651000元，资产总额32114300元。减去各项负债8362900元，纯资产为23751400元。

1946年　60岁

年初，刘国钧从美国返回重庆，办理在后方的结束工作。回到常州后，竭力向中国银行提请担保分期付款订购美国纺机事宜。由于官僚资本乘机染指大成公司，刘国钧加以坚决抵制，而被迫取消与美国的订货合同。仅在美国购买2万枚旧纱锭，棉花3万担。

夏，刘国钧特请著名画家张充仁创作日寇轰炸大成二厂焚毁全貌油画一幅，悬挂在居家客厅，警示全家上下，居安思危。

6月19日，大成公司召开董事会，推举蒋尉仙为董事长。决定调整注册资本为国币1500万元。

刘国钧积极投入常州工厂的恢复工作，任命华笃安为大成一厂厂长，朱希武为大成二厂厂长，缪甲三为大成三厂厂长。并接盘无力恢复生产的意诚布厂，任命陶振熙为厂长。

11月28日，大成公司由陈光甫任董事长。股金为法币7.5亿元。

刘国钧与彭浩徐等人创办中国纺织机械公司。刘国钧提任女婿查济民为大明公司总经理。重庆大明染织厂厂长之职由朱已训接任。

这一年，刘国钧在香港将大孚商行改为大孚公司，进行对外贸易，聘吴达机为经理。

1947年　61岁

大成公司已为战时被毁资产的修理费累计为172.6亿元，为本年度固定资产总值的83.2%，是本年度纯利的一倍。

刘国钧任命从英国留学回国的陈钧为大成二厂厂长，朱希武提任为厂务部经理；张一飞被提升为大成一厂厂长，华笃安调任安达公司副总经理。

夏，刘国钧偕夫人鞠秀英和朱希武之子朱永，从上海乘海轮，经台湾，赴香港，考察商情。

安达公司从大成公司分出，成为独立核算的公司。刘国钧任大成公司总经理兼任安达公司副总经理；刘靖基任安达公司总经理兼任大成公司副总经理。安达公司在上海附近的川沙县北蔡镇购地160余亩，筹建新厂。

大成公司按固定资产办法，将资本总额调整为国币225亿元。

这一年，大成公司纯益法币8521170855元。

1948年　62岁

大成公司在常州的三家工厂的生产经营规模均已超过战前。

5月，刘国钧为私立上海纺织专科学校第二、三、四届毕业生题词：

“积缕成布，业勤则精，学以致用，衣服苍生。”

7月，刘国钧在香港召集朱希武、吴达机和刘汉栋商量对南洋进行商情调查的问题，并作了筹备。8月2日，朱希武、吴达机、刘汉栋乘机出发，赴新加坡、马来亚、泰国进行考察。

刘国钧为应付复杂环境，把自己名下的股额划出一部分送给国民党的政要人物。

国民党发行金圆券，大成公司、安达公司的黄金、美钞被劫一空。为谋退路，刘国钧为“应变”计，在香港成立大孚建业公司，转移资金，将10万匹棉布运往广州，售款转汇香港。在台湾设立台安兴业公司纺织厂筹备处，拟定资金台币6000万元。在美国购买10万美元公债，储蓄20万美元。还在巴西投资种植橡胶园。在香港九龙开办东南纱厂，由刘汉堃任经理，次子刘汉栋为厂长，投资500万港币，设有5000枚纱锭、200台织机，当年开工生产。同时，投资香港永生布厂12万港元，购买住房和其他投资港币68万元、美金

4万元。

大成公司全年盈利金圆券11921244元。

1949年（中华人民共和国成立） 63岁

刘国钧接受中共地下工作者的劝告，取消三个厂搬迁去香港、九龙和新加坡的计划，并命大成公司各厂负责人编造清册，准备中共接收。春节前夕，刘国钧收拾账册和部分名贵字画，偕同夫人、子女，飞赴香港定居。

4月，刘国钧再次赴台湾视事，感到台湾投资环境远不如香港有利，决定除在台湾继续办好庆泰染厂外，200台织机暂且闲搁，听候调遣。5月，上海解放后，恢复了香港的通电、通邮。朱希武等人每隔三天就将常州情况电告刘国钧。得知常州解放后大成公司三爿厂的生产正常，欣喜不已。又闻挚友黄炎培、杨卫玉等人都在中央人民政府担任高职，对中共有进一步的理解。决定返回大陆，重整实业。

10月，不料胆结石症复发，刘国钧住院手术，未能成行。

年终，刘国钧得知常州三家厂净盈利千余担原棉，分外得意。

刘国钧与邹秉文、周松点、谭昌钦合资的美国和昌公司，克服重重困难，为新中国采购美国岱字棉种，支援农业生产和棉纺织工业的发展，作出贡献。

常州解放时，大成公司有纱锭49860枚，织机1332台，线锭8800枚，有日产1000—2000匹色布漂染设备。资本达3000多亿人民币（旧币）。其中，大成一厂有纱锭29700枚，织机756台，线锭4800枚；大成二厂有日产1000—2000匹色布漂染设备；大成三厂有纱锭20160枚，织机566台，线锭4000枚。

这一年，大成公司纯益旧人民币1559101052.54元。

1950年　64岁

春，刘国钧再次赴台湾，见经济萧条，政治腐败，遂将资金转往香港，结束台安兴业公司的筹建工作。

3月，刘国钧胆石症突发，住院手术，取出4粒结石，至8月勉强痊愈。

有关大成与安达两公司的合并还是联营问题，在香港、上海、常州的股东中引起轩然大波。刘国钧与刘靖基发生激烈冲突，双方陷于十分苦恼之中。

刘国钧经香港《大公报》费彝民、民主建国会何北衡、中共香港工委书记张铁生等人的说服工作，毅然响应周恩来总理的召唤，于9月16日偕夫人鞠秀英等从香港返回祖国，当晚住宿广州，次日乘车北上，20日回到上海。9月30日到达常州车站时，受到大成公司员工代表的隆重热烈的欢迎。在大成一厂国庆一周年的庆祝会上，刘国钧发表了热情洋溢的讲话。

10月16日，在上海美华酒家召开大成、安达两公司股东联席会议，讨论两公司的联营还是合并事宜，刘国钧与刘靖基双方意见严重分歧，未决。

刘国钧在上海拜访中央人民政府委员、政务院财经委员会副主任、华东军政委员会副主任马寅初，老友相叙，畅谈今昔。1950年10月25日马寅初要乘火车去北京，然后去波兰首都华沙，参加第二届保卫世界和平大会。

应政务院副总理黄炎培的邀请，刘国钧赴北京。中央统战部部长李维汉受周恩来总理的委托，热情接待了他。坚定了刘国钧留在大陆发展事业的决心。

在中央领导同志的关怀下，刘国钧与刘靖基消除了隔阂，和好如初。并改组了大成、安达两公司董事会。刘国钧任大成公司董事长，刘靖基副之；刘靖基任安达公司董事长，刘国钧副之。

在北京期间，刘国钧向中央领导同志多次谈及开发灯芯绒生产，可以争取外销，换取外汇，获得赞许。他回到常州后，就找朱觉生，提出租赁华昌染织厂开办绒织厂，因双方对租赁条件未达成协议而告终。于是，刘国钧又责成大成二厂重新进行灯芯绒试制工作。

11月23日，赴北京参加贸易部召开的纺织工业会议，提出许多建议。

这一年，刘国钧将世界文化遗产苏州耦园赠送给苏州市人民政府。

这一年，大成公司盈利11802479398元（旧币）。

1951年　65岁

年初，刘国钧对大成公司和三个工厂的机构设置和领导班子作了调整。

刘国钧响应人民政府“加紧生产，支援前线”的号召，在工会的组织下，开展劳动竞赛和生产自救运动，生产经营大有起色，并举办了多项员工集体福利事业。

2月，刘国钧由黄炎培介绍加入中国民主建国会。

在镇压反革命运动中，曾绑架刘国钧的为首分子薛仁芳被镇压伏法。

刘国钧参加考察土地改革运动，对人民政府惩办恶霸地主徐吟甫，态度明朗，接受了一次深刻的阶级斗争教育。

5月，刘国钧被中国民主建国会总会指定为常州市分会筹备委员会委员及召集人。

5月底，刘国钧随经济部组团赴大西北考察。

6月24日，在常州市民主建国会筹备委员会成立大会上，刘国钧当选为主任委员。

7月，刘国钧与张允溪联手，积极筹备“常州纺织学院”。因国家对高等院校进行改组调整而未成。

9月，刘国钧被选为常州市第三届各界人民代表协商委员会委员。

11月1日，刘国钧参加大成一厂废除抄身制庆祝大会，深受教育。

11月12日，常州市抗美援朝分会成立，刘国钧当选工商界抗美援朝推进委员会常务委员。大成公司捐献50万元，刘国钧个人捐献2.65万元，折算捐献战斗机3架半。

12月，刘国钧出席苏南各界人民代表会议三届一次会议，被推为主席团成员，并就私营企业应厉行节约、增加生产的问题作大会发言。

在无锡开会期间，刘国钧与老友荣德生畅谈、游览甚欢。

年底，刘国钧在民主改革补课中，立场坚定，支持人民政府清除骑在员工头上的恶霸。

这一年，大成公司添置纱锭3000枚，自动织机200台。

这一年，大成公司盈利14297087650元（旧币）。

1952年　66岁

1月2日，政务院副总理黄炎培在无锡会见荣德生。后邀刘国钧赴无锡会晤。

1月9日，大成公司召开股东大会，选举董事、监事。刘国钧当选为大成公司董事长。

年初，全国开展“三反”“五反”运动，刘国钧和盘托出，自查违法所得近95万元。经人民政府核实，其违法所得仅为20万元，评定大成公司为守法户。

5月31日，大成公司召开“五反”总结大会，刘国钧向全体员工退还在解放前立的“志愿书”“保单”，并当场付之一炬。

6月，刘国钧被推选为苏南区出席全国工商联筹备会议的10个代表之一。赴北京出席会议期间，他在会上作了热情洋溢的长篇发言，并被选为全国工商联筹备委员会委员。

夏，刘国钧将原设在上海的大成公司总管理处迁回常州，上海改设办事处。

7月29日，荣德生在无锡病逝，刘国钧被邀参加公祭哀悼。

8月8日，刘国钧决定大成公司全部实行8小时工作制。

8月11日，刘国钧赴无锡参加荣德生的公祭大会，发表题为《荣德生先生是民族资产阶级的楷模》的祭文。

秋，刘国钧向管文蔚主任提出捐赠存于香港、上海两地的全套毛纺设备，几经周折，后与英商南京怡和蛋厂合资开设公私合营南京毛纺厂，刘国钧出任筹备委员会主任。开工生产后，刘国钧将全部投资和定息捐献给人民政府。

同时，刘国钧向管文蔚主任提出恢复灯芯绒生产，以利出口换取外汇。并调拨大成二厂部分设备支援灯芯绒的试制生产。

10月5日，周恩来总理与若干资本家代表人物谈话。刘国钧参加聆听。

11月15日，中央人民政府委员会第十九次会议由周恩来总理提名，毛泽东主席批准：任命刘国钧为江苏省人民政府委员。

这一年，大成公司盈利24521248855元（旧币）。

1953年　67岁

1月2日，刘国钧参加江苏省人民政府委员会第一次会议。

1月5日，江苏省工商联筹备委员会成立。刘国钧为筹备委员会委员。

1月13日，刘国钧当选为常州市第一届工商联主任委员。

春，刘国钧主持在常州市工商业者中开展爱国守法和自我改造教育运动，给“五反”后的工商业者带来了信心和新的生机。

4月7日，刘国钧率领常州市工商界代表团参加江苏省工商联筹备委员会会议。会议期间，他率领代表团瞻仰了雨花台烈士陵园。

5月，刘国钧因病住上海医院，拔废牙、割疝气计10天。次月，返常调养。

7月1日，刘国钧在病中，遵黄炎培副总理指示，撰成《重视棉纺织工业，来配合重工业建设的建议》一文，并附寄《扩充纱锭计划刍议》书籍5本。

8月20日，刘国钧撰写《自传》，秉笔直言，毫无保留。

9月7日，毛主席邀请各民主党派和工商界中代表人物谈话，谈“实行国家资本主义，不但要根据需要和可能，而且要出于资本家自愿”的问题。刘国钧亲聆教诲。

在京期间，中共中央统战部部长李维汉、政务院副总理黄炎培，再次接见刘国钧，畅谈实行国家资本主义的问题。返回常州后，刘国钧开始在大成公司内部酝酿申请合私合营。

10月，刘国钧参加中华全国工商联会员代表大会。在大会发言中，他表示要积极争取大成公司公私合营。并被大会一致推选为执行委员。11月11日，刘国钧在《新华日报》发表《工商业者必须接受社会主义改造》。

12月15日，刘国钧主持召开大成公司董事、监察人联席会议，一致通过关于争取公私合营的决议，呈报人民政府。

年底，刘国钧推荐九丰染厂为试制灯芯绒专业厂。翌年3月，九丰染厂灯芯绒开始投入小批量生产。

1954年　68岁

年初，刘国钧为大成公司的公私合营之事，分别找黄炎培、江渭清等领导人催批。

3月26日至4月3日，刘国钧出席江苏省工商联会员代表大会，被选为省工商联副主任委员。

3月31日，刘国钧参加省政府财经委召开的公私合营座谈会，得悉大成公司获批准公私合营，十分欣喜。但考虑到公股比例不够，刘国钧主动提出用自己的大成公司私股与南通大生公司公股对换。后经张敬礼支持，促进了大成公司的提前实行公私合营，并节省国家250万元的投资。4月，人民政府正式批准大成公司实行公私合营。刘国钧在南京亲自接回公方代表田诚。

6月1日，大成公司公私合营协议书签订，常州市人民委员会举行隆重仪式，刘国钧出席并讲话。刘国钧担任公私合营大成公司副董事长、总经理。

6月3日至9日，常州市工商联第二届会员代表大会召开，刘国钧继续当选为市工商联主任委员。

6月30日，刘国钧参加上海安达纺织公司公私合营庆祝大会，并致贺词。

7月19日至8月4日，中共中央华东局在上海召开华东区公私合营工业工作座谈会，陈毅副总理邀请刘国钧在会上作典型发言。8月5日至11日，刘国钧出席江苏省第一届人民代表大会第一次会议，在大会作了题为《我为什么要争取公私合营》的发言，指出："工商界主要是思想改造，但改造不能如唱戏那样改头换面，如果真心诚意，就应该脱胎换骨，洗心涤肺的改造。"

8月12日，刘国钧的幼子刘汉良，从巴西回国，参加祖国社会主义建设。

9月，刘国钧参加全国人民代表大会第一届一次会议。

1955年　69岁

1月14日，中国民主建国会常州分会召开首次会员大会，刘国钧被选为主任委员。

同月，刘国钧幼子刘汉良被市人民政府任命为公私合营大成三厂副厂长。

4月1日，中国民主建国会召开首次全国代表大会。刘国钧出席会议并作有关实行公私合营的现身说法，深受与会者的好评。大会推选刘国钧为中国民主建国会中央委员。

4月16日，刘国钧出席江苏省人民代表大会一届三次会议，并作大会发言，畅谈公私合营后的感想。同时，出席江苏省政协一届一次会议，被选为省政协常务委员。

6月，刘国钧在《工商界》杂志发表《谈剥削》一文。

7月，刘国钧出席全国人民代表大会一届二次会议。

10月29日，毛主席邀集全国工商联执行委员座谈，并作了重要讲话。刘国钧被邀出席。

11月26日，刘国钧、张敬礼、陆小波在江苏省各地传达毛主席的重要讲话。

12月28日，刘国钧在《常州工人报》发表《逐步放弃剥削，坚决干到社会主义》一文。

12月，刘国钧撰文《我要诚心诚意地干到社会主义》，在《工商界》杂志发表。

1956年　70岁

1月11日，毛主席接见在南京参加江苏省工商联执委扩大会议的代表，刘国钧参加接见。

1月19日，常州市召开庆祝社会主义改造胜利大会，刘国钧在主席台就座，并发表了热情洋溢的讲话。

2月6日，刘国钧出席常州市政协一届一次会议，被选为市政协副主席。

3月5日，刘国钧当选常州市纺织印染工业公司经理。

3月29日，刘国钧夫人鞠秀英参加全国工商业者家属、女工商业者代表大会。

4月，刘国钧以全国人民代表的身份，视察故乡靖江县。在视察裕纶纱厂时，除在解放后由刘国钧为该厂解决平衡前后纺设备，租给钢丝车、粗纺车和408枚细纱之外，视察时，刘国钧当即决定：以前租赁给该厂的设备，改为投资，并续拨细纱旧锭2000余枚，以及粗纱设备、织机等等，使裕纶纱厂成为具有4000余枚纱锭的中型纺织工厂。当刘国钧听说该厂周转资金严重困难时，决定个人投资现金1万元，予以支持。

5月16日，常州市第四届妇女代表大会召开，鞠秀英当选为市妇联副主任。

6月9日，中国民主建国会常州市第二次会员大会召开，刘国钧当选主任委员。

6月28日，刘国钧出席全国人民代表大会一届三次会议，在会上作题为《为我国纺织工业的进一步发展而欢呼》的大会发言。

8月15日，江苏省人民代表大会一届四次会议召开，刘国钧被选举为江苏省人民政府副省长。

9月3日，刘国钧在《人民日报》发表《年年岁岁人不同》文章。畅谈视察故乡靖江县的巨大变化和自己的观感。

10月，常州市在经济改组时，决定将生产灯芯绒的九丰印染厂撤销合并。九丰印染厂派代表向刘国钧请求保留。刘国钧考虑到灯芯绒产品是创汇产品，坚决支持九丰印染厂代表的意见。经向省、市有关领导的说服工作，并指定九丰印染厂为发展灯芯绒生产的专业厂。

12月初，刘国钧出席全国工商联第二届会员代表大会，当选全国工商联常务委员。

12月5日、7日、8日，毛主席花三个晚上时间，与全国工商联代表人物谈话。刘国钧被邀参加，亲聆毛主席对中国社会主义建设道路的探索性讲话。

这一年，刘国钧幼子刘汉良调任公私合营大成一厂副厂长。

1957年　71岁

1月，刘国钧出席江苏省人民代表大会一届五次会议，在会上即席发表《杂感》。

3月17日，常州市工商联第三届会员代表大会召开，刘国钧继续当选为市工商联主任委员。其幼子刘汉良当选为常务委员。

春，刘国钧参加整风运动，对公私合营后企业，增加非生产人员，工作效率不高，加大生产成本的现象，提出批评。并力促发展灯芯绒生产。曾多次向中共有关部门提出建议，要求对那些划为“右派”的同仁，“早点给他们摘掉帽子，让他们好好发挥作用”。

夏，鞠秀英赴香港探亲。

7月9日，刘国钧出席全国人民代表大会一届四次会议，并以《一个工商业者的切身体会》为题，作大会发言。

9月，出席民建中央一届三次会议及全国工商联执委二届二次会议，并作大会发言。

1958年　72岁

2月，刘国钧参加全国人民代表大会一届五次会议。在大会作了题为《工商业者要争取思想改造的大丰收》的发言。

3月，刘国钧在《新工商》杂志发表文章：《争取早日做一个自食其力的劳动者》。并向人民政府提出：愿将原来每月工资800元降为300元，并从1958年1月起，凡以本人名义投资在各企业的定息，一律放弃。

4月，全国人大常委会副委员长黄炎培、民主建国会中央常委孙起孟视察常州。刘国钧陪同参观“常州青年工商界自我改造实践汇报展览会”。

7月3日，刘汉堃因猝发心脏病，在香港去世。

秋，刘国钧对“大跃进”中的浮夸风和产品质量下降，甚为忧虑。10月，江苏省人民代表大会二届一次会议召开，刘国钧继续当选副省长和全国人大代表。

1959年　73岁

4月，刘国钧出席全国人民代表大会二届一次会议。并参加周总理召集的“老人茶话会”，聆听了关于写回忆录的动员报告。

5月，刘国钧将珍藏的395幅书画赠送给常州博物馆。

6月，在江苏省工商联二届会员代表大会上，刘国钧当选为省工商联主任委员。

8月18日，刘国钧的挚友、中国民主建国会江苏省工作委员会主任委员冷御秋逝世。主任委员一职由刘国钧继任。

9月，刘国钧获悉大成一厂织部副工长王正铨创造了织机高产、优质、低耗、安全的革新经验，非常欣喜，曾多次前往视察，给予鼓励。

12月29日，江苏省政协二届一次会议召开，刘国钧当选为省政协常务委员。

12月至翌年2月，刘国钧参加在北京召开的中国民主建国会第二次全国代表大会和全国工商联第三届会员代表大会联席会议。刘国钧在会上发言，分析经济困难的主观原因。

1960年　74岁

2月22日，刘国钧当选为全国工商联第三届委员会副主任委员和中国民主建国会第二届中央委员会常务委员。

4月，刘国钧出席全国人民代表大会二届二次会议，与张敬礼作了题为《工商业者要通过实践改造思想》的联合发言。

春，刘国钧偶然得知长子刘汉堃已于1958年在香港突发心脏病去世，悲痛异常。

6月，刘国钧偕夫人鞠秀英赴广州会见大儿媳钱静愉和女儿刘璧如、女婿查济民等亲属，仔细询问刘汉堃去世的情况及香港企业经营状况。

1961年　75岁

春，刘国钧召集江苏省工商联和民主建国会工作委员会主任委员扩大会议，就国际形势，纵谈美国经济危机问题。

秋，刘国钧捐资1万元，与陆小波等人创建镇江团结中学，刘国钧担任校董会副董事长。同时，刘国钧又为镇江建造新华剧场资助1万元。冬，刘国钧赴扬州专区视察重灾区。

1962年　76岁

1月10日，刘国钧在由惠浴宇省长主持的会议上，恳切陈词，建议农村发展养兔业。

3月，刘国钧出席全国人民代表大会二届三次会议，并入选主席团和参加3月21日的最高国务会议，听取刘少奇主席介绍“七千人大会”情况。会后，刘国钧出席周总理举行的招待宴会。

5月，刘国钧在江苏省人民代表大会二届三次会议上，发表长篇讲话，就惠浴宇省长提出的八项重要任务，提出八点建议。除提倡要养兔外，并指出：“有些旧经验，虽然是资本主义的产物，是可以为社会主义事业服务的。”他将自己办好企业的四条经验介绍给大家：一要生产增良；二要清洁卫生；三要废物利用；四要价廉物美。据此，他在生产管理上才收到效果的。

6月11日，刘国钧在江苏省政协会议上说，中国实现现代化，农业生产发展后，农村大批劳动力会转移到工业和其他行业，从事农业生产只需一亿人即可。

夏，刘国钧在无锡、青岛、大连、庐山等处疗养。并完成10万字的《我与大成纺织染公司》回忆录初稿。

秋，刘国钧响应周总理的号召，出资30万元，资助社会办学。

同时，再次捐款重修故乡靖江县生祠堂镇的岳庙。

11月，刘国钧偕夫人鞠秀英赴香港视察东南纱厂、中国染厂，历经一个多月的视察中，他向亲友和各界人士介绍国内形势，宣传人民政府的政策。向东南纱厂全体员工畅谈祖国经济建设成就和社会主义优越性。返回大陆时，以120万元港币购置化肥，支援农业建设。并动员子女投资35万元外汇于江苏省华侨投资公司。

这一年，刘国钧捐资10万元，创办常州勤业机电学校（常州无线电学校的前身，现上升为常州信息工程职业学院）。

1963年　77岁

1月6日，刘国钧偕夫人鞠秀英、幼子刘汉良、媳王翠凤及孙儿刘学进共五人，再次赴香港探亲。带去常州出产的灯芯绒和其他产品样本，在香港广为宣传，促进对外贸易。

5月，刘国钧视察常州九丰印染厂，对"一条龙"生产灯芯绒，给予高度评价。

9月，刘国钧出席江苏省人民代表大会二届四次会议。

1964年　78岁

9月3日，江苏省人民代表大会三届一次会议上，刘国钧作了大会发言，并继续当选为副省长。

同月，在江苏省政协三届一次会议上，刘国钧继续当选为常务委员。12月，刘国钧出席全国人民代表大会三届一次会议。

1965年　79岁

8月，刘国钧在常州避暑小住。宴请新任市委书记章德和市长申云章，席间，对老红军、副市长池道生回忆二万五千里长征，表示浓厚兴趣和敬佩之情。

9月18日，刘国钧的爱女刘璧如由香港返大陆探亲。刘国钧、鞠秀英和市有关领导以及笔者陪同参观工厂和名胜古迹。

秋，刘国钧向中共常州市委提议由他捐助巨资修缮文笔塔等古迹（由李玉副部长和笔者转达）。因故未成。

12月21日，刘国钧挚友、全国人大常委会副委员长黄炎培病逝。

1966年　80岁

年初，刘国钧赴广州会晤次子刘汉栋，争取到30万元外汇存入江苏省华侨投资公司。

在粤期间，中共中央中南局第一书记、广东省委第一书记陶铸会见刘国钧，并进行了亲切交谈和宴请。

2月17日，刘国钧挚友、全国工商联主任委员陈叔通逝世。

4月，刘国钧闻讯武进县奔牛镇欲新建影剧场，愿负担全部费用。因故未成。

冬，中共江苏省委为保护刘国钧全家安全计，安排搬进南京福昌饭店秘密暂住。

1967—1968年　81—82岁

“文化大革命”局势混乱，中共江苏省委瘫痪，刘国钧全家从福昌饭店搬出，原北京西路住宅已被占用，搬至文昌巷陋室居住。

1969年　83岁

12月，因“战备转移”，刘国钧、鞠秀英、刘汉良随江苏省各界上层民主人士，集中句容县石山头茶场监护劳动。

1970年　84岁

3月，刘国钧等从句容返回南京。自撰自书对联："人老心不老，永远跟党跑。"悬挂客堂，表达对党和毛主席的坚定信念。

并在日记本的扉页写上："能受天磨真铁汉，不遭人忌是庸才。"表达了豁达的气魄。

4月，全国各地开始发还"文化大革命"被查抄的物资。刘国钧是江苏省首批发还对象。

同年，刘国钧当选为全国人民代表大会第四届代表。

1971年　85岁

7月1日，发表《只有社会主义能够救中国》广播稿，庆祝中共建党50周年。

9月6日，刘国钧在南京紫金山麓参加何香凝与廖仲恺的合葬仪式。自"文化大革命"后，刘国钧的名字首次刊登于全国各大报纸。

10月3日，靖江县大兴人民公社派代表请求刘国钧帮助购买拖拉机。刘国钧为其多方联系，竭其所能。

1972年　86岁

周恩来总理主持中央日常工作，参加"三支两军"的军人逐步撤回部队。江苏省政协开始组织民主人士正常活动。刘国钧、刘汉良每周两次参加学习，每次都由刘汉良陪同刘国钧挤公共汽车上下班。

刘国钧在彭冲的大力支持下，由周恩来总理批准，以60万港元外汇从瑞士进口一台恒温坐标镗床，赠送给武进农机厂，由武进农机厂回赠10台全套东风—12型手扶拖拉机，转赠靖江县大兴人民公社，支援农业生产。

5月1日，刘国钧挚友、江苏省工商联和民主建国会副主任委员陆小波逝世。

1973年　87岁

6月，刘国钧欣然同意女儿刘璧如、女婿查济民的提议，让刘汉良、王翠凤和刘学进、刘学成、刘岚一家五口赴香港定居，协助管理海外企业。并得到彭冲、廖承志的大力支持和周恩来总理的特批。

江苏省革命委员会给刘国钧重新安排梅园新村新居；常州市的八桂堂旧居也整修一新。

8月，刘国钧以全国人民代表大会代表的身份在“文化大革命”期间，对常州市作首次视察，参观了国棉一厂、东风印染厂、计算机厂。常州市革委会以现代京剧《龙江颂》招待，观后，刘国钧向常州市革委会提出：愿给市郊8个公社各送1台手扶拖拉机。因故未成。

11月2日，刘国钧与吴贻芳等上层民主人士，参观南京玄武湖菊花展览。

1974年　88岁

各民主党派和人民团体工作逐步恢复。刘国钧仍主持江苏省工商联和民主建国会的领导工作，开展正常的组织活动。

刘国钧经常在南京与常州两地往返居住。主动向常州市革委会提出：捐赠字画和红木家具，又因故未能如愿。

撰写广播稿《对台湾工商界朋友的讲话》。

1975年　89岁

1月，刘国钧赴北京出席全国人民代表大会四届一次会议。见到江渭清、费彝民、荣毅仁等人，十分欣喜。在大会作《在革命大团结的光辉旗帜下继续前进》发言。

经彭冲的大力支持，刘国钧如愿以偿，将96件红木家具和部分字画分别捐赠常州博物馆和南京博物院。

9月26日，刘国钧参观澳大利亚在南京美术馆展览的风景油画75幅。观后，在日记上写下感言：中国山水画有五美五恶：五美：苍、逸、奇、远、韵；五恶：嫩、板、刻、生、痴。世人谓其深得画理。

1976年　90岁

11月，刘汉良、王翠凤夫妇由香港赴大陆探亲，与刘国钧、鞠秀英共叙天伦之乐。

1977年　91岁

12月10日，江苏省人民代表大会五届一次会议召开，刘国钧被选为省人大常委会常务委员。

12月29日，江苏省政协四届一次会议选举刘国钧担任省政协副主席。同时，刘国钧被推选为全国人民代表大会第五届代表，全国政协五届委员。

冬，因梅园新村新居暖气尚未装妥，由江苏省革命委员会安排刘国钧全家暂住南京福昌饭店。

1978年　92岁

1月29日，刘国钧因坐椅脱空而酿成股骨、胫骨折裂，急送南京工人医院抢救。

2月，刘国钧在香港和国外的亲属陆续赴南京探望。中共江苏省委、省革委会领导和同事也到医院看望。

2月下旬，全国人民代表大会五届一次会议和全国政协五届会议同时在北京召开。刘国钧因病未能出席，他躺在病榻，时时挂念大会的进行，念念不忘祖国的“四化”建设。

3月8日，刘国钧并发肺炎，经多方抢救无效，于清晨6时逝世。

此日正值全国政协主席邓小平主持选举全国政协常务委员。邓小平向大会宣布：“接南京来电，常委候选人刘国钧不幸于今日上午逝世，原常委候选人不再递补。”

翌年清明节，刘国钧骨灰安葬在南京雨花台望江矶公墓。

1998年，移葬至南京市江宁县祖堂山公墓。其夫人鞠秀英于1979年移居香港；1981年因病去世，合葬于此。

（原载于江苏人民出版社《爱国实业家刘国钧》，有删节）

图书在版编目（CIP）数据

刘国钧：经纶裕国/刘未鸣，詹红旗主编．—北京：中国文史出版社，2018.12

（百年中国记忆·实业巨子）

ISBN 978-7-5205-0882-7

Ⅰ.①刘…　Ⅱ.①刘…②詹…　Ⅲ.①刘国钧（1887—1978）—生平事迹　Ⅳ.①K825.38

中国版本图书馆 CIP 数据核字（2018）第 270279 号

责任编辑：赵姣娇

出版发行：**中国文史出版社**

社　　址：北京市海淀区西八里庄 69 号院　　邮编：100142

电　　话：010-81136606　81136602　81136603（发行部）

传　　真：010-81136655

印　　装：北京新华印刷有限公司

经　　销：全国新华书店

开　　本：1/16　　插页：4 页

印　　张：19.25　　字数：249 千字

版　　次：2019 年 3 月北京第 1 版

印　　次：2019 年 3 月第 1 次印刷

定　　价：58.00 元

文史版图书，版权所有，侵权必究。

文史版图书，印装错误可与发行部联系退换。